马克思主义中国化丛书

总主编 王宗礼

科学社会主义热点问题研究

金建萍 ◎ 编著

图书在版编目(CIP)数据

科学社会主义热点问题研究/金建萍编著.—北京:中国社会科学出版社,2016.12

(马克思主义中国化丛书)

ISBN 978-7-5203-0379-8

Ⅰ.①科… Ⅱ.①金… Ⅲ.①科学社会主义理论-研究 Ⅳ.①D0-0

中国版本图书馆CIP数据核字(2017)第109819号

出 版 人	赵剑英
责任编辑	喻 苗
责任校对	胡新芳
责任印制	王 超

出　　版	中国社会科学出版社
社　　址	北京鼓楼西大街甲158号
邮　　编	100720
网　　址	http://www.csspw.cn
发 行 部	010-84083685
门 市 部	010-84029450
经　　销	新华书店及其他书店

印　　刷	北京明恒达印务有限公司
装　　订	廊坊市广阳区广增装订厂
版　　次	2016年12月第1版
印　　次	2016年12月第1次印刷

开　　本	710×1000　1/16
印　　张	21.75
插　　页	2
字　　数	309千字
定　　价	89.00元

凡购买中国社会科学出版社图书,如有质量问题请与本社营销中心联系调换

电话:010-84083683

版权所有　侵权必究

出版前言

马克思主义自诞生以来,在指导工人运动和社会主义革命、建设、改革的过程中,取得了举世瞩目的光辉成就,深刻地改变了世界格局和人类社会的发展走向,为人类社会昭示出了新的发展前景。尽管马克思主义的反对者们一再声称马克思主义已经过时,但当人类社会发展出现困境时,人们却不约而同地回到马克思的思想资源中寻求破解困境的灵感,以马克思主义为指导的社会主义制度也在遭遇挫折后焕发出了新的生机和活力。从一定意义上来说,当代资本主义社会之所以能摆脱过去周期性经济危机的魔咒,也得益于马克思主义对资本主义制度的深刻批判。无论是19世纪中后期欧洲资本主义克服经济危机的努力,还是2008年世界金融危机后马克思主义著作在西方世界的热销,无论是马克思被西方思想界评为"千年第一思想家"的现象,还是马克思主义不断地被他的敌人所诋毁,无不显示出马克思主义巨大的思想影响力和持久的生命力。

马克思主义的巨大思想影响力和持久的生命力来自其科学性和真理性。正如习近平总书记《在哲学社会科学工作座谈会上的讲话》中所指出的,"马克思主义尽管诞生在一个半多世纪之前,但历史和现实都证明它是科学的理论,迄今依然有着强大生命力。马克思主义深刻揭示了自然界、人类社会、人类思维发展的普遍规律,为人类社会发展进步指明了方向;马克思主义坚持实现人民解放、维护人民利益的立场,以实现人的自由而全面的发展和全人类解放为己任,反映了人类对理想社会的美好憧憬;马克思主义揭示了事物的本质、内在联系及发展规律,是'伟大的认识工具',是人们观察世界、分析问题的有力思想武器;马克思主义具有鲜明的实践品格,不仅致力于科学'解释世界',而且致力于积极'改变世界'。在人类思想史上,还没有一种理论像马克思主义那样对人类文明进步产生了如此广泛而巨大的影响"。

马克思主义并没有穷尽真理,它是随着时代的发展和人类实践活动的发展而不断发展的。作为一种科学的世界观和方法论,作为一种"伟大的认识工具",马克思主义必须不断地直面时代发展变化的挑战,回答不同历史发展阶段提出的重大课题。在马克思和恩格斯生活的时代,虽然资产阶级统治已经在主要资本主义国家得以确立,资本主义制度正处在上升时期,但资本主义社会的固有矛盾已经开始暴露,无产阶级和资产阶级的矛盾已经日趋显现,在这样的历史背景之下,马克思和恩格斯面临的时代课题,就是站在无产阶级的立场上,揭示资本主义社会的内在矛盾,探讨资本主义社会的运动规律,为社会主义制度取代资本主义制度提供理论论证。马克思正是通过唯物史观和剩余价值学说这两大发现,实现了社会主义由空想到科学的发展,为当时工人运动的发展提供了科学的指南和正确的方向。19世纪末到20世纪20年代,资本主义社会发展到了一个新的阶段,即帝国主义阶段,资本主义社会的固有矛盾呈现出了新的特征,由于资本主义经济政治发展不平衡规律的作用,帝国主义之间的矛盾尖锐化,人类社会进入到了一个以战争和革命为时代主题的新时代。面对时代主题的变化和工人运动面临的新形势新任务,列宁深刻地分析了帝国主义阶段资本主义社会基本矛盾的变化,探讨了帝国主义时期的主要矛盾和发展规律,深刻揭示了社会主义可以在一个国家率先取得胜利的历史必然性,领导俄国无产阶级和人民群众推翻了沙皇专制统治,建立了人类历史上第一个社会主义国家,实现了社会主义由理论到现实的伟大转变,开辟了人类历史的新纪元,也为后世提供了坚持和发展马克思主义的光辉范例。

"十月革命一声炮响,给我们送来了马克思主义"。马克思主义传入中国之时,正值中华民族处在亡国灭种的民族危亡关头,中国社会正处在半殖民地半封建社会的深渊。自1840年鸦片战争以来,古老的中国遭逢"三千年未有之大变局",一批批先进的中国人不断探寻着救国救民的道路,封建社会的开明人士推行的洋务运动失败了,资产阶级维新派发动的维新变法运动也没有取得成功,洪秀全等人发动的旧式的农民起义失败了,孙中山等人领导的资产阶级民主革命运动也夭折了。马克思主义传入中国以后,使正在苦苦寻求救国救民之道的中华民族的优秀分子找到了新的希望。以李大钊、陈独秀等人为代表的先进的中国人开始研究马克思主义、宣传马克思主义,马克思主义与中国工人运动相结合,产生了中国共产党,从此,中国革命的道路才展现出了光明的前景,中华民族的命运才出现了历史性的转机。

但是,如何在一个半殖民地半封建的落后的东方大国实现民族独立、人民解放并进而建立社会主义制度,是马克思恩格斯乃至列宁从未遇到更不可能回答过的问题。这是历史和时代给中国共产党人提出的新的严峻课题。对此,中国共产党人进行了艰苦的探索。以毛泽东同志为代表的中国共产党人,顺应时代要求,把马克思主义的普遍原理与中国的实际相结合,创造性地推进了马克思主义中国化,实现了马克思主义中国化的第一次历史性飞跃,形成了马克思主义中国化的第一大理论成果——毛泽东思想。正是在毛泽东思想的指导下,中国人民经过坚苦卓绝的努力,推翻了帝国主义的殖民统治,建立了新中国,实现了民族独立和人民解放,建立了社会主义制度,为中国社会的进步和中华民族的发展奠定了坚实的基础。

社会主义制度的建立,深刻地改变了中国社会的基本结构和基本面貌,为中国社会的进步奠定了坚实的基础。但是在一个生产力水平十分低下、农村人口占绝大多数、封建传统根深蒂固的东方大国,建设什么样的社会主义、如何建设社会主义,是历史和时代给中国共产党人提出的又一崭新的课题。对此,中国共产党人进行了不懈的理论与实践探索,期间有挫折、有教训,也有成功的喜悦。改革开放以来,以邓小平同志为代表的中国共产党人,坚持实事求是的思想路线,把马克思主义的普遍原理与中国的实际相结合,实现了马克思主义中国化的第二次理论飞跃,形成了包括邓小平理论、三个代表重要思想、科学发展观等在内的中国特色社会主义理论体系。正是在中国特色社会主义理论体系的指导下，中国社会主义建设和改革事业才取得了举世瞩目的伟大成就。

历史和实践已经证明，坚持和发展马克思主义，是我国革命、改革和建设事业取得成就的根本保障。但是，我们也要清醒地看到，当今时代，随着经济全球化、政治多极化、社会信息化、文化多元化向纵深发展，人类社会面临的各种矛盾和问题空前复杂，意识形态领域的斗争愈演愈烈，马克思主义也面临着许多新的挑战。坚持和发展马克思主义，必须要深入研究马克思主义的基本原理，特别是要深入研究和学习马克思主义的经典著作，拨开各种强加于马克思主义身上的迷雾，还马克思主义以本来面目；坚持和发展马克思主义，还必须坚决反对对待马克思主义的教条主义和实用主义态度。马克思主义不是僵死的教条，也不是随意剪裁的"百宝箱"，如果不顾历史条件的变化，把马克思主义经典作家针对特定历史条件、特定情境讲过的每一句话，都当成普遍真理，照抄照搬，显然不是对待马克思主义的正确态度，而如果凡事都要从马克思主义经典作家的著作中去寻找答案，按照主观需要裁剪马克思主义这个整体，随意从马克思主义的经典著作中寻章摘句，同样也不是对待马克思主义的正确态度；坚持和发展马克思主义，还必须不断地推进马克思主义的中国化、时代化和大众化，必须坚持运用马克思主义的立场、观点和方法，研究和回答我国改革开放和社会主义现代化建设中的重大理论与实际问题；坚持和发展马克思主义还必须在真学、真信、真懂、真用上下功夫，要认真研究马克思主义经典著作，掌握马克思主义的立场、观点与方法，把握马克思主义的思想精髓，自觉地用马克思主义的世界观和方法论，分析问题，指导实践。

坚持和发展马克思主义必须不断深化对马克思主义的理论研究。改革开放以来，中央高度重视马克思主义理论研究，深入推进马克思主义理论研究与建设工程、马克思主义理论学科建设、马克思主义学院建设，马克思主义理论研究正在向纵深发展。但正如习近平总书记所说，我们"也有一些同志对马克思主义理解不深、理解不透，在运用马克思主义立场、观点、方法上功力不足、高水平成果不多，在建设以马克思主义为指导的学科体系、学术体系、话语体系上功力不足、高水平成果不多。社会上也存在一些模糊甚至错误的认识。有的认为马克思主义已经过时，中国现在搞的不是马克思主义；有的说马克思主义只是一种意识形态说教，没有学术上的学理性和系统性。实际工作中，在有的领域中马克思主义被边缘化、空泛化、标签化，在一些学科中'失语'、教材中'失踪'、论坛上'失声'"。因此，加强马克思主义理论研究是高校马克思主义理论学科和哲学社会科学工作者义不容辞的光荣使命。

西北师范大学马克思主义学院有着悠久的办学历史和较为深厚的学术积淀，其前身是1953年成立的马列主义教研室，1959年成立了政治教育系，开始招收思想政治教育专业本科生。经过历代学人的辛勤耕耘，现已成为甘肃省重要的马克思主义理论学科人才培养和学术研究基地，学院设有马克思主义基本原理和思想政治教育两个二级学科博士点，马克思主义理论一级学科硕士学位点，拥有马克思主义理论博士后科研流动站，马克思主义理论学科为甘肃省省级重点学科。学院拥有一支政治立场坚定、结构合理、业务水平较高的师资队伍，近几年来编辑出版有《马克思主义理论研究》连续出版物。为了进一步加强马克思主义理论学科建设，提升中青年教师的教学科研能力，学院组织中青年教师进行科研攻关，编写了这套"马克思主义中国化"书系。希望本丛书的出版能够为马克思主义理论学科教学科研人员和其他读者提供学习和研究马克思主义的参考材料，也希望得到专家学者的批评指正。

王宗礼
西北师范大学马克思主义学院
2016. 12. 10

目 录

第一章　科学社会主义与民主社会主义之辩 …………………（1）
　　一　科学社会主义的基本原则　…………………………（3）
　　二　科学社会主义与其他社会主义流派的关系 …………（9）
　　三　科学社会主义与民主社会主义的原则区别 …………（18）
　　四　正确认识当代民主社会主义性质………………………（23）

第二章　科学社会主义的理论逻辑与历史逻辑……………（31）
　　一　科学社会主义的理论起点 ……………………………（31）
　　二　科学社会主义的时代范畴 ……………………………（38）
　　三　科学社会主义的历史实践 ……………………………（49）
　　四　科学社会主义理论逻辑与中国社会
　　　　发展历史逻辑辩证统一 …………………………………（62）

第三章　人民主体论的创新运用 ……………………………（69）
　　一　马克思主义人民主体思想及其运用 …………………（69）
　　二　群众路线是马克思人民主体论的创新 ………………（76）
　　三　在全面深化改革中坚持人民主体思想 ………………（80）
　　四　全面依法治国与人民当家做主的密切关系 …………（84）
　　五　中国特色社会主义协商民主的独特优势 ……………（90）

第四章　马克思主义政党建设 ………………………………（98）
　　一　马克思主义执政党"三型"党建目标 ………………（98）
　　二　新的历史特点的"四大考验"与"四种危险" ……（112）

三　把握新时期党的建设主线的两个方面 …………………（116）
　　四　依规治党与以德治党的重要命题 …………………（123）
　　五　全面从严治党的特点和规律 …………………（127）

第五章　科学社会主义意识形态建设 …………………（136）
　　一　马克思主义信仰养成教育 …………………（136）
　　二　意识形态工作的领导权和主导权 …………………（143）
　　三　中国梦凝聚社会共识 …………………（148）
　　四　社会主义核心价值观的培育与实践 …………………（154）
　　五　提升意识形态的网络安全屏障 …………………（160）

第六章　中国特色社会主义的创新 …………………（166）
　　一　中国特色社会主义的内涵 …………………（166）
　　二　中国特色社会主义"四大特色" …………………（180）
　　三　中国特色社会主义"三总"实践 …………………（185）
　　四　中国特色社会主义话语体系构建和对外传播 …………（189）
　　五　历史唯物主义视域下的中国特色社会主义 …………（196）

第七章　习近平总书记系列重要讲话的理论贡献 …………（201）
　　一　"两个不能否定"：正确认识社会主义建设
　　　　探索的价值 …………………（201）
　　二　"四个全面"：治国理政的战略布局 …………………（207）
　　三　"五大发展理念"：引领发展思路和方向 …………（214）
　　四　适应经济发展"新常态" …………………（221）
　　五　习近平总书记系列重要讲话的理论特点 …………（229）

第八章　中国特色社会主义的世界意义 …………………（237）
　　一　中国特色社会主义对我国社会发展的意义 …………（238）
　　二　中国对其他社会主义国家的示范意义 …………………（243）
　　三　中国特色社会主义对世界格局的影响意义 …………（250）
　　四　全球化与中国特色社会主义研究热潮 …………………（256）

第九章 当代世界社会主义与资本主义的关系 ……………（261）
 一 资本主义的新变化与走向 ……………………………（261）
 二 当代世界社会主义发展新态势 ……………………（269）
 三 命运共同体中的社会主义与资本主义 ……………（281）
 四 "一带一路"背景下互利共赢的务实合作 …………（286）
 五 当代中国同世界关系的历史性变化 ………………（291）

第十章 科学社会主义的学科建设 ……………………………（295）
 一 科学社会主义学科建设的基本问题 ………………（295）
 二 科学社会主义学科建设的紧迫性和重要性 ………（302）
 三 科学社会主义学科建设的新思路 …………………（308）
 四 科学社会主义学科建设的新进展 …………………（314）

主要参考文献 ……………………………………………………（322）

后　记 ……………………………………………………………（337）

第一章

科学社会主义与民主社会主义之辩

近年来，围绕民主社会主义的本质以及民主社会主义与科学社会主义的关系问题，在中国的理论界展开了激烈交锋。"这场对民主社会主义的研讨不是纯粹的学术论争，而是具有现实政治意味的意识形态的论战，其直接的政治价值指向是中国的发展道路的问题。"[①] 科学社会主义是马克思主义的核心内容，作为思想体系与民主社会主义是相互对立的，它们之间存在着十分明确的原则界限。

要正确认识与深入探究科学社会主义，必须全面完整地理解马克思主义。马克思主义是"马克思、恩格斯创立的无产阶级和全人类解放的科学"[②]。这个定义指明马克思主义不仅是一种学说或理论，更是一门科学。"科学"顾名思义是一门分科细研的学问，是较为系统反映某一部分或某一领域客观事物发展规律的知识总汇。列宁在1913年撰写的《马克思主义的三个来源和三个组成部分》一文中曾经把马克思主义哲学、马克思主义政治经济学和科学社会主义作为马克思主义的三个完整组成部分，因为这是针对无产阶级和全人类解放这个主题最迫切需要做出理论说明的三门最重要的科学。这是列宁基于对马克思主义悉心研究基础之上的独到见解，这样的划分有助于人们快速学习和掌握马克思主义的精髓，但对这种

---

① 贾中海等：《民主社会主义的价值体系：原旨、批判与选择》，《政治学研究》2011年第4期。
② 高放等编：《科学社会主义的理论与实践》，中国人民大学出版社2014年版，第1页。

划分的认识不应该绝对化与片面化。与马克思主义密切相关的除了这三部分之外更有历史学、政治学、伦理学、民族学、人类学等多达十多门科学研究，列宁认为，马克思的理论"只是给一种科学奠定了基础，社会党人如果不愿意落后于实际生活，就应当在各方面把这门科学推向前进"①。我们在研究马克思主义的时候，除了可以根据列宁分类的成果进行研究，更应该注重对马克思主义的整体性研究，② 这是由整个物质世界，特别是人类社会历史发展、资本主义社会发展和转变为社会主义、社会主义向共产主义发展的普遍规律的各个方面、各个发展阶段的相互联系、相互贯通、前后相连的性质所决定的。

科学社会主义又称科学共产主义，是关于马克思主义的社会主义理论与制度的学说，是马克思、恩格斯运用历史唯物主义方法，通过对资本主义生产方式矛盾运动的分析而构建的关于社会主义必然代替资本主义客观规律的科学体系。它既是指一种完整的思想体系，又是一种崭新的社会制度，同时也是指实现这种社会制度的实践活动，"主要是要解决社会主义何以是可能的，什么样的社会主义才是可能的，它们在什么条件下才是可能的，应当通过什么样的途径和方式方法来实现这样一种社会主义，从而在理论上把社会主义从空想变为科学"③。科学社会主义就思想体系而言，是较哲学与政治经济学而言更为重要的一个组成部分，更是马克思主义理论体系的核心。1885年恩格斯在《反杜林论》第二版序言中谈到第三编的社会主义理论部分时曾写道："这里所涉及的仅仅是我所主张的观点的一个核心问题的表述。"④ 这一章的内容所论述的是资本主义为何必然发展到社会主义以及社会主义的基本特征，由此可见，这无疑是整个马克思主义理论的核心问题。

---

① 《列宁专题文集·论马克思主义》，人民出版社2009年版，第96页。
② 梅荣政：《加强对马克思主义整体性的研究》，载张雷声等编《思想理论教育研究》第1辑，高等教育出版社2004年版，第58页。
③ 李道中：《科学社会主义的研究对象、学科性质、逻辑起点和理论体系》，《科学社会主义》2014年第4期。
④ 《马克思恩格斯文集》第9卷，人民出版社2009年版，第12页。

一　科学社会主义的基本原则

科学社会主义所揭示的人类社会发展前景、所阐释的无产阶级革命理论，在20世纪通过人们的实践与探索，已初步经受了历史的考验，并充分显示了它所具有的无限魅力和巨大作用，"中国社会主义革命和建设取得的辉煌成就，正是以毛泽东同志为代表的中国共产党人坚持和创造性运用马克思主义的结果，是科学社会主义理论在中国的胜利"①。科学社会主义始终随着社会和时代的发展而发展，只有坚持科学社会主义的基本原则，社会主义事业才具有无限生命力。

（一）基本原则确立的依据

马克思、恩格斯在创立科学社会主义的过程中，通过对唯心主义历史观的彻底清理、对空想社会主义以及其他社会主义思潮的深刻批判、对资本主义社会基本矛盾与社会阶级结构的条分缕析、对工人运动实践经验的理论总结，系统阐述了科学社会主义的基本原则。这些基本原则在科学社会主义创立时期的《共产党宣言》等经典著作中得到了明确而公开的阐发。"科学社会主义"是共产党人的思想旗帜，认识与把握科学社会主义基本原则需要注意以下几点：

第一，要注意科学社会主义基本原则与马克思主义基本原则之间的联系和区别。"广义的科学社会主义是马克思主义的同义语，而狭义的科学社会主义则是指作为马克思主义理论体系核心的社会主义理论。"② 一些使用广义科学社会主义概念即在马克思主义的范畴内归纳科学社会主义基本原则的学者，对科学社会主义基本原则的概括并没有反映马克思主义的全貌。其结果是：一些原则超出了

---

① 张乐岭：《科学社会主义研究论稿》，人民出版社2012年版，第23页。
② 蒲国良：《如何认识科学社会主义的基本原则》，《毛泽东邓小平理论研究》2008年第8期。

狭义科学社会主义的范畴，而一些本应属于马克思主义基本原则的原则却被排除在外。蒲国良教授认为，"在科学社会主义的理论与实践这一学科领域内，采用狭义的科学社会主义是比较适当的"①。我们在把握科学社会主义的基本原则时不应与广义的科学社会主义即马克思主义的基本原则相混淆。明确了这一点，就不会把马克思主义关于自然、社会、思维普遍发展规律的唯物辩证法的基本方法论原则纳入科学社会主义基本原则的范畴。

第二，要注意科学社会主义基本原则与历史唯物主义基本原则的联系和区别。有些学者把历史唯物主义的一些基本原则与科学社会主义的基本原则相混同。其结果是，一方面，一些原则超出了科学社会主义的学科范畴；另一方面，又遗漏了历史唯物主义的一些重要原则。马克思、恩格斯把唯心主义从社会历史领域清除出去，创立了揭示人类社会发展规律的历史唯物主义，为分析繁杂的社会历史现象提供了锐利的武器。但历史唯物主义是关于人类社会发展最一般规律的科学，它所考察和分析的对象是整个人类社会发展史，它所提供的辩证唯物主义历史观和方法论也是观察与解剖人类社会总体发展的通则。而科学社会主义则是研究改变资本主义、建立社会主义和共产主义的科学，它所研究的对象只是人类社会从资本主义发展到社会主义和共产主义这一特殊阶段的历史。它所提出的理论和方法，主要是针对这一特殊时段的。明确了这一点，就不会把历史唯物主义关于社会发展一般趋势的看法，关于生产力与生产关系、经济基础与上层建筑的矛盾学说，关于阶级与阶级斗争的一般理论纳入科学社会主义基本原则的范畴。

第三，要注意科学社会主义基本原则与科学社会主义基本原理的联系和区别。如何理解基本原理与基本原则的关系，对此，学者们的观点也存在着明显的分歧。有学者认为基本原则更宏观、更抽象，高于基本原理。② 有学者则相反，认为原理更为抽象和概括，

---

① 蒲国良：《如何认识科学社会主义的基本原则》，《毛泽东邓小平理论研究》2008年第8期。

② 严书翰：《科学社会主义基本原则与鲜明的中国特色》，《科学社会主义》2007年第6期。

而原则更为具体,更有可操作性。① 也有学者把二者看成一回事。②我们比较认同第一种观点,即"一般来讲,基本原理相对微观和具体,而基本原则则相对宏观与抽象,基本原则寓于基本原理之中而又高于基本原理"。在无产阶级为改变资本主义世界、建立社会主义、共产主义世界的过程中,针对科学社会主义基本问题所形成的基本观点属于科学社会主义的基本原理,而贯穿于科学社会主义基本原理之中,又对科学社会主义的基本原理起着指导性作用的则属于科学社会主义的基本原则。例如,强调无产阶级必须运用暴力革命取得政治统治权,这是《共产党宣言》所揭示的一条基本原则,19世纪40年代,马克思、恩格斯把夺取政权的基点放在暴力革命上,但在晚年曾谈到像英国、美国、荷兰等有议会民主的国家,有可能利用议会民主寻求另外一条取得政权的道路。暴力革命还是和平发展属于无产阶级夺取政权的两种基本途径,在当今资本主义世界体系,绝大多数国家是不具备暴力革命条件的,难以发生暴力革命。因此,我们不应该把暴力革命的原理提升到基本原则的高度,尽管这一原理在科学社会主义理论体系中占有相当重要的地位。

第四,"要注意科学社会主义基本原则与具体某一个甚至几个国家建设社会主义所必须坚持的一些具有特定民族特色与特定时代特色的基本原则的联系和区别"③。科学社会主义的基本原则对于坚持科学社会主义的政党和国家具有普遍的指导意义,也即各国共产党人要善于把这些原则与本国实际相结合,独立探索具有本国特色的社会主义。"科学社会主义是遵循社会经济发展规律分阶段实现的一个发展过程,而不是离开生产力发展的实际一蹴而就或一劳永逸地就能实现的理想社会。"④ 每个具有本国特色的社会主义的实践与理论探索又会不断丰富和充实科学社会主义基本原则的内容,但

---

① 牛先锋:《中国特色社会主义理论体系的理论依据》,《科学社会主义》2008年第2期。
② 吴雄丞:《坚持科学社会主义基本原则,走中国特色社会主义的道路》,《科学社会主义》2008年第1期。
③ 蒲国良:《如何认识科学社会主义的基本原则》,《毛泽东邓小平理论研究》2008年第8期。
④ 李君如:《伟大旗帜:中国特色社会主义》,《北京日报》2007年10月29日。

如果把一些明显具有独特民族性或时代性的原则等同于科学社会主义基本原则，显然是不妥当的，这表面上是提高了某种特殊理论的普适性，实际上则恰恰是贬低了这种特殊理论的创新性。

（二）科学社会主义基本原则的主要内容

综上所述，"科学社会主义不是一种单纯的思想表现，它是人类生活中实实在在存在着的现实运动，其原则是以推动人类最终的解放为目的"①。我们应在与中国特色社会主义道路的关系中确定科学社会主义基本原则的具体层次，即在制度层面来概括经典意义上科学社会主义的基本原则。

就政治方面而言，"无产阶级必须组织自己的政党，并在自己的政党领导下进行革命和建设"②。公共权力失去政治性质，国家各项职能回归社会，正如恩格斯所理解的："随着社会主义社会制度的建立，国家就会自行解体和消失。"③ 政治权力的本质是阶级压迫的工具，以对社会生活各方面进行组织的公共权力形式表现出来，当社会所有制基础上的社会化生产代替了私有制基础上的商品生产时，阶级和国家便"自行消亡"了，"对人的统治将被对物的管理和对生产的领导所代替"④。公共权力由于生产的高度联合和相应强化的社会组织而加强，但却由于摆脱了自身的政治性质而从职业官僚那里转到由选举产生并可随时罢免的社会公仆手中，权力返还社会，"这是社会把国家政权重新收回，把它从统治社会、压制社会的力量变成社会本身的充满生气的力量；这是人民群众把国家政权重新收回，他们组成自己的力量去代替压迫他们的有组织的力量；这是人民群众获得社会解放的政治形式"⑤，"公社体制会把靠社会供养而又阻碍社会自由发展的国家这个寄生赘瘤迄今所夺去的一切

---

① 陈晔：《公共理性与科学社会主义的基本原则》，《人民论坛·学术前沿》2016年第6期。
② 辛程：《必须把科学社会主义基本原则同其实现形式区分开来——准确理解中国特色社会主义的一个方法论问题》，《思想理论教育导刊》2013年第6期。
③ 《马克思恩格斯选集》第3卷，人民出版社2012年第3版，第348页。
④ 同上书，第8页。
⑤ 同上书，第140页。

力量，归还给社会机体"①。换言之，没有阶级差别的全体社会成员通过选举权和罢免权控制丧失政治性质的公共权力，即完全意义上的民主，是科学社会主义在政治制度方面的基本原则。

就经济方面而言，"社会主义是社会化大生产的产儿，社会主义社会必须进一步推动社会化大生产的实现和发展"②。"社会主义社会必须实行生产资料公有制"③，公有制和有计划地组织全部生产，是科学社会主义的基本原则，经典作家是在人自由全面发展的高度上，从资本主义生产高度发展、阶级对立简单化的历史趋势中概括这一基本原则的。在还有阶级压迫的地方，就一定会存在一部分人为了自己的发展而剥夺其他人发展权利的现象，也就谈不上人的社会解放，而不消灭生产资料的私有制，就不可能消灭基于私有制的阶级分化、阶级对立和阶级压迫。因此，马克思、恩格斯在《共产党宣言》中，在消灭阶级对立和劳动剥削的意义上把自己的理论概括为一句话：消灭私有制，后来他们又把社会主义经济改造的公式概括为一句话：生产资料归社会占有，他们称这种所有制为社会所有制，即"使整个社会直接占有一切生产资料——土地、铁路、矿山、机器等等，让它们供全体成员共同使用，并为了全体成员的利益而共同使用"④。在社会所有制的基础上，商品生产将退出历史舞台，一旦社会占有了生产资料，商品生产就将被消除，而产品对生产者的统治也将随之消除。"共产党人的主要经济纲领是尽可能快地解放和发展生产力的问题，同传统的所有制关系实行最彻底的决裂，消灭私有制。"⑤ "社会生产内部的无政府状态将为有计划的自觉的组织所代替"⑥，在生产资料归社会所有和消灭了商品经济的条件下，社会实行按劳动量分配消费品的分配原则。

---

① 《马克思恩格斯选集》第3卷，人民出版社2012年第3版，第101页。
② 林怀艺：《科学社会主义原则及其中国化》，《理论探讨》2010年第6期。
③ 牛先锋：《中国特色社会主义理论体系的理论依据》，《科学社会主义》2008年第2期。
④ 《马克思恩格斯选集》第4卷，人民出版社2012年第3版，第272页。
⑤ 吴雄丞：《坚持科学社会主义基本原则，走中国特色社会主义的道路》，《科学社会主义》2008年第1期。
⑥ 《马克思恩格斯选集》第3卷，人民出版社2012年第3版，第671页。

文化上，由于历史条件的原因不能完全排斥"传统的观念"，但必须坚持社会主义先进文化的前进方向，保持文化领导权。科学社会主义基本原则强调社会主义意识形态必须取得相对于其他社会思潮的优势地位，取得整个社会的普遍认可和基本支持。在中国特色社会主义文化建设中，集中体现在"深入开展社会主义核心价值体系学习教育，用社会主义核心价值体系引领社会思潮、凝聚社会共识"。"广泛开展理想信念教育，把广大人民团结凝聚在中国特色社会主义伟大旗帜之下。"① 主动做好意识形态工作，牢牢掌握意识形态工作领导权和主导权，既尊重差异、包容多样，又有力抵制各种错误和腐朽思想的影响，坚持正确导向，提高引导能力。

社会建设上，"共产党人强调和坚持整个无产阶级共同的不分民族的利益"②，从维护最广大人民根本利益的高度，满足和实现"每个人的自由发展是一切人的自由发展的条件"③，"建立在个人全面发展和他们共同的、社会的生产能力成为从属于他们的社会财富"④。必须始终把实现好、维护好、发展好最广大人民根本利益作为党和国家一切工作的出发点和落脚点，不断在实现发展成果由人民共享、促进人的全面发展上取得新成效。由于我国生产力发展的阶段性，现阶段还不可能立即实现每个人的全面而自由的发展，只能尽可能地以更有效的制度安排"使全体人民在共建共享发展中有更多获得感"，"朝着共同富裕方向稳步前进"。⑤ 因此，实现人的自由全面发展这一科学社会主义的基本原则转化为着力加强以保障和改善民生为重点的社会建设，努力在"学有所教、劳有所得、病有所医、老有所养、住有所居上持续取得新进展"⑥，努力让全体人

---

① 胡锦涛：《坚定不移沿着中国特色社会主义道路前进 为全面建成小康社会而奋斗》，人民出版社2012年版，第31页。
② 《马克思恩格斯文集》第2卷，人民出版社2009年版，第44页。
③ 同上书，第53页。
④ 《马克思恩格斯文集》第8卷，人民出版社2009年版，第52页。
⑤ 《中国共产党第十八届中央委员会第五次全体会议公报》，人民出版社2015年版，第14页。
⑥ 胡锦涛：《坚定不移沿着中国特色社会主义道路前进 为全面建成小康社会而奋斗》，人民出版社2012年版，第34页。

民过上更好生活。

中国特色社会主义是顺应历史潮流、把握时代特征、秉承科学社会主义基本原则，并与中国实际相结合、具有中国特色的社会主义实现形式。在当代中国，坚持公有制的主体地位和建设社会主义市场经济，坚持社会主义民主政治制度，坚持社会主义先进文化前进方向和社会主义意识形态的领导权，坚持构建美丽中国与生态文明，即坚持中国特色社会主义道路，就是真正坚持科学社会主义，就是真正坚持马克思主义。

二 科学社会主义与其他社会主义流派的关系

社会主义无论是作为理论学说，或者是社会制度，抑或是一种社会政治运动，其表现形式都是多种多样的，"由于对资本主义的认识不同、对社会主义的设想不同、所主张的社会主义代替资本主义的途径不同，于是社会主义也就有了五彩缤纷的各种各样的流派"[①]。研究世界社会主义流派，最重要的是解决划分流派的标准问题，通常区别为两大类，即科学社会主义和非科学社会主义。在以往情况下，这样做是比较容易区分的，因为两者的界限清楚，从原则上说，科学社会主义是科学，其科学性集中表现在阐明了社会历史发展的客观规律，指明了社会主义代替资本主义的正确方向、具体途径与阶级力量，特别是在实践上，科学社会主义学说主张建立社会主义制度，以全面践履社会主义的宏伟蓝图。而其他社会主义流派或陷于空想，或顶多只是追求某些方面的社会主义价值目标，新兴的生态社会主义是这样，传统的并且曾在20多个国家上台执政过的民主社会主义也不例外。其他社会主义流派的发展不仅对发达国家的社会主义运动，而且对现实社会主义国家的改革实践都产生了一定程度的影响，对这些流派予以清晰准确地辨析成为科学社

---

① 黄宗良、孔寒冰：《社会主义与资本主义的关系：理论、历史和评价》，北京大学出版社2002年版，第16页。

会主义研究的热点问题。

（一）科学社会主义与其他社会主义流派的区别
1. 乌托邦社会主义

"乌托邦社会主义"是西方马克思主义的一个理论学派，与早期的"空想社会主义"所不同的是可以将"乌托邦社会主义"称为"现代乌托邦社会主义"，而将早期的"空想社会主义"称为"近代乌托邦社会主义"。毋庸置疑，前者来源于后者，对于两者的不同，复旦大学陈学明教授认为，空想社会主义在资本主义刚刚起步还没有成熟的情况下提出，而西方马克思主义的现代乌托邦社会主义是在资本主义发展到很高程度，许多人都在为资本主义高唱赞歌的情况下形成的。他们批判资本主义的理论出发点是有区别的，空想社会主义虽然对资本主义制度做了全面的揭露和批判，为启发工人阶级觉悟提供了宝贵材料，也对未来社会提出了许多积极主张，例如消灭城乡对立、消灭家庭、消灭私人经营、消灭雇佣劳动、提倡社会和谐，把国家变成纯粹的生产管理机构，所有这些主张都只是表明要消灭阶级对立。但总的来说，"不成熟的理论，是同不成熟的资本主义生产状况、不成熟的阶级状况相适应的"[①]。一开始就注定要成为空想的，越是制定得详尽周密，就越是要陷入纯粹的幻想；"现代乌托邦社会主义的乌托邦色彩不如空想社会主义那么浓厚，但是，它的乌托邦精神更加自觉、理论形态更加完整，论证更加精致，因而它对乌托邦的原则捍卫更有深度和力度"[②]。在《当代社会主义思想的中西比较》一书中，作者提出恩斯特·布洛赫为"乌托邦社会主义"的主要代表人物，他是20世纪德国著名的哲学家，在乌托邦思想史上，他首次将乌托邦作为"本体"来讨论。此外法兰克福学派的赫伯特·马尔库塞也是这一流派的代表人物。具体而言，"现代乌托邦社会主义"指的是在西方马克思阵营内的一股将乌托邦和社会主义紧密联系在一起讨论两者关系的理论思潮，

[①] 《马克思恩格斯选集》第3卷，人民出版社2012年第3版，第781页。
[②] 陈学明、王凤才：《西方马克思主义前沿问题二十讲》，复旦大学出版社2008年版，第230页。

这股思潮是在重新解读马克思主义基本原理的过程中形成的，是对马克思主义的理论创新，其基本意向是：拥护社会主义，但是把社会主义乌托邦化，认为社会主义的本质只能通过乌托邦式的想象来加以论证与揭示。① 在经典马克思主义看来，社会主义由于建立在生产力与生产关系的矛盾运动基础之上，才实现了由空想变为科学的跨越，马尔库塞却认为：当人们消除了生产力崇拜，将社会主义建立在人的本性和人的需求基础之上时，社会主义就必须从科学走向乌托邦——这就构成了"乌托邦社会主义"的纲领。

在对社会主义信念问题上，"乌托邦社会主义"一部分基于对资本主义的批判，另一部分出于人类理性对于美好社会的内在向往，而科学社会主义在这一问题上是出于对人类历史发展客观规律的深入洞察以及对现实的无产阶级革命斗争史的深刻分析。"乌托邦社会主义"反对科学社会主义对社会主义必然性的论证，企图在生产力发展、社会矛盾运动之外来寻找新的社会主义的必然性，而科学社会主义主张在当下社会进行社会实践，从而不断缩短人类发展与实现共产主义未来蓝图之间的距离。

2. 生态社会主义

生态社会主义是西方马克思主义中很有影响的社会主义流派之一。20世纪70年代产于西方"绿色运动"的兴起，"越来越多的人对现存资本主义制度不满，其中一些有识之士力图寻找从根本上解决生态问题的途径，这是生态社会主义产生的直接原因"②。它以马克思主义关于人与自然关系的理论为基础，并结合西方马克思主义的基础理论及生态学、系统论、未来学等理论成果而发展起来的一种新的理论。它不仅把导致当代全球性生态危机的根源归于资本主义制度，而且谴责发达资本主义国家把生态危机转嫁给发展中国家的"生态帝国主义"行径。③ 生态社会主义试图将当下流行的生

---

① 金瑶梅：《当代社会主义思想的中西比较》，同济大学出版社2015年版，第17页。
② 郑国玉：《生态社会主义构想研究》，中国社会科学出版社2015年版，第11页。
③ 丰子义：《马克思社会发展理论研究》，北京师范大学出版社2012年版，第34页。

态学理论同马克思主义结合在一起,通过解读当代环境危机,企图为克服人类生存困境寻找一条既能消除生态危机又能实现社会主义的新道路。"在价值取向上,生态社会主义开始抛弃其原有的生态中心主义,主张重返人类中心主义的立场。生态社会主义倡导者认为,生态问题并不是由人对自然的支配造成的,而是由对待自然的资本主义方式引起的,因此,人类在检查自己对自然界的态度时,不应抛弃人类尺度,而应建立一种以人为尺度的方式来分析人和自然关系的现代自然观。"①

生态社会主义与科学社会主义存在着巨大的差异和不同,主要体现在:其一,两者对基本矛盾的认识不同。生态社会主义将人与自然的矛盾与生产力与生产关系的矛盾居于同等地位,认为生态问题不仅仅是自然问题更是社会难题,生态环境的急剧恶化不仅对自然环境本身造成了难以挽回的破坏,更造成了经济的巨大损失,阻碍了社会的发展和前进的步伐。其二,对社会变革力量的期望选择不同。"在政治力量的选择上,科学社会主义认为,社会主义革命运动的领导者是始终保持先进性与战斗力的政党——共产党,而生态社会主义则把绿色组织、新政治运动、传统工人运动、各政党合作都作为社会变革的领导力量,领导活动依赖于一种不同群体、不同党派、不同国家之间的民主协商精神和多元文化价值原则下的对话"②;在阶级力量的选择上,科学社会主义深刻揭示了无产阶级的历史地位和伟大历史使命,认为无产阶级是先进生产力的代表,是社会财富的创造者,是资本主义的掘墓人和社会主义、共产主义的创造者,是实现社会主义的伟大阶级力量,而生态社会主义者则继承了"西方马克思主义"对工人阶级历史地位和政治态度的观点,认为当代工人阶级已经被资本主义的消费社会"一体化",失去了革命性、批判性、否定性,因而丧失了资本主义掘墓人的历史地位,而那些具有"生态意识",热衷于生态运动,关心社会主义前

---

① 吕薇洲:《当代欧美三大社会主义流派辨析》,《毛泽东邓小平理论研究》2012年第3期。

② 祝士明:《生态社会主义与科学社会主义的比较》,《广东社会科学》2008年第4期。

途，掌握马克思主义方法的知识分子将成为实现社会主义的中坚力量。其三，对未来社会的构想存在根本区别。早在19世纪，科学社会主义的创始人马克思和恩格斯就对未来社会主义社会做出了科学的构想：高度发达的生产力和以生产资料公有制为基础的经济制度；人民群众当家做主的政治制度；以科学社会主义理论为指导的思想文化建设等，这些构想指出了社会主义的基本原则，从而使人们正确把握社会主义质的规定性及其总体发展规律，认清社会方向，确定向这一方面发展所采取的步骤和方法。而生态社会主义主张从整体的角度来构建未来社会主义社会，将经济发展、社会发展与生态法治结合起来，主张人与自然的和谐一致，在经济方面，生态社会主义主张用"社会生态经济"模式取代"市场经济"模式，建立一种以保护自然和理智地使用自然资源并为后代人着想为特征的经济制度，并且认为，除了市场经济和中央计划经济外，还存在第三条道路，①"例如，格仑德曼住宅实现计划与市场相结合、集中与分散相折中、中央政府与地方政府相互作用的生态计划经济"②，但生态社会主义只关注自然资源的合理利用和分配，而不重视生产资料的所有制问题，其结果必然混淆社会主义与资本主义的本质区别；在政治方面，生态社会主义者主张"在经济、政治、生态相互统一的基础上实行自下而上和自上而下相结合、分散化与整体化相结合、区域化与国际化相结合的新型民主政治体制"③，这种观点反对权力的过分集中，认为随着人与自然关系的改变，资本主义社会人性中的诸多劣性将为谦逊、和平、友善、理性等所取代，这是不切实际和不可实现的。

3. 市场社会主义

市场社会主义在20世纪五六十年代正式提出之后，自80年代以来，逐渐盛行于世界许多国家。其第一个完整的理论模式——计划模拟市场的"兰格模式"诞生至今，市场社会主义经历了早期和

---

① 郑国玉：《生态社会主义构想研究》，中国社会科学出版社2015年版，第122—123页。
② 段忠桥：《当代国外社会思潮》，中国人民大学出版社2001年版，第269页。
③ 同上书，第270页。

当代两大时期以及初创—发展—突破—最新发展四个阶段的发展演进。① 在长期的发展进程中，"市场社会主义主要是针对资本主义的内在缺陷而提出来的，旨在克服资本主义社会市场盲目发展所带来的破坏性影响，提高经济发展的和谐程度和社会发展的公正程度，以便保证人们经济利益的正常实现"②，逐步走出了将市场视为资本主义的本质特征、把计划当作社会主义唯一经济运行机制的误区，提出了社会主义应当而且必须利用市场的基本主张。市场社会主义新模式的倡导者普遍主张全面系统、辩证客观地总结苏东模式的历史教训，强调按照"效率与平等相结合"的原则，重新构建社会主义的崭新蓝图。市场社会主义着力对资本主义自由市场经济的种种弊端进行了本质性批判，市场社会主义的倡导者把剥削当作"资本主义的一个恒久的特征"，认为"资本主义制度很难达到对收入和财富的均等分配"③，明确提出"在自由的市场经济下，追求企业和资本利润的结果，人们之间造成了巨大的资产差别，收入差别，泡沫经济给人们带来不安"④，在他们看来，资本主义市场经济下商品交换形式上的自由和平等，带来了收入和财产上的巨大差距和不平等。"在劳动与资本相分离的条件下，市场提供了一个媒介，通过这个媒介，资本家可以有规律地从工人那里获得利益"⑤，但是，市场社会主义也充分肯定了市场机制的运行效率，极力主张把具有高效率的市场机制保留在其模式中。为此，市场社会主义的倡导者还着意论证了市场与社会主义准则的兼容性等问题，他们认为，市场与资本主义生产资料所有制之间不存在逻辑上的必然联系，因此，市场的运用不会损害生产资料公有制，妨碍社会公平和民主等一系列社会主义基本准则的实现。另外，所有市场社会主义理论模式都非常重视公正、平等，要求消除强者对弱者的压迫和剥削，使一切

---

① 吕薇洲：《市场社会主义论》，河南人民出版社 2001 年版，第 123 页。
② 丰子义：《马克思社会发展理论研究》，北京师范大学出版社 2012 年版，第 33 页。
③ 吕薇洲：《市场社会主义论》，河南人民出版社 2001 年版，第 159 页。
④ 同上书，第 7 页。
⑤ 同上书，第 45 页。

成员平等地摆脱剥削、平等地成为社会生产资料的共同所有者,平等地以劳动为尺度分配消费品等,从而实现人们在收入、地位、权利等诸多方面的较大平等。

对市场社会主义的看法尽管五花八门,但至少在以下几个方面是共通的:一是把市场视为实现社会主义、实现公平分配的手段;二是目的在于实现公平竞争、最优的效率和最公平的分配,最终实现共产主义;三是限制权力过分集中,阻止政府向官僚主义化发展,促进民主化发展进程;四是实现劳动者自治,防止劳动异化的发生。①

(二) 科学社会主义与其他社会主义流派的联系

科学社会主义与其他社会主义流派在目标、性质、任务、价值取向上都有原则区别,但是两者在反对和批判资本主义方面也有相通之处,科学社会主义与各种社会主义流派的积极关系或联系主要有以下几个层面的认识:

第一,从历史上看,"科学社会主义不仅从批判和吸取空想社会主义的积极成果而产生,而且从利用和改造其他社会主义流派而扩大自身社会影响、壮大自己组织力量"②。各种各样的社会主义思潮和流派在科学社会主义产生之前就早有存在,马克思主义的奠基人正是在新的历史条件下,以唯物史观和剩余价值学说为基石,批判地继承空想社会主义的积极成果,才创立了科学社会主义学说。再往后看,各种流派在科学社会主义产生之后彼此并行发展,最初,科学社会主义只是作为世界各种社会主义思潮和流派中的一派而存在,大约在半个世纪内,在工人运动中与科学社会主义有着同样影响甚至更有影响的社会主义思潮还有传统的空想社会主义、布朗基主义、蒲鲁东主义、无政府工团主义、费边社会主义、伯恩斯坦主义等。但是,马克思巧妙地利用和改造各种社会主义流派组

---

① 俞可平:《全球化时代的"社会主义"》,中央编译出版社1998年版,第123页。

② 余文烈:《社会主义的振兴与社会主义流派》,《马克思主义研究》1992年第2期。

织，使科学社会主义逐渐传播开来，例如，马克思和恩格斯不仅参加了第一国际组织，还参与了领导工作，利用组织的威望，在受各派委托修改组织章程和宣言草案时，把科学社会主义的基本原理渗透其中，这样经马克思重写后的两个文件在形式上有限制地使用了当时各种流派可以接受的概念与用语，在实质内容上则是马克思主义。"马克思把原则性和灵活性巧妙地结合起来，结果使各种派别在马克思的思想基础上联合起来，共同进行反对资本的斗争，从而把工人运动提高到一个新的水平。"[①] 恩格斯对待第二国际的做法也有异曲同工之妙，革命导师当年的斗争策略，应该是今日科学社会主义处理与各种社会主义流派关系的楷模。应该承认，各种社会主义流派既然有自己的社会主义旗帜，就要表现自己的身份与立场，科学社会主义不能因为它们"不科学"就一概否定，而应该把它们放在特定的历史条件和社会环境中进行分析。

第二，20世纪以来，各种社会主义流派大都或多或少受到马克思主义的影响。科学社会主义与其他社会主义流派在某些方面具有共同的目标与任务，因而有兴衰与共的命运，有在反对资本剥削与压迫的斗争中结成"大左翼联盟"的基础，因此，不宜把各种社会主义流派推向资产阶级思潮一方。捷克学者尤里·考斯塔说过一句很中肯的话："随着资本主义出现而形成的一切社会主义思潮都有一个共同的目标，这就是摆脱资本主义的经济剥削和社会压迫。"[②] 实际上，各种社会主义流派大都把主要锋芒指向资本主义，批判其造成的社会不公和各种罪恶，并试图用更为理想和美好的社会取而代之。尽管各有体系，但从其积极的方面说，在以下这些政治主张上与科学社会主义是相通的：否定资本主义私有制，否定资本主义按资分配，反对资本剥削与压迫，反对资本主义的"异化生产"和"异化消费"，主张社会公正、自由与平等、民主等观点，正因为如此，科学社会主义与各种社会主义流派在某些方面有密切的相依关

---

① 张中云：《当代世界社会主义流派理论与实践评析》，《20—21世纪社会主义的回顾与展望》，中国社会科学出版社1995年版，第371页。
② ［捷］尤里·考斯塔：《社会主义经济体制比较》，黄伟灿译，重庆出版社1988年版，第1页。

系。在社会主义运动高涨时期，以科学社会主义为指导的共产党在十几个国家建立了社会主义制度，而社会民主党也先后在20余个国家上台执政，20世纪90年代，苏联解体、东欧剧变致使某些社会主义国家垮台，各种社会主义流派也在此时受到不同程度的冲击。历史经验表明，资本主义在其几百年的发展中已形成比较强大的势力与根基，科学社会主义要想战胜资本主义也不能孤军作战，必须团结一切可以团结的力量，推动社会主义在21世纪的振兴。当然，各种社会主义流派对待科学社会主义的立场和态度是不尽相同的：有的采取完全否定、排斥，甚至是攻击的态度；有的表示友好、愿意互相学习与借鉴，在国际事务中互相支持；也有的采取"井水不犯河水"的立场。对此，我们既要善于发现和肯定其中所包含的积极合理的思想观点和政策主张，又必须清醒认识到当代欧美主要社会主义流派的改良主义性质和消极负面影响，决不能拿原则做交易，决不能做理论上的"让步"。

第三，展望21世纪，社会主义运动重新振兴的基本前提是理论创新和社会主义国家的体制创新。无论何种创新，科学社会主义都应当认真吸纳各种社会主义流派所主张的正确观点，"科学社会主义者不应鄙视或疏远其他社会主义流派，应该看到对方存在的合理性取决于民众的认同程度，而后者是对比两制发展优劣的结果，并非是主观宣教的产物"①。社会主义流派的新发展对世界社会主义运动的发展，乃至对我国社会主义的建设实践都产生过并将继续产生一定的影响。当前，世界社会主义运动的振兴，一方面鼓舞人们对社会主义充满信心，同时也要求人们对科学社会主义理论进行创新，可以说，在资本主义国家虽然深陷金融危机但是依然处于发展之中，世界社会主义运动虽然有所奋进但是尚未完全走出低谷的当今时代，其他社会主义流派的存在和发展，不仅是对"社会主义失败论"的有力驳斥，而且也为科学社会主义的理论创新提供了可资借鉴的材料。譬如，生态社会主义深刻揭示了造成生态危机的根本

---

① 余金成：《关于世界社会主义流派研究的若干思考》，《社会主义研究》2014年第1期。

原因,并严厉抨击了"生态殖民主义",即发达国家把有害于人类健康的技术、工业甚至垃圾转移到落后国家的做法,并在此基础上把生态问题作为反对资本主义和建立社会主义的重要依据,从而发展了马克思主义关于环境保护的思想;又如,市场社会主义关于"社会主义应当而且必须利用市场"的思想,打破了长期以来把计划与市场、社会主义与市场截然对立起来的观念。所有这些,都为我们创新社会主义理论提供了宝贵的思想观点。因此,创新科学社会主义应该表现出比其他社会主义流派更具高瞻远瞩的眼光和宽宏大量的境界,像当年马克思创立科学社会主义时那样,用富于远见的卓识和高于其他流派的独特品格,成为21世纪社会主义振兴的导航明灯。

三 科学社会主义与民主社会主义的原则区别

民主社会主义是二战后西方社会中最重要的政治思潮之一,是影响世界社会主义运动的一股重要力量,"是从伯恩斯坦、考茨基的社会民主主义思潮演变而来的,是一股反马克思主义的资产阶级思潮,它不是社会主义的一种模式,而是做了若干改良的资本主义"[①]。其理论观点和实践做法虽不乏可取之处,但是,必须清醒地认识到,作为西方社会民主党和工党的指导思想,民主社会主义与共产党信仰和追求的科学社会主义在含义、历程以及基本观点等方面本质迥异。

(一)坚持的意识形态不同

从意识形态方面来说,民主社会主义主张指导思想多元化,反对马克思主义在意识形态领域的一元化指导地位,提倡去意识形态化或淡意识形态化。马克思、恩格斯认为任何一个时代的统治思想都只不过是体现其统治阶级的思想,民主社会主义在西方政治思想

---

① 周新城:《民主社会主义思潮评析》,社会科学文献出版社2008年版,第90页。

文化中占支配地位的原因植根于欧洲的思想文化背景，欧洲古典哲学、启蒙运动精神、基督教、人道主义、国际工人运动的经验构成民主社会主义的主要思想来源。国际《法兰克福宣言》认为，民主社会主义"绝对不要求一种僵化的千篇一律的见解，无论社会主义的信仰是从马克思主义或其他理论为基础的社会分析的结果中，还是从宗教或人道主义的基本原则中推导出来的"，德国社会民主党《哥德斯堡纲领》切断了民主社会主义与马克思主义的渊源关系，德国社会民主党《柏林纲领》再次申明："欧洲的民主社会主义思想渊源来自基督教、人道主义哲学、启蒙主义思想、马克思的历史学和社会学说以及工人运动的经验。"①

民主社会主义指导思想多元化，其对待马克思主义的看法和态度，要么采取全盘否定、全面抛弃，断绝自己同马克思主义的渊源；要么将马克思主义当作与其他哲学社会科学相并列的一种学说，只在一定程度上吸收马克思的社会分析方法和对资本主义的批判等内容，认为马克思主义"是解开方程的钥匙，但结果应当由当代人算出"②；要么像一些学者那样，歪曲、篡改马克思主义的实质，将马克思主义（特别是马克思的早期著作）与民主社会主义以"人道主义"的面孔混为一谈。科学社会主义作为马克思主义理论体系的核心和重要组成部分，始终坚持马克思主义的一元化指导地位，正如列宁所说："没有革命的理论，就不会有革命的运动"，"只有以先进理论为指南的党，才能实现先进战士的作用"。③ 中国共产党坚持科学社会主义的基本原理，牢牢掌握意识形态工作领导权和主导权，坚持马克思主义在意识形态领域的指导地位；善于根据时代和实践的变化发展和创新科学社会主义，坚持用中国特色社会主义理论体系武装全党、教育人民，把广大人民团结凝聚在中国特色社会主义伟大旗帜之下。

---

① 《德国社会民主党纲领汇编》，张世鹏译，北京大学出版社2005年版，第93页。
② ［瑞］卡尔松：《什么是社会民主主义？》，载宗岩主编《各国社会党手册》，人民出版社1992年版，第122页。
③ 《列宁专题文集·论无产阶级政党》，人民出版社2009年版，第70、71页。

（二）选择的基本制度不同

首先，政治体制的主张不同。科学社会主义认为，在阶级被消灭以前，国家的本质就是阶级镇压和统治的工具，实行无产阶级专政，建立一个由无产阶级政党主导的国家政权，是向共产主义过渡的必由之路，因此必须实行共产党领导和执政的政治体制，"一方面，工人阶级的解放应当是工人阶级自己的事情，应当由工人阶级自己去争取；另一方面，工人阶级如果不同时把整个社会从剥削、压迫和阶级斗争中解放出来，就不能争得自身的解放"[①]。换句话说，工人阶级只有解放全人类，才能最终解放自己，同时，共产党应当同其他政党长期共存、互相监督。在政权组织形式上，不实行三权分立，但承认权力的分工与制约是防止腐败的有效方法，共产党领导和执政必须发扬民主、践行法治，因此，把共产党的领导、人民当家做主和依法治国三者有机统一起来，是发展社会主义民主政治、建设社会主义政治文明的根本途径。相反，民主社会主义认为，现代国家可以通过国家政治体制的民主化，使国家成为为全社会各阶级服务的、协调各阶级利益的超阶级统治工具，三权分立是民主国家的重要特点，是法治的必要条件，也是个人基本权利的保障。[②] 因此，民主社会主义反对无产阶级暴力革命，而是主张无产阶级通过议会斗争，通过工人争取普选权，可以利用资产阶级共和制和平进入社会主义，所以，民主社会主义主张多党制，认为"民主制要求不止一个政党有存在的权力和当反对派的权力"[③]，主张在"平等的条件下同其他政党进行竞争，以赢得大多数人民的支持，进而建立一个符合民主社会主义要求的社会和国家"。多党制必然要求议会民主，为此必须开放政权，使社会各阶级对国家事务享有

---

① 王学东：《论民主社会主义与科学社会主义的区别》，《当代世界与社会主义》2007年第3期。

② 黄明成：《对民主社会主义若干问题的再认识》，《广州社会主义学院学报》2005年第1期。

③ 牛先锋：《试析科学社会主义与民主社会主义、绿党社会主义的本质区别》，《科学社会主义》1996年第2期。

平等的发言权，通过民主的法律程序进入议会和政府，对国家施加本阶级的影响。

其次，经济制度的主张不同。科学社会主义认为，社会主义社会区别于以往一切剥削阶级社会的经济基础和最根本标志是生产资料公有制的主体地位。在科学社会主义看来，生产资料的私人所有造成了人类社会的不平等，必须消灭私有制，在生产力还不够发达的社会主义初级阶段，可以在以公有制为主体的前提下，实行多种经济成分并存的制度。在经济体制方面，可以在社会主义条件下实行市场经济体制，加强国家的宏观调控，缩小贫富差距，实现共同富裕。相反，民主社会主义认为，造成资本主义社会不平等的根本原因不在生产资料的私有制度本身，而在于资本主义把政治、经济和社会等方面的权利与生产资料相联系，使政治、经济和社会等方面的权利成为生产资料所有者的特权，所以要实现社会的平等，不在于消灭私有制，而在于打破权利与生产资料之间的联系，使一切原来为生产资料所有者享有的特权，成为一切社会成员均能享有的权利，因此，民主社会主义不主张以生产资料公有制为主体，而是主张混合经济。所谓混合经济就是社会主义经济与资本主义经济的融合，正如亨利·曼所讲的，民主社会主义应当而且可以综合罗斯福和列宁的主张，这种经济秩序不仅不摧毁民主自由，相反却能以自由的方式来建立新的经济秩序。《法兰克福宣言》指出："社会主义的计划并不以所有生产资料的公有为先决条件，它容许在重要生产范围内，例如农业、手工业、零售商业和中小型工业内，都可以有私有制存在。"① 民主社会主义还认为，单单实行混合经济还不足以使经济民主化，还必须实行社会监督，要根据分权和制衡的原则对经济决策权进行配置，以实现经济决策民主化，防止经济权力集中在少数人手中。总之，民主社会主义不再坚持公有制是社会主义社会经济基础的主要标志，放弃了生产资料所有制的改造，认为社会主义的主要问题不是使生产资料公有化，而是实行"社会主义计划"和"民主监督"，认为通过这种计划和监督就能使资本主义经

---

① 卢丽华：《论民主社会主义的实质》，《湖北社会科学》2004年第10期。

济为劳动者和整个社会服务。

（三）发挥的历史作用不同

民主社会主义影响越来越大的原因在于它能够顺应世界客观发展形势，逐步推进改良路线，发扬民主，不断调整政策，力争群众支持，接受群众监督，取消高官特权，注重发展经济，不断给群众以实惠。当然，民主社会主义有其固有的局限性，它只限于局部改良，修补遗漏，采取一些含有社会主义因素的措施，未能从根本上改变资本主义制度。而"苏联共产党于1918年最先丢掉社会民主党那件'脏衬衫'，穿起共产党这件'整洁的衣服'"[①]。苏联共产党无论是在党内彻底清除社会民主党残渣余孽，还是在国际上长期领导团结各国共产党同社会民主党做最坚决、最彻底的殊死斗争，都表现为最革命的政党。可是事隔70年之后，正是苏联共产党自己在其第十九次党的全国代表会议上由党中央总书记首次提出"民主的人道的社会主义"新理论，第二十八次党代表大会上进而通过了题为《走向人道的民主的社会主义》的纲领性声明。苏联共产党人发现了执政过程中违背科学社会主义旨意的错误，但没有选择拨乱反正、正本清源、发扬民主、改革过度集权的政治体制，坚持发展科学社会主义，而是想彻底抛弃苏联模式，直接引进瑞典模式，这样就搞乱了政局，搅乱了人心。最为可悲的是苏联共产党由于长期受教条主义、专制主义、实用主义严重影响，党内竟无法形成坚持探索苏联特色社会主义的强大改革派，进而迫使苏联共产党解散、苏联解体。

在20世纪90年代，民主社会主义的影响力量蓄势待发，其中最根本原因在于"党内外广大群众仍然向往社会主义，不愿意完全回到资本主义，在这种'山重水复疑无路'的情况下，许多人很自然地只有从西方民主社会主义所取得的成就中看到'柳暗花明又一村'，所以只好纷纷改'姓'易名，另求社会主义的新路"[②]。由此

[①] 高放：《民主社会主义对科学社会主义的挑战》，《科学社会研究》2007年第5期。

[②] 同上。

可见，执政的共产党只有坚持和发展科学社会主义，探索建设本国特色的社会主义，走适合本国国情的发展道路，才能从根本上防止共产党的社会民主党化，才能应对民主社会主义的挑战，防止民主社会主义的侵袭，这是有待认真探索的重大课题。

四　正确认识当代民主社会主义性质

科学社会主义和民主社会主义作为思想体系是相互对立的，它们之间本来存在着十分明确的原则界限，可是总有某些出于种种原因不断地制造舆论，在许多方面和环节上竭力模糊或抹杀这个原则界限，企图把民主社会主义思潮和科学社会主义的区别与界限变得混沌不清的误解。为了全面准确地认识和评价民主社会主义，学界产生了以民主社会主义的经典文献为依据，结合民主社会主义的实践对民主社会主义的价值体系进行的深入研究，[①] 意在强调认识和评析这一思潮时，必须对它去伪存真，还它以本来面目。

（一）民主社会主义是什么性质的思潮

有人说："科学社会主义和民主社会主义同源于马克思"，有人更进而说它们是"同祖、同根，是一回事，是同义语"，这些说法都是不符合事实的。事实是：科学社会主义的开创者是马克思、恩格斯，根基是革命的无产阶级；而民主社会主义的鼻祖是拉萨尔、蒲鲁东，根源在小资产阶级民主派。从19世纪中叶，在法国议会中出现社会民主派的时候，马克思就揭示社会民主派的特殊性质表现在，它要求把民主和制度作为手段并不是为了消灭两极——资本和雇佣劳动，而是为了缓和资本和雇佣劳动之间的对抗并使之变得协调起来。无论它提出什么办法来达到这个目标，无论目标本身涂

[①] 贾中海等：《民主社会主义的价值体系：原旨、批判与选择》，《政治学研究》2011年第4期。

上的革命颜色是淡是浓，其内容始终是一样的："以民主主义的方法来改造社会，但是这种改造始终不超出小资产阶级的范围。"① 社会民主派所主张的社会主义是一种"乌托邦"、一种"空论社会主义"，其实质是"想使全部运动都服从于运动的一个阶段，用个别学究的头脑活动来代替共同的社会生产，而主要是幻想借助小小的花招和巨大的感伤情怀来消除阶级的革命斗争及其必要性，这种空论的社会主义实质上只是把现代社会理想化，描绘出一幅没有阴暗面的现代社会的图画，并且不顾这个社会的现实而力求实现自己的理想"。②

一百多年来的国际共产主义历史进程表明：每当资本主义发生危机、工人运动蓬勃开展的时候，社会民主主义思潮的影响就会缩小；而当资本主义相对稳定、工人运动处于低潮的时期，社会民主主义思潮就迅速蔓延壮大。战后，随着资本主义国家经济的恢复和发展，各国民主主义社会党陆续在他们主张的理论、纲领的基础上恢复和重建。1951年社会党国际在法兰克福召开成立大会，通过了《民主社会主义的目标和任务》（即《法兰克福宣言》）这一文件，标志着社会民主主义演变成为了民主社会主义。冷战结束后，民主社会主义对其原有的理论和政策主张进行了一系列重大调整，集中体现在1989年召开的社会党国际十八大和2003年召开的社会党国际二十二大会议通过的文件中，寻求介于传统自由主义和传统社会民主主义之间的第三条道路。在经济方面，超越传统自由主义和传统社会民主主义之间关于计划与市场、公有与私有问题上的争论，主张一种新的混合经济。在政治上，不再自我宣称是工人阶级的政党，在福利制度方面也有新变化。在意识形态上，进一步放弃了对社会主义制度的追求，把追求自由、公正、互助、团结作为其奋斗目标。这意味着，"他们认为应当明确表示他们是以赋予当前的民主主义制度以'社会的'内容为目标，而不再企求以作为制度的社会主义取代（资本主义的）民主主义和（民主主义的）

---

① 《马克思恩格斯文集》第2卷，人民出版社2009年版，第501页。
② 同上书，第166页。

资本主义"①。

上述说明，当代民主社会主义是由社会民主主义演变而来的一种独特的价值体系，其思想理论基础、基本价值理念、政治民主、经济民主、社会民主、国际民主等思想内容，相对于资产阶级自由主义思想体系而言具有积极的进步的意义，如崇尚人道的平等的精神价值。但是，民主社会主义的价值追求不是建立在科学的理论基础之上的，实质上"是一种对资本主义的改良主义，是改良的资本主义，是改良主义的资本主义社会价值体系，而不是马克思主义阐明的科学社会主义"②。

（二）民主社会主义与资本主义

无产阶级是资本主义制度的掘墓人，作为无产阶级先锋队的共产党人认为"资产阶级的灭亡和无产阶级的胜利是同样不可避免的"③，反之，资产阶级右翼则坚持和捍卫资本主义制度，而社会民主党的民主社会主义与这两种态度都不同，既认为资本主义有弊端，又反对推翻资本主义社会，"它们是资产阶级政党，只是要求在资本主义范围内做一点改良"④。由于它"只是限于改良"，列宁曾尖锐地批评"他们堕落到充当地道的'资本主义护士'的地步"⑤，充当"资本主义病床边的医生和护士"正是惟妙惟肖地刻画出了民主社会主义在资本主义社会中的功能。

社会民主党的改良主义活动无法改造资本主义社会，这也是为世界上具有各种意识形态色彩的有识之士所公认的：日本学者冈崎三郎在《什么是社会民主主义》一文中说，由社会民主党执政的政府"在推进产业和金融机关的国有化，建立社会保障制度方面做出很多实际成绩，但同将生产资料资本主义私有制度变成社会主义所

---

① 殷叙彝：《"民主社会主义"和"社会民主主义"概念的渊源和演变》，《中国特色社会主义研究》2007年第5期。
② 贾中海等：《民主社会主义的价值体系：原旨、批判与选择》，《政治学研究》2011年第4期。
③ 《马克思恩格斯文集》第2卷，人民出版社2009年版，第43页。
④ 周新城：《民主社会主义思潮评析》，社会科学文献出版社2008年版，第43页。
⑤ 《列宁全集》第28卷，人民出版社1990年第2版，第251页。

有制、消灭阶级对立的目标相比，相差太远，英国、法国仍然是资本主义社会"；原南斯拉夫理论家弗兰尼茨基在《马克思主义和社会主义》一书中，分析改良主义之所以在这个问题上没有取得什么成就的原因在于它"逐渐适应了资产阶级议会制的民主条件，而大多数社会民主党即使已掌了权，也在很大程度上只在旧秩序范围内活动"。在当前的资本主义社会，社会民主党是一个社会改良主义政党，它们的社会改良主义活动，被证明有助于改善资本主义国家中劳动人民的物质生活状况，有助于推进资本主义国家社会生活的进一步民主化，但在另一方面，尽管他们把改良主义说成是改造社会的最重要工具，但在把资本主义改造成社会主义这个根本问题上却没有也不可能取得什么成就。①

民主社会主义这种改良主义与资产阶级自由主义的改良主义还是有些区别的，因其批判资本主义并否定其合理性，在对待资本主义的态度上与自由主义的改良主义有所不同。自由主义思想体系是代表西方资产阶级利益的典型的意识形态和思想体系。虽然自由主义思想体系也有对现有的资本主义进行不断变革的思想主张，但它是以肯定资本主义制度的合理性、永恒性为基础，以个人主义为核心的资产阶级的意识形态。从前面的研究文献中我们可以看到，民主社会主义部分地保留了马克思对资本主义的批判精神，认为资本主义虽然发展了巨大的生产力，但是它创造了一个没有财产和社会权利、靠工资生活的新阶级，使阶级之间的斗争尖锐化了。经济危机和大规模失业是资本主义运行的必然结果，资本主义产生了社会不安定与贫富之间的悬殊差别，并提出社会主义作为一种运动就是对资本主义社会固有弊病的反抗运动。民主社会主义对资本主义的批判既不彻底也不科学。

（三）民主社会主义与社会主义

民主社会主义否认社会主义代替资本主义的历史必然性。在民

---

① 徐崇温：《社会民主主义与民主社会主义：历史、理论和现状》，《中国特色社会主义研究》2007 年第 2 期。

主社会主义看来，社会主义的实现不是必然的，社会主义的实现与马克思所说的历史必然性、规律性没有关系，这实质上等于强调社会主义的无目的性。勃兰特认为："民主社会主义不是以某种最终目的为方向，应该把它解释为一种过程，民主社会主义没有最终目标，应当把它理解为长久性的任务。"[①] "民主社会主义之所以未能把资本主义社会改变成社会主义社会，同它的社会主义观有着密切的关系：最初它是一种小资产阶级的社会主义思潮，只想缓和、协调而不想消灭资本与雇佣劳动之间的对抗，所以，它不把全部生产资料归社会所有的口号写在自己的旗帜上。"[②] 19世纪70年代，许多社会民主主义者接受了马克思主义的科学社会主义基本原理，并在后来加入了在恩格斯指导下成立的第二国际所属社会民主党以后，又在1896年的第二国际第四次代表大会上，把怎样实现社会主义的问题归结为争取普选权的问题，随着伯恩施坦主义的出现，更把社会主义解释成主张在资本主义的范围内，通过议会道路使资本主义社会和平进入社会主义社会的社会改良主义。二战以后成立社会党国际时，社会民主党人把自己的思想体系由社会民主主义颠倒成民主社会主义，以表明它是一种和科学社会主义不同目标的居于资本主义与共产主义之间的"第三条道路"。我们虽然无权剥夺其使用"社会主义"名称的权利，如同二战以后在亚非拉兴起的各种"社会主义"思潮和"社会主义"运动一样，但是，这些所谓的"社会主义"与马克思主义的科学社会主义有原则区别。

另外，民主社会主义改良的影响和作用是通过社会民主党的社会政治实践体现的。信奉民主社会主义的西欧各国社会民主党在二战后通过议会选举执政后采取了一系列改良资本主义的政策和措施，在西方社会的经济生活、政治生活中发挥了十分重要的作用。根据西方一些社会学家对21个国家中社会民主党政府和资产阶级右派政党政府的比较分析，可以看出，在社会民主党人执政的地

---

① [苏]西比列夫：《社会党国际》，姜汉章等译，中国社会科学出版社1983年版，第73页。
② 徐崇温：《如何认识民主社会主义》，《毛泽东邓小平理论研究》2010年第4期。

方，用于社会需要的拨款要多一些，社会保障和保健的质量要好一些。社会民主党的理论和实践进一步推进了资本主义国家中社会生活的民主化，尤其是在用共同参与的经济民主去补充议会民主方面。民主社会主义认为，应当在民主制度内部建立起一种机制，使工人能够在其中有效地影响工业的决策和总的经济形势，工业民主或经济民主可以使民主进程进一步发展和深化，用一种不同的社会秩序来取代少数私有者集中控制经济权力的状况。因此，经济的民主化是社会民主党进行变革的先决条件，它将使人们有可能左右经济和技术发展，从而物质财富得到均衡的分配，使劳动条件得到改善。在这种社会秩序中，每一个人都有权作为公民、消费者或工薪劳动者来影响生产的方向和分配、生产资料的形态和劳动生活的条件，劳动者通过赢得参与决定企业事务的权力和生产资料联系在一起，从而唤起人们的主动性和责任感，并赋予更为民主的、富有人情味的人道的社会主义意义。

（四）民主社会主义与马克思主义

有人把民主社会主义说成是"马克思主义的正统"，这不仅不符合马克思主义和民主社会主义各自的发展历史，也不符合民主社会主义的思想纲领。这是因为民主社会主义是把世界观中立、指导思想多元化奉为自己的思想纲领的，不再以马克思主义作为自己的指导思想，而以伦理社会主义、抽象人道主义以及批判理性主义等作为自己的哲学基础。第二国际及其所属西欧各国的社会民主党，在19世纪末出现伯恩施坦主义以前，是信奉马克思主义的，在那以后，虽然修正主义的实践在这些党内愈演愈烈，但是，仅就理论和纲领来说，他们却继续认为自己是马克思主义的，认为马克思主义能够为科学的社会分析和社会主义目标提供不可替代的认识和方法。这种情况一直延续到一战以后，如德国社会民主党1925年的《海德堡纲领》，就大篇幅地照抄《爱尔福特纲领》，然而在二战以后，情况发生了变化：社会民主党的民主社会主义不仅在手段上，而且在根本目标上拒斥了马克思主义的社会主义观，因而它们也就不再把马克思主义当作自己的指导思想，而把世界观中立、指导思想多元化奉为自己的思想纲领了。应该说，这是民主社会主义区别于以前的社会民主主义的一个新特征。

民主社会主义的实质，是一种改良主义的资本主义。民主社会主义不主张消灭资本主义私有制，建立社会主义公有制，只是梦想着在资本主义制度框架内克服资本主义的弊病，实现对资本主义弊病的内在超越。而马克思主义旗帜鲜明地指出，要克服资本主义的弊端，把无产阶级从资本主义的阶级剥削和奴役下彻底解放出来实现真实的自由和平等，实现每个人的自由全面发展，就必须消灭资本主义私有制。马克思和恩格斯在《共产党宣言》中明确提出"共产主义的特征并不是废除一般所有制，而是要废除资产阶级的所有制。……共产党人可以用一句话把自己的理论概括为：消灭私有制"。显然，作为改良主义的民主社会主义与以马克思主义为指导思想的科学社会主义存在着根本区别。

革命和改良无疑是两种对立的改造社会的方法。科学社会主义主张用革命的方法去改造资本主义社会，但这并不意味着科学社会主义只要革命而排斥一切改造，倒是民主社会主义把改良当作自己的唯一任务，并用改良去排斥革命。科学社会主义认为，只能按革命方式去争取加强群众革命意识、提高工人阶级斗争能力的改良，而不能去争取那些会使工人受奴役的改良，会腐化工人阶级政治意识的改良。社会民主党人认为，社会主义是以对国内社会与世界社会的政治、经济和文化结构进行民主化为手段来争取人类解放的运动，通过民主化进程实现自由、公正和团结这些基本价值观念，把社会主义融合于资产阶级的民主之中，并认为社会主义只有通过民主才能实现。从表面上看来，从少数人享受的资产阶级民主，到多数人享受的社会主义民主，似乎只是数量上的差别，实际上却包含有人类历史上最深刻的革命变革，即"向前发展，即向共产主义发展，必须经过无产阶级专政，不可能走别的道路，因为再没有其他人也没有其他道路能够粉碎剥削者资本家的反抗。"[①]

综上所述，科学社会主义是无产阶级获得解放的思想和理论。

---

① 《列宁全集》第31卷，人民出版社1985年第2版，第84页。

从历史的经验看，不是自己命名为"社会主义"就是社会主义，只有建立在唯物史观和剩余价值学说基础上的科学社会主义才是代表无产阶级根本利益的社会主义，只有在科学社会主义的指导下才能建立和完善社会主义制度。

第二章

科学社会主义的理论逻辑与历史逻辑

科学社会主义作为人类历史上崭新的思想体系和社会制度，是在迎接各种各样的挑战中求得生存和发展，取得辉煌成就的。可以说，在160多年风雨里，科学社会主义在开创、探索与继承的过程中，历经曲折和艰辛逐步发展壮大，实现了从理论到实践的飞跃，取得了从一国到多国的胜利。科学社会主义有其严谨而科学的理论逻辑和顺应历史发展潮流的现实脉络，理论逻辑与历史逻辑的相互交织，构成其思想的坚实基础与可靠出发点，从而指引全世界、全人类追求自由而全面的发展，建设美好而幸福的生活。

一 科学社会主义的理论起点

所谓理论起点，就是理论体系建构的第一个基本范畴。任何科学的理论都有其立论的基点，只有基于对研究范畴的科学认识与分析，并符合人类的思维与推理逻辑，才会经得起实践的考验。科学社会主义作为马克思主义的核心组成部分，"是研究改变资本主义世界、建设社会主义世界的一般规律的科学"[①]，新时期以来，学术界对科学社会主义逻辑起点的研究过程分为两个阶段：一是没有明确概念的研究阶段，主要有资本主义生产社会化起点论、资本主义矛盾起点论、历史必然性起点论、空想社会主义起点论；二是有明

[①] 高放等编：《科学社会主义的理论与实践》，中国人民大学出版社2014年第6版，第9页。

确概念的研究阶段，主要有劳动异化理论起点论和社会化大生产起点论。① 当然，由于研究视角不同，对同一理论体系具体构造的理解不同，逻辑起点也不同。如把"社会"这个范畴作为科学社会主义的逻辑起点来进行研究，认为以"社会"为逻辑起点，所形成的科学社会主义学科体系既有学理性，又能比较好地反映出当代资本主义和社会主义的发展趋势。② 相比起来，逻辑起点的表述多样，缺少统一性和共同点，反映了我国理论界对科学社会主义的研究对象和理论体系有着相当不同的认识和理解。而高放教授认为要科学地说明无产阶级和全人类解放的目标和道路，首先要通晓整个人类社会历史发展规律，马克思、恩格斯悉心创立了唯物主义历史观，这是他们研究无产阶级和全人类解放这一主题的起点。③

（一）唯物史观对社会历史基本问题做出的科学回答

《共产党宣言》深刻地揭示出："每一历史时代的经济生产以及必然由此产生的社会结构，是该时代政治的和精神的历史的基础。"④ 以往，神学家祈求于神灵，把历史的过程和人类的进步说成是超自然的力量、神灵的意志作用的结果；客观唯心主义者认为人类的历史取决于社会之外的神秘精神；主观唯心主义把人自身的观念、思想当作社会历史的主要推动力。无疑，所有解释都是用人为的、虚幻的联系来代替社会历史的内在的、客观的联系。循着这样的思路，是解不开社会历史之谜的。

人类发现社会生活也同自然界的运动、变化和发展一样存在客观规律，这一历程漫长而艰难。确切地说，直到马克思和恩格斯发表《共产党宣言》这一不朽的著作之时，才拨开迷雾，找到了社会生活的真实联系，这是个伟大的发现，恩格斯于马克思逝世后，在

---

① 王怀超、牛先锋：《科学社会主义的逻辑起点和基本范畴——新时期以来科学社会主义研究与学科建设的新进展》，《教学与研究》2013年第2期。
② 牛先锋：《对科学社会主义学科逻辑起点的回顾与思考》，《社会主义研究》2006年第5期。
③ 高放等编：《科学社会主义的理论与实践》，中国人民大学出版社2014年第6版，第5页。
④ 《马克思恩格斯文集》第2卷，人民出版社2009年版，第9页。

其墓前的讲话中曾表明，其意义不亚于达尔文发现有机界的发展规律。唯物史观是人们对于社会历史的根本见解，真正认识到社会存在与发展的物质根源，掌握社会发展的客观规律，阐明社会基本矛盾运动和社会形态的演变，并且可贵地指出人民群众是历史的创造者，这些基本理论与立场为人们提供了解答人类历史之谜的钥匙。

从物质生产出发，从生产力和生产关系以及经济基础和上层建筑的矛盾运动中来阐述社会的演进和演化过程，构成了唯物史观的核心。在范若愚、江流所主编的《科学社会主义讲义》一书中已经道明：在社会化生产的发展历史条件下，"资本主义的基本矛盾才能明显地暴露出来，从而才能使人们通过对这一矛盾的发展过程的深入考察，阐明资本主义必然被社会主义、共产主义所代替的客观规律性"[①]。科学社会主义是关于社会发展规律和趋势的学说。要研究社会发展演化，首先必须研究社会是如何运行的，必须要研究人的活动。人的活动多种多样，他们的第一个或者首要的活动则是生产活动。因此，要研究社会的运行和演化，必须首先从生产开始。[②] 这表明，以唯物史观考察现实的人类社会发展的历史，就在于是以正确的历史前提为出发点的。但是这个前提绝对不是臆想出来的，马克思在深入研究现实的个人、他们的物质活动及其物质生活条件时，考察了人类社会发展的四个因素，从理论上论证了社会发展的历史前提，解答了社会发展问题上的"历史之谜"，从而实现了社会发展观念史上的根本性变革。[③] 正是从社会生产力发展的客观要求出发，从资本主义生产方式的矛盾运动的历史规律中，马克思和恩格斯做出社会主义必然要代替资本主义的科学论断，从而创立了科学社会主义的理论。

[①] 范若愚、江流：《科学社会主义概论——中国社会主义基本问题》，中共中央党校出版社1985年版，第46页。

[②] 李道中：《科学社会主义的研究对象、学科性质、逻辑起点和理论体系》，《科学社会主义》2014年第4期。

[③] 金建萍：《人的发展和社会发展的一致性研究》，中国社会科学出版社2013年版，第6—7页。

(二) 对"社会发展是自然历史过程"命题的再讨论

所谓自然历史过程,是指社会同自然界一样也是有规律的发展过程,社会规律同样是客观的、必然的、不以人的意志为转移的。① 马克思、恩格斯关于社会发展规律的伟大发现,实际上是找到了历来为繁芜丛杂的意识形态所掩盖着的简单事实:"人们首先必须吃、喝、住、穿,然后才能从事政治、科学、艺术、宗教等等,所以,直接的物质生活资料的生产,及一个民族或一个时代的一定的经济发展水平,便构成一个社会的基础,从而,国家设施、法的观点、艺术以至宗教观念,就是从这个基础上发展起来的。"② 贯穿于马克思和恩格斯的这一伟大发现的基本思想,就是把社会及其发展看作自然历史过程。社会是一个自适应、自协调、自组织的有机系统,它的发展动力机制不在其外部而在其内部,正是人的实践活动和实践关系构成历史合力,推动社会形态客观而有序地演进。

当代许多学者对传统教科书中"社会发展是一个自然历史的过程"的观点提出了质疑。"社会发展是一个自然历史的过程"的观点是马克思主义基本原理教科书中的一个重要观点,张一兵、陈志良、杨耕等专家学者从主体性思想出发,认为这个命题并不像教科书所理解的那样是对整个人类历史的描述,而只是对资本主义商品拜物教条件下社会物化特征的描述。但是,俞吾金教授曾在反思主体性批判哲学的基础上,认为该命题是马克思对整个人类历史本质的描述,认同这一观点的还有张文喜教授等。罗伯中认为对该观点的理解有分歧,主要是因为很少重视"自然史"概念的古典含义,也没有看到马克思一生中"自然史"概念的一贯性。他从马克思哲学与古希腊哲学"自然"概念的继承关系出发,厘清马克思关于人类的自然存在的思想远远超出了很多学者注意到的受动性问题,而作为自然存在的特征,人的能动性先于

---

① 艾四林、曲伟杰:《共产党宣言导读》,中国民主法制出版社2012年版,第35页。
② 陈学明:《永不消逝的"幽灵"——重读共产党宣言》,人民出版社2013年版,第18页。

受动性。① 马克思强调的"自然"并不是外在于人的"自然界",人本身就是自然的。人不仅仅是自然存在物,而且是人的自然存在物,"正像一切自然物必须**形成**一样,人也有自己的形成过程即**历史**,但历史对人来说是被认识到的历史,因而它作为形成过程是一种有意识地扬弃自身的形成过程。历史是人的真正的自然史"②。历史的"自然"强调的是人类的自我超越和扬弃,这才构成人的"真正的自然"。

经济的社会形态及整个人类社会都是一个从低级向高级不断演化的过程。经济的社会形态指的是与一定的生产力相适应的生产关系,是人类社会各种社会关系和社会意识的本源存在,它是自身能动的力量。"经济的社会形态的发展史是一种自然历史过程",强调的是"经济的社会形态"是"自然的"。生产力是人类生命的自然本性,正是因为经济的社会形态中生产力的辩证性,人类历史才能呈现出人对人的依赖、人对物的依赖和人的自由发展的历史轨迹。马克思"社会发展是自然历史的过程"命题真正的革命性意义就在于这种必然性根源于人的自由本性,人类社会的历史必然就是旧的社会形态必然为新的社会形态所取代的进步史。一个社会,即使探索到了本身运动的自然规律,"它还是既不能跳过也不能用法令取消自然的发展阶段"③,"无论哪一个社会形态,在它所能容纳的全部生产力发挥出来以前,是决不会灭亡的;而新的更高的生产关系,在它的物质存在条件在旧社会的胎胞里成熟以前,是决不会出现的"④。因而,由资本主义向社会主义、共产主义的发展是一个客观的、自然史的过程,但这一过程需要我们尊重规律、把握时机、利用条件、自觉积极地推动历史发展。

(三) 社会发展的根本动力

所谓动力,"就是促使矛盾向积极方向转化的根据,它是引起

---

① 罗伯中:《人类的自然史,还是人类的"似自然"史?》,《人文杂志》2011年第4期。
② 《马克思恩格斯文集》第1卷,人民出版社2009年版,第211页。
③ 《马克思恩格斯文集》第5卷,人民出版社2009年版,第10页。
④ 《马克思恩格斯文集》第2卷,人民出版社2009年版,第592页。

事物运动变化的原因，因此决定事物运动特征"①。历史发展动力是历史运动的根源，人们对于社会发展动力的认识是受社会本身的发展程度、社会发展的动力机制和规律体系的展开程度以及主体的认识能力和认识方法制约的。马克思主义扬弃了以往的历史观，从系统整体来说明社会发展的动力问题，将物质生产这一人类实践的基本方式作为整个社会历史的起点和新世界观建构的逻辑起点，把物质生产作为社会发展的根本动力。

生产力对社会发展的根本动力作用既表现在使人类的物质生产成为可能，又表现在它的不断发展即劳动者素质的提高、生产工具的改进和生产技术的进步使社会生产达到新的水平，还表现在生产力发展到一定程度必将引起生产关系乃至整个社会结构的变革。究其实质，"生产力是人们在解决人与自然的矛盾的过程中形成的，这是人以自身的活动引起、调控人与自然之间的物质变换的能力"②。

经济力是社会发展的根本动力，需要、劳动、生产力、生产关系是经济力的重要因素。"经济力不是对物质生产过程的分解和逻辑展开，而是对整个经济系统各构成要素相互作用结果的综合"③，人是社会活动的主体和社会关系的承担者，生活的需要和为满足这些需要而从事的物质生产，就构成了社会发展过程的最初的，也是与人类社会的历史进程共始终的矛盾。④ 人类的需要是广泛和无限的，是历史和发展的，人以其需要的无限性和广泛性区别于其他一切动物。人的需要与满足需要的不可分割性、多层次性、广泛性以及不断更新上升的无限性，成为人类行为的本原性动因。

---

① 龚培河：《马克思、恩格斯考察资本主义的逻辑起点与逻辑指向》，《学术论坛》2015 年第 10 期。

② 王峰明：《〈资本论〉与历史唯物主义微观基础——以马克思的生产力理论为例》，《马克思主义研究》2011 年第 11 期。

③ 王朝科：《论经济力的系统结构及其辩证关系》，《海派经济学》2012 年第 10 卷第 2 期。

④ 曾长秋：《马克思主义需要理论视域下的思想政治教育价值探究》，《思想教育研究》2013 年第 5 期。

（四）社会形态更替的统一性和多样性

社会发展的客观规律性和主体的选择性使社会形态更替呈现出统一性和多样性。社会形态发展的统一性表现：一是社会形态发展的纵向统一性，指各个国家和民族的历史，一般都应从低级到高级依次历经原始社会、奴隶社会、封建社会、资本主义社会、共产主义社会五种社会形态；二是社会形态发展的横向统一性，指处于同一社会形态的不同国家和民族的历史发展既有的共同性、普遍性。社会形态发展的多样性表现：不同国家和民族生存的地理环境不同，生产和生活方式不同，历史发展阶段和发展速度不同，以及思想观念、文化传统不尽相同，因而影响到它们各自的发展道路，各具特色；还有一个民族或国家的发展并不一定都严格地遵循社会形态演进的依次性路径，可以根据自己所处的一定历史条件跨越某一历史阶段而发展；再有处于同一社会形态中的不同国家和民族，其具体发展道路也各有特点。马克思指出："相同的经济基础——按主要条件来说相同——可以由于无数不同的经验的情况，自然条件，种族关系，各种从外部发生作用的历史影响等等，而在现象上显示出无穷无尽的变异和色彩差异。"①

社会形态发展的统一性和多样性是相互结合，不可分割的。多年来，学界围绕"五种社会形态理论"所展开的种种争议，虽然深化了人们对马克思唯物史观和人类社会发展规律的认识，但对于马克思"五形态说"的真实性、科学性，"三形态"与"五形态"的关系以及人类发展的"单线论"与"多线论"等诸多重大问题的质疑和存疑，深深地影响着马克思主义的理论自信与自觉，也深深地影响着中国特色社会主义的理论根基。对此，需要我们在辩证马克思"五形态说"遇到的批评和质疑的基础上，准确把握马克思社会形态演进理论所揭示的历史规律与具体发展道路间的辩证统一关系，既要从社会形态发展的多样性中概括出社会形态发展的统一性，又要从社会形态发展的统一性中把握社会形态发

---

① 《马克思恩格斯文集》第7卷，人民出版社2009年版，第894页。

展的多样性。

历史作为人的存在方式，构成人与世界的现实关系，人的存在就是人们的现实的生活过程，就是在历史的进程中所构成的人与自然、人与社会、人与他人、人与自我的无限丰富和不断变革的关系。[①] 辩证唯物主义历史观是科学社会主义的理论基础和方法依据，是统领其他基本理论的最高准绳，唯物史观使人们对社会历史有了科学的认识，从科学的理论逻辑出发，来不断探究人类社会发展的奥秘。

二 科学社会主义的时代范畴

科学社会主义具有很强的时代特征，它随着实践的需要而产生，随着时代的变化而发展，不同的历史时期，都赋予其特殊的历史使命，而且它都有值得追问并深刻回答的时代课题。

顾海良教授对科学社会主义的发展阶段及其主题转换做出了研究：19世纪40年代后半期到19世纪90年代中期为第一阶段，这是科学社会主义基本原理形成和发展的阶段，这一阶段科学社会主义发展的主题是资本主义必然被社会主义所取代；19世纪末到20世纪50年代中期为第二阶段，这是科学社会主义基本原理运用于实际，科学社会主义理论预言转变为社会革命、建设实践的阶段，这一阶段科学社会主义发展的主题转换为社会主义如何取代资本主义；20世纪50年代中期以来为第三阶段，这一阶段是科学社会主义基本原理广泛地运用于实际，科学社会主义由革命实践为主转变为建设实践、改革实践迅速发展的阶段。这一阶段科学社会主义发展的主题逐渐转换为社会主义如何在与资本主义共存、交流和冲突、对抗中发展自身并最终取代资本主义。[②]

[①] 孙正聿：《历史唯物主义的真实意义》，《哲学研究》2007年第9期。
[②] 顾海良：《科学社会主义的发展阶段及其主题转换》，《中国人民大学学报》2005年第3期。

(一) 科学社会主义的时代主题

时代风云孕育伟大思想,"科学社会主义在理论结构上是马克思主义的主题和核心,在实践上是马克思主义奋斗的目标体系"①。科学社会主义作为无产阶级思想的科学体系,是"以历史规律为前提,但它不是仅仅基于历史规律的推导,而是直接建立在资本批判的基础之上"。科学社会主义"深刻把握了资本主义社会的运动规律及其发展趋势,以资本主义社会的基本规律和社会主义社会的基本规定为内容"②,这正是科学社会主义的时代主题之所在。

1. 科学社会主义的社会历史根源

科学社会主义产生于19世纪40年代的西欧,是资本主义大工业较充分发展和无产阶级与资产阶级阶级斗争的必然产物。"一切划时代的体系的真正的内容都是由于产生这些体系的那个时期的需要而形成起来的"③,科学社会主义反映了近代产业无产阶级要求推翻资本主义统治、实现共产主义的愿望和要求,是近代产业无产阶级解放运动的理论表现。

18世纪欧洲掀起了近代第一次科技革命,科技革命带来了产业革命,产业革命推动了资本主义大工业的发展。到19世纪三四十年代西欧几个主要资本主义国家已经从工场手工业阶段过渡到机器大工业阶段。产业革命不仅使社会生产力得到了巨大发展,而且导致资本主义社会的基本矛盾——生产的社会化和资本主义私人占有之间的矛盾日益尖锐。所以,马克思认为,"资本主义生产的真正限制是资本自身",这种限制以及由此造成的一系列经济危机体现出资本主义生产方式的内在矛盾在不断积累和加深,表明资本主义或迟或早、或这样或那样必然要被社会主义所代替。

资本主义生产力与生产关系矛盾的激化,表现在阶级关系上,

---

① 李崇富:《论从科学社会主义视角把握马克思主义的"整体性"》,《马克思主义研究》2014年第5期。

② 杨耕:《当前马克思主义研究中的五个重大问题》,《南京大学学报》2014年第4期。

③ 《马克思恩格斯全集》第3卷,人民出版社1960年版,第544页。

即无产阶级反对资产阶级的斗争。大体上看,在马克思主义产生以前,无产阶级斗争带有自发的性质,这种斗争成为一种自觉的、独立的共产主义运动,是从科学社会主义产生以后开始的。到 19 世纪三四十年代,西欧的工人运动已从产业革命初期破坏机器的自发斗争,发展到有组织的、大规模的政治罢工和武装起义,其运动也具有以下鲜明的特点:第一,无产阶级斗争直接提出自己的政治要求和政治主张,把斗争的矛头直指整个资产阶级和资本主义制度;第二,无产阶级已经采取群众性的罢工、游行示威,直至武装起义的最高斗争形式;第三,无产阶级的组织性和团结战斗的精神有了明显提高,为了适应斗争的需要,组建了许多政治组织。

无产阶级要达到争得解放的目的,必须有革命的科学的理论指导。这时创立科学社会主义的客观条件已经具备:科技革命、产业革命使资本主义社会日益明显地暴露出的社会内在矛盾和辩证运动,为人们实现历史观的变革,创立科学的世界观和方法论,认识和揭示资本主义生产方式的本质及资本主义必然灭亡和社会主义必然胜利的规律提供了客观物质前提;三大工人运动的实践显示出无产阶级的革命力量,使人们认识到无产阶级的历史地位,并找到变革资本主义的阶级基础与社会力量。正是"依据社会发展的一般规律,依据资本主义生产方式矛盾运动的规律及其发展趋势,马克思科学地预见到未来社会的基本特征,科学地制定了社会主义社会的基本规定"[1]。如马克思、恩格斯所言,"这些原理不过是现存的阶级斗争、我们眼前的历史运动的真实关系的一般表述"[2]。

2. 科学社会主义的理论基石

马克思、恩格斯他们几乎在相同的时间内各自通过艰苦的探索,在阶级斗争和科学研究的革命实践中,完成了从唯心主义到唯物主义、从民主主义到共产主义、从资产阶级知识分子到无产阶级知识分子的转变,这是他们能够超越同时代的许多杰出思想家,胜利地完成创立科学社会主义理论的历史任务的一个重要原因。

---

[1] 杨耕:《当前马克思主义研究中的五个重大问题》,《南京大学学报》2014 年第 4 期。

[2] 《马克思恩格斯文集》第 2 卷,人民出版社 2009 年版,第 45 页。

科学社会主义的形成在于两大理论基石,即历史唯物主义和剩余价值学说。唯物史观的创立,揭示了人类社会发展的一般规律,为科学地研究资本主义社会提供了真实的理论基础和现实可能。马克思、恩格斯在艰苦卓绝的科学研究中,抛弃了黑格尔的唯心主义,批判地吸收了他的辩证法的合理内核;抛弃了费尔巴哈的形而上学观点和历史唯心主义,批判地吸收了他的唯物主义的基本内核,并把它贯彻到社会历史领域,创立了历史唯物主义。列宁指出:"马克思的历史唯物主义是科学思想中的最大成果"①,它是科学社会主义的第一块理论基石。

剩余价值理论的创立具有划时代的功绩,是科学社会主义的第二块理论基石。马克思运用唯物史观对现代资本主义制度进行了深刻的分析,并批判地吸收了英国古典政治经济学的劳动价值论,创立了剩余价值理论,具体地揭示了资本主义社会发展的特殊规律,论证了资本主义被社会主义代替的历史必然性。这个问题的解决是马克思划时代的功绩,"科学社会主义就是以这个问题的解决为起点,并以此为中心的"②。

马克思、恩格斯在唯物史观和剩余价值学说的理论基础上,批判地吸收了空想社会主义学说的合理因素,完成了社会主义由空想发展为科学的伟大历史任务。高放教授曾精练概括过科学社会主义产生的客观条件:科学上三大新发现惊人;技术上三大新发现震世;资本主义的三大矛盾凸显;工人运动的三大浪潮迭起;思想理论三大成果凝聚。以及其产生的主观条件:马克思、恩格斯参加三类社会实践;实现三种根本转变;批判三个思想来源;进行三场理论斗争;构建科学三大组成部分。正是如此,马克思主义的昭然出世,应运诞生,犹如旭日东升,罗盘指引,给在漫漫长夜中摸索徘徊的工人运动照亮了解放斗争的前程,指明了驶向共产主义幸福彼岸的航线。③

---

① 《列宁专题文集·论马克思主义》,人民出版社2009年版,第68页。
② 《马克思恩格斯文集》第9卷,人民出版社2009年版,第212页。
③ 高放:《马克思主义人的解放科学第一次应运诞生》,《中国延安干部学院学报》2013年第3期。

3. 社会主义理论实现第一次历史性飞跃的伟大历史意义

马克思、恩格斯创立科学社会主义理论,是人们对社会主义认识的第一次历史性飞跃,科学社会主义诞生后,使世界无产阶级有了科学理论作为自身解放运动的指南,从此,国际共产主义运动出现了完全崭新的局面。

首先,科学社会主义建立在对社会发展规律的科学认识上,唯物史观和剩余价值论这两大发现,使人们对社会主义的认识产生了质的飞跃。其次,科学社会主义揭示了其实现的正确道路,马克思、恩格斯第一次科学地揭示了阶级斗争在社会发展中的历史作用,科学社会主义"不再被看做某个天才头脑的偶然发现,而被看做两个历史地产生的阶级即无产阶级和资产阶级之间斗争的必然产物"①。最后,科学社会主义指明了实现社会主义的阶级力量,马克思主义的唯物史观和剩余价值学说,充分肯定了人民群众创造历史的伟大作用,并发现无产阶级是先进生产力的代表,它随着产业革命的发展而形成和壮大,无产阶级的解放同社会发展规律相一致。

科学社会主义的创立,科学社会主义理论与工人运动相结合,使无产阶级具备了科学的世界观,掌握了改造旧世界、建设新世界的强大思想武器。从此,无产阶级由自在阶级变为自为阶级,由自发斗争变为自觉斗争,开创了无产阶级解放运动的新纪元。因此,社会主义由空想发展为科学,在人类思想史上具有划时代的伟大意义。

(二) 科学社会主义的时代特征

科学社会主义成为无产阶级武装自己的伟大理论,其有着鲜明的、不可替代的特点与品质。"科学社会主义的本质特征,指的就是科学社会主义区别于各种形形色色的社会主义,区别于资本主义的内在质的规定性,如有所偏颇,便不再是科学的社会主义。"②

1. 科学社会主义是革命性与科学性的统一

科学社会主义的研究对象决定了它是以无产阶级彻底解放和全

---

① 《马克思恩格斯文集》第3卷,人民出版社2009年版,第545页。
② 靳辉明:《社会主义历史、理论与现实》,安徽人民出版社2000年版,第46页。

人类解放为己任的革命学说，这也是人类历史上最为深刻的社会革命，科学社会主义确立的革命任务、革命目标以及性质决定了它具有鲜明的革命性。① 与此同时，科学社会主义学说的建立与发展是基于对人类历史与社会发展规律的揭示与考察之上，而是以唯物史观和剩余价值学说两大发现为基石，把对资本主义的批判和对未来社会的展望"置于现实的基础之上"②。科学社会主义的使命和立论基石以及研究特点，决定了科学社会主义既具有彻底的革命性，又具有严谨的科学性。

2. 科学社会主义是普遍性与民族性的统一

科学社会主义学说，揭示了无产阶级的历史作用和历史使命，其基本理论观点是建立在历史唯物主义和剩余价值理论基础上的，"是符合历史发展规律的，是具有普遍指导意义的，是放之四海而皆准的普遍真理"③。但是，科学社会主义又要求把马克思主义一般原理与各国实际国情和具体实践结合起来，只有这样，才能改变和推动社会实践，从而丰富和发展理论本身，实现科学社会主义的国家化、民族化，创立具有国家、民族特色的革命道路和建设道路。

3. 科学社会主义是实践性与发展性的统一

科学社会主义是无产阶级的"批判的武器"，但是科学社会主义绝不是书斋里的学问，恩格斯明确指出，科学社会主义是"活的行动理论"。科学社会主义是在无产阶级解放运动的实践中产生的，并在科学社会主义理论指导下进行实践，它在实践中产生，在实践中发展，在实践中完善，在实践中不断得到检验，这是科学社会主义的要求，也是它的特点。科学社会主义并非故步自封，僵化不变的，而是随着实践的发展和认识的深化不断推进的，理论与实践的统一，是马克思主义的一个基本原则，科学社会主义就是植根于实

---

① 《科学社会主义概论》编写组：《科学社会主义概论》，人民出版社2011年版，第10页。
② 《马克思恩格斯文集》第3卷，人民出版社2009年版，第537页。
③ 石俊田等编：《科学社会主义理论与实践》，东北大学出版社2002年版，第11页。

践，与时俱进，不断发展的。

4. 科学社会主义是时代性与开放性的统一

科学社会主义的产生与发展是顺应历史潮流，适应时代发展的要求而产生的科学理论，揭示了时代发展的客观规律，并随着不同时代的变化与需要不断丰富其理论内涵。科学社会主义的开放性是由其科学性和无产阶级性决定的，无产阶级大公无私，他们的要求与社会发展方向相一致，与人类的利益相一致，阶级的品格决定了理论的品格，科学是公正无私的，科学是不能自我封闭的，是需要博采众长、与时俱进的。科学社会主义总以开放的姿态借鉴人类文明的有益成果，科学社会主义随实践的发展而发展，随时代的变化而变化，也在实践中不断完善。

有学者也概括出科学社会主义发展的规律与特点：在吸取前人思想成果的前提下，不断解放思想；在总结国际共运经验的条件下，不断进行理论创新；在分析资本主义矛盾的基础上，坚持实事求是；在研究新情况新问题的过程中，保持与时俱进；在批判各种错误思潮和纠正各种错误观点的斗争中，保证革命性质；在预测未来社会特点的理想里，指明前进方向。①

（三）列宁主义的思想发展及其时代价值

科学社会主义作为一个完整的理论体系，是需要继承、完善、发展与创新的。列宁作为"伟大的俄国革命家、共产主义运动创始人、世界上第一个社会主义国家的缔造者"②，根据时局与世态，对科学社会主义做出了重要的理论发展与贡献，不只从理论形态上的继承与发展，还包括其客观、严谨、求实的科学态度，都为我们留下了一笔宝贵的财富。

1. 关于列宁主义的评价问题

随着列宁领导的十月革命即将迎来100周年之际，应该如何评价列宁主义以及它所体现的马克思的思想，是一个重要而又比较复

---

① 卢继元：《从〈社会主义从空想到科学的发展〉看科学社会主义发展的规律和特点》，《中共南京市委党校南京市行政学院学报》2005年第1期。

② 马健、张兰菊：《世界简史》，中国文史出版社2014年版，第336页。

杂的问题。社会主义苏联的奠基人列宁的思想再次受到许多人关注,一些人把苏联解体视为社会主义的失败,进而认为列宁在俄罗斯发动社会主义革命是彻头彻尾的错误,是对马克思思想的背离。在这方面最有代表性的是俄罗斯著名马克思主义哲学家 T. H. 奥伊则尔曼。奥伊则尔曼为修正主义所做的辩护以及对列宁的批评引起社会的热议,在俄罗斯学术界掀起轩然大波,招致众多激烈的批判与指责,俄罗斯主要哲学刊物《哲学问题》还专门组织了讨论。许多人为奥伊则尔曼率先背叛马克思列宁主义而表示愤慨,其中,哲学家 M. 梅茹耶夫对列宁的布尔什维克革命和社会主义试验做了与奥伊则尔曼完全不同的评价。梅茹耶夫并不认为苏联是马克思本人想象中的社会主义,但是他对苏联和列宁领导的布尔什维克革命的认识,完全没有教条主义。在对列宁主义的评价问题上,我们听惯了要么全盘否定,要么全面捍卫的截然对立的声音。梅茹耶夫的分析要深入得多了。他的论述所体现的正是马克思主义一切从实际出发、实事求是的基本精神,与列宁一样体现了活生生的辩证法。①

列宁选择了马克思早期思想,但不是照搬。他强调唯物史观的建立使社会发展成为"自然历史过程";但在《怎么办?》以及《国家与革命》中,特别是在十月革命后推行战时共产主义政策时,他又表现出与民粹派类似的对革命激情和阶级斗争的赞颂与依赖。据巴加图利亚说,在向新经济政策的转变中列宁想起了1852年3月马克思致约·魏德迈的信,让人把它找了出来。列宁选择了马克思的早期思想强调阶级斗争和暴力革命,但并非仅仅如此,在此时他并没有忘记唯物史观。按照列宁的思想,借助暴力革命驱逐地主资本家只是在创造前提,有了这个前提之后,还是要致力于建设社会主义所需要的客观条件——文明,也即社会主义所需要的物质生产力和民众的文化水平。这表明"他已经把革命激情与社会规律的要

---

① 安启念:《列宁对马克思的继承与发展:关于列宁主义的再认识》,《教学与研究》2013年第3期。

求很好地结合起来了"①。根据俄国实际情况，列宁从多个方面论述与探索了俄国社会主义革命，从而发展了科学社会主义理论。

就实际来看，社会主义共产主义并没有因苏联的解体而退出舞台，相反，在当今世界所有国家，马克思所理解的共产主义因素不是少了，而是越来越多。如果看到这一点，如何评价列宁主义和马克思关于东方国家社会主义道路的思想，仍然需要专门深入分析。

2. 列宁"帝国主义论"的历史争论与当代价值

关于列宁的"帝国主义论"，学术界在不同历史时期均有争论。在19世纪末帝国主义理论原创时期，理论界围绕着霍布森"帝国主义理论"、希法亭"金融资本"理论、卢森堡"资本积累"思想以及考茨基"超帝国主义论"与列宁帝国主义论已有不同观点的争论。20世纪以来，无论是现实主义、自由主义还是新马克思主义，都一直围绕列宁帝国主义论进行论辩。与此相关联的列宁学、依附论和新帝国主义论等，无论社会主义国家体系内部，还是西方社会抑或发展中国家的理论界都有意见相左的理论交锋。

列宁"帝国主义论"引起国内外学术界和思想界经久不息的广泛争论，主要聚焦于三个问题：一是，在资本主义向帝国主义历史转型中产生的古典帝国主义理论群里，列宁帝国主义论是否具有独特的理论原创性特质？二是，基于建构原则和历史发展逻辑，列宁帝国主义论在学理意义和实践层面是否具有思想价值的正当性和历史贡献力？三是，基于辩证视角和当代反思维度，列宁帝国主义论是否存在重大理论漏洞和时代局限？② 需要说明的是，鉴于战后资本主义国家发生的一系列深刻社会变革和全球化时代的到来，在中国社会发生重大社会变迁和时代性选择的历史背景中，列宁帝国主义论的科学品质、历史意义、实践价值和时代意义更加引人关注，是对马克思主义世界历史观的思想深化，是努力探索和建构新文明社会价值诉求的时代反映。

---

① 安启念：《列宁对马克思的继承与发展：关于列宁主义的再认识》，《教学与研究》2013年第3期。

② 姜安：《列宁"帝国主义论"：历史争论与当代评价》，《中国社会科学》2014年第4期。

毫无疑问，列宁帝国主义论是对资本主义发展及其裂变的理论反思，是对帝国主义引起的世界结构性矛盾的实践回应。列宁将各资本主义国家之间的矛盾运动置于一个历史铁律中进行探讨，即经济政治发展不平衡规律必然导致帝国主义之间发生冲突或者战争这个结论不但为两次世界大战的爆发所证明，而且为战后各国间的贸易冲突、政治冲突以及文化冲突的爆发所证明。在列宁的理论逻辑中，政治经济发展不平衡规律导致的必然结果，一定是社会矛盾的剧烈对抗和冲突，这是帝国主义发展的必然逻辑结果。詹姆斯·多尔蒂认为，列宁帝国主义理论的现实意义就在于"用以解释由资本主义国家占主导的全球体系之中的国家间关系"①，从而论证了帝国主义的历史形态、存在属性和发展命运，形成了一套相对完整的影响最大的帝国主义理论。因此，继马克思之后，在对资本主义社会辩证批判的基础上，列宁的帝国主义论追求世界新文明共同体的新价值、新制度和新实践的精神永不过时。

3. 列宁"和平共处"思想的时代价值

列宁"和平共处"思想是"从俄国社会现实需要出发，根据时代条件的变化，运用马克思主义的科学方法，回答处在世纪转折点上的资本主义文明向何处去和社会主义文明如何开启等重大问题所形成的思想体系"②。

其一，列宁和平共处思想究竟何时开始产生？关于列宁和平共处思想究竟从何时开始产生，学术界有论者认为是"在十月革命前"，也有论者认为是从"1917年11月"开始产生，还有论者认为是从"1918年夏"开始产生。其实，列宁1919年9月23日在《致美国工人》的信中写道："在社会主义国家和资本主义国家共存的时期，我们也愿意在合理的条件下给予承租权，作为俄国从技术比较先进的国家取得技术帮助的一种手段。"可见，列宁此时开始初步产生这一思想，但此时未使用"和平共处"。到1919年12月，

---

① [美]詹姆斯·多尔蒂等：《争论中的国际关系理论》，阎学通等译，世界知识出版社2003年版，第468页。
② 顾玉兰：《全面认识列宁帝国主义理论及其当代价值》，《马克思主义研究》2013年第6期。

列宁才明确主张和平共处。在俄共（布）第八次全国代表会议关于国际政策问题的决议草案中说："俄罗斯社会主义联邦苏维埃共和国希望同各国人民和平相处，把自己的全部力量用来进行国内建设，以便在苏维埃制度的基础上搞好生产、运输和社会管理工作"①，表明了苏维埃政权为实现和平共处所做的努力。当然，"以后列宁和平共处思想进一步得到了丰富和发展，到了1921年，苏俄终于迎来新经济政策时期，列宁和平共处思想得以继续发展并取得较大的成效"②。此时，苏俄与资本主义国家之间形成了某种均势，虽然极不稳定，但是苏俄毕竟能够在资本主义包围中生存下去，列宁和平共处思想得以初步地实现。

其二，列宁的资本主义观及其时代价值。如何认识列宁的资本主义观，成为理解列宁思想当代价值的关键问题，也决定着如何最终评价列宁的"和平共处"思想。对列宁来说，不存在低估资本主义自我调节能力的问题。列宁预见到资本主义更快发展的可能，但这是由资本主义内在矛盾决定的不平衡发展造成的；资本主义内在矛盾发展使资本主义在20世纪初进入垄断资本主义阶段，在国际垄断资本经济关系上表现为帝国主义。列宁揭示资本主义被社会主义取代的必然，并研究这种取代的具体路径或方式，表明列宁不仅是思想家和理论家，更是革命的实践家。20世纪后半期和21世纪初资本主义发展的新现实和理论动态表明，"列宁关于资本主义的论述具有的当代意义在于：资本主义被社会主义取代最终不是在理论上，而是在客观现实上，要通过人民的历史实践而完成。"③

其三，列宁的社会主义思想及其时代价值。通常认为，在十月革命后、至少自《国家与革命》发表后，列宁使用的社会主义概念就一直延续了《国家与革命》中赋予的具体内涵，即共产主义社会第一阶段或低级阶段。列宁在《十月革命四周年》中强调："为了

---

① 《列宁专题文集·论社会主义》，人民出版社2009年版，第164页。
② 陶季邑：《列宁和平共处思想三题》，《马克思主义研究》2009年第8期。
③ 姚开建：《列宁关于资本主义的论述及其当代意义》，《马克思主义研究》2010年第11期。

作好向共产主义过渡的准备，必须经过国家资本主义和社会主义这些过渡阶段。"① 作为共产主义同义语的社会主义概念，"在不同的场合往往有着侧重点不同的具体内涵，有时指无产阶级的思想体系，有时指未来社会的过渡阶段，以列宁在实践的基础上探索如何引导农民在经济文化落后条件下向社会主义过渡的思想转变过程为语境"②，准确理解"社会主义"概念。列宁始终坚持马克思主义基本原理，立足俄国的现实国情，致力于探索适合俄国的社会主义革命与建设道路。这一艰辛探索的成果铸就了马克思主义发展史上不朽的里程碑，在总结俄国社会主义建设经验教训的基础上，提出了新经济政策、建设社会主义的构想和基本思路，极大丰富和发展了马克思主义。

此外，列宁在领导苏维埃社会主义建设中，关于无产阶级在民主革命中的领导权及工农联盟和建立工农民主专政思想③、在民族主义问题上"世界—国际—国内"三层次的政治主张和策略取向④、将革命主题和建设主题统一起来的社会建设思想⑤等都对科学社会主义的时代范畴做出了进一步的丰富和拓展。

三　科学社会主义的历史实践

社会主义从理论到现实的飞跃，经历了曲折与坎坷，社会主义从一国到多国的实践，也充满考验与探索，但社会主义近100年的实践历程彰显了其生机与活力。

---

①《列宁专题文集·论社会主义》，人民出版社2009年版，第240页。
② 张兴茂:《列宁关于社会主义的思想及其当代意义》，《马克思主义研究》2010年第12期。
③ 靳辉明:《社会主义历史、理论与现实》，安徽人民出版社2000年版，第113页。
④ 张三南:《列宁关于民族主义论述的三个层次——基于列宁世界革命思想演变的分析》，《民族研究》2012年第6期。
⑤ 张云飞:《试论列宁社会建设思想的理论特征——读〈列宁专题文集〉（论社会主义）札记》，《毛泽东邓小平理论研究》2011年第5期。

（一）列宁开创的社会主义建设道路

十月革命的胜利，实现了科学社会主义从理想到现实的巨大飞跃，是人类历史上一次划时代的伟大革命。十月革命的胜利，创造了帝国主义时代在经济相对落后国家取得社会主义革命胜利的经验，这些成功经验在实践上证实、丰富和发展了科学社会主义，对其他国家的革命具有很强的指导和借鉴意义。

有学者将十月革命放置在20世纪历史进程中加以考察其历史意义，凸显出这场革命对20世纪世界格局变化的巨大影响：首先，十月革命深刻影响了早期资本主义世界体系的裂变和战后世界体系重组的走向；其次，十月革命加速了民族解放运动的兴起和殖民体系的瓦解；再次，十月革命为20世纪的冷战格局奠定了制度和意识形态基础。总之，从"世界革命"的角度，我们可以将十月革命的世界历史意义建立在充分的客观历史的根据之上，而不仅是一种先验的理论设定或当事者主观理念的论证。此外，如果我们从这一角度延伸下去，对于十月革命在政治文化领域所产生的类似于法国大革命的深远影响，对于十月革命所建构的社会制度模式的历史功能及其限度等相关问题也会有新认识，并进而在"革命史"的研究方法层面获得新的拓展。①

十月革命胜利后，如何在落后的俄国建设社会主义是一个崭新的课题。列宁关于社会主义革命和建设的思想或因没被了解或因没被正确理解而未得到应有的重视，以至于一些人认为列宁埋下了苏联模式失败的种子，从否定苏联模式或否定斯大林进而否定列宁；或者把苏联模式等同于马克思列宁主义、等同于社会主义，认为苏联模式失败是马克思列宁主义的失败，是社会主义的失败。还有一些人认为列宁主义是马克思主义的异端，应当把列宁主义从"马克思列宁主义"中删除，等等。② 这些错误认识从反面说明一个问题，

---

① 余伟民：《十月革命与20世纪——关于俄国十月革命世界历史意义的再思考》，《探索与争鸣》2008年第1期。
② 贾建芳：《列宁开创社会主义建设道路的理论逻辑》，《中共中央党校学报》2016年第3期。

即今天仍需要正确认识列宁开创的社会主义建设道路。

（1）战时共产主义时期列宁对社会主义的认识。十月革命后，通过对内镇压反革命，对外巧妙退出帝国主义战争，苏维埃政权获得了暂时的和平喘息机会，列宁不失时机地提出将工作重心转移到经济建设上来，然而，由于反对帝国主义武装干涉的国内战争，苏俄被迫实行战时共产主义政策。"列宁在十月革命前后，尤其是在战时共产主义时期对社会主义的认识和建设社会主义的设想，基本上沿袭和发挥马克思、恩格斯对未来社会的设想，这一时期，列宁坚持认为社会主义是商品经济的终结，并试图尽快消灭商品货币关系。"列宁还明确"将马克思所说的共产主义第一阶段称为'社会主义'，并指出社会主义社会也将经历'初级形式的社会主义'和'发达的社会主义'两个不同的发展阶段"①。

（2）实行新经济政策时期列宁对社会主义的再认识。战时共产主义政策的实行，虽然在一定时期对于集中人力、物力，保证击败帝国主义武装干涉，赢得国内战争的胜利起了很大作用，但余粮收集制动摇了工农联盟，以及消灭商品货币关系的做法违背了经济规律，对生产力造成一定的破坏，因此1921年3月，俄共（布）十大决定从战时共产主义向新经济政策转变。列宁提出的新经济政策符合当时经济社会发展的实际，这一政策的实施，满足了劳动者的经济要求，有效地恢复和发展了工农业生产，稳定了国内动荡不安的政局，巩固了工农联盟，使新生的苏维埃政权有了稳定的阶级基础和社会基础。

（3）随着新经济政策的实施，列宁对无产阶级取得政权以后，尤其是在俄国这样一个经济文化落后的国家建设社会主义进行了深入思考。列宁强调，无产阶级夺权后必须及时把工作重心转移到经济文化建设上，为社会主义文明奠定雄厚的基础。列宁晚年从1922年12月至1923年3月上旬，口授了《日记摘录》、《论我国革命》、《论合作制》、《宁可少些，但要好些》、《我们怎样改组工农检察

---

① 石俊田等编：《科学社会主义理论与实践》，东北大学出版社2002年版，第123页。

院》5篇著述，从不同侧面论述并初步形成了建设和发展社会主义的基本思路：一是加深了对向社会主义过渡的艰巨性认识；二是明确了机器大工业是社会主义唯一的物质基础；三是对商品货币关系进行了再认识；四是合作制是引导农民走社会主义的理想形式；五是正确看待和利用资本主义，开展国际贸易，加强同世界各国的经济交往与合作；六是加强党的建设，改善党的领导；七是开展文化革命，发展文化事业。① 综上所述，列宁这些思想是在总结建设经验的基础上形成的，提出的基本思路充分体现了落后国家社会主义建设道路的"迂回性"，把世界历史发展规律的一般性与特殊性统一起来，开创了一条社会主义建设道路，并且昭告了落后国家建设社会主义的逻辑和方法，弥足珍贵。

列宁逝世后，苏联人民在以斯大林为首的苏联共产党的领导下，克服重重困难，战胜国内外敌人，先后实现了国家工业化、农业集体化和国民经济计划化，将苏联由一个落后的农业国变成了先进的工业国。但在斯大林时期，逐渐形成了有明显特点的苏联模式："在生产资料广泛、彻底公有化基础上政治权力和经济权利最大的硬性集中；社会实践划一，不考虑地方条件的多样性，群众利益的分散性；经济过程行政命令式的管理方法，忽视价值规律；党和国家生活民主准则形式化，不实行公开性；文化贫困、社会科学瘫痪等。"②

苏联建设社会主义的思路僵化了，导致苏联模式连同苏共、苏联都被抛弃，"人道的、民主的社会主义的理论基础与实践纲领，违背了马克思主义唯物史观和科学社会主义的根本原则"③，这不是马克思列宁主义和社会主义的失败。列宁开创的道路及其理论光芒仍然是世界社会主义发展进程中的灯塔。

（二）当代其他社会主义的发展及挑战

社会主义由一国向多国发展，展现出丰富多彩的面貌。由于苏

---

① 张建华：《俄国史》，人民出版社2014年版，第155页。
② 陆南泉：《对斯大林模式的再思考》，《当代世界社会主义问题》2007年第3期。
③ 张树华、单超：《俄罗斯的私有化》，社会科学文献出版社2013年版，第3页。

联是世界上第一个社会主义国家,因此在社会主义由一国向多国发展的过程中,苏联模式的推广产生过积极作用,但由于在学习中出现了照搬照抄,机械套用的做法,各个社会主义国家都有艰辛的探索,有辉煌的功绩,也有失败,但都不断开拓进取。我们对几个社会主义国家进行概要分析,以求借鉴经验,互相鼓励,共同发展。

1. 古巴社会主义改革的探索

古巴是西印度群岛中最大的岛屿,它也是西半球唯一的社会主义国家,古巴从建国开始走上社会主义道路,经过了一个漫长的历程,对政治、经济等各方面进行了各种探索和改革。

古巴自1959年革命胜利以来,曾进行过三次关于社会主义理论和实践的探索,对这些理论和实践探索进行分析,有助于了解古巴对社会主义的基本认识及其社会主义发展进程,判断古巴未来理论探索和政策实践的走向。第一次理论和实践探索是在20世纪60年代上半期,围绕建立什么样的经济体制展开;第二次理论和实践探索始于70年代中期,围绕"经济领导和计划体制"展开;第三次理论和实践探索始于1993年,围绕与经济改革相关的理论和实际问题展开。①

20世纪60年代初期,卡斯特罗主张通过实行生产资料的全盘集体化和高度集中化,完全消灭市场经济和商品生产,强调精神力量和平均主义,由于卡斯特罗推行"理想主义"政策,使古巴的经济出现了很大困难。进入20世纪70年代后,面对严重的政治、经济困难,卡斯特罗不得不改变政策,加速推进改革,极大地促进了经济的发展。②

与此同时,古巴在政治体制方面也进行了改革尝试,古巴民主政治建设的核心内容就是实现人民高效的政治参与。为完善古巴民主制度,卡斯特罗不断推进民主政治的制度化、法制化建设,探索了实现社会主义民主的各种实现方式。在实践中,古巴经历了60年代对直接民主的追求,70年代代议制民主的确立,90年代后对

---

① 宋晓平:《古巴关于社会主义理论和实践的探索》,《红旗文稿》2009年第9期。
② 冯国芳:《科学社会主义理论与实践》,上海交通大学出版社2009年版,第152页。

参议制民主的探索过程,[①] 古巴社会主义民主政治制度也日益走向规范和科学。

历史进入20世纪80年代,古巴开始实行新的经济发展战略,推行"新经济领导体制",对其经济进行大幅度的调整,试图实现改变经济畸形结构,发展民族工业,实现农业多样化的经济发展目标。90年代后,国际局势发生了巨大的变化,东欧剧变、苏联解体使全世界的社会主义建设事业遇到了前所未有的困难和挫折。古巴一直受到美国的制裁,国际压力巨大,苏联解体、东欧剧变后又失去了苏联等国的支持和援助,面临多方面的困难。但是这并没有动摇古巴人民继续进行社会主义建设的决心。1991年10月,古巴共产党召开四大,强调要坚持社会主义,稳步推进改革开放。古巴根据世界格局的重大变化积极进行调整,其核心是在社会主义旗帜下,重新融入全球经济、提高国内经济效率,增强国家经济实力,最大限度满足人民群众需要,捍卫"祖国、革命和社会主义"。首先,通过改革,古巴不仅克服了严重的生存危机,而且找到了一条依靠本国力量建设社会主义的现实道路;其次,古巴进行经济改革并取得成就也是古巴共产党自身思想解放的结果;再次,古巴的经济改革是以市场为取向的,"市场因素的增加,在提升古巴国家经济实力的同时,也造成了贫富分化加剧等社会问题"[②]。

21世纪充满机遇和挑战。2011年4月,古共召开六大。大会确立了经济改革的基本方针。会后,古巴逐步开放私营经济,取消不必要的社会补贴和货币双轨制,加强了企业的生产和经营自主性。2013年11月1日,古巴正式启动了首个经济特区,但是面临的国内外困难仍然比较多,推进改革也极为谨慎,古巴正以崭新的面貌顽强地进行社会主义建设。

2. 朝鲜的社会主义改革和探索

1948年9月9日,朝鲜人民经过艰苦的斗争,成立了朝鲜民主

[①] 张金霞:《卡斯特罗关于古巴民主政治的探索与实践》,《社会主义研究》2011年第4期。

[②] 张登文:《苏东剧变后的古巴经济改革:措施、主要成就与思考》,《教学与研究》2011年第4期。

主义人民共和国，1949 年 6 月北朝鲜劳动党与南朝鲜劳动党合并成立朝鲜劳动党，金日成当选为委员长。从 1953 年至 1956 年朝鲜进入经济恢复期，在这一时期，完成了农业合作化和对资本主义工商业改造的任务，从 1957 年开始进行全面的社会主义建设。①

朝鲜在国家建设上基本采取的是中央集权型的社会主义模式。在社会主义建设过程中朝鲜形成了自己的"主体思想"，1965 年 4 月金日成把"主体思想"概括为"思想上的主体，政治上的自由，经济上的自立，国际上的自卫"②。朝鲜宪法把"主体思想"列为国家活动的指针，并且贯穿于朝鲜社会主义建设始终。在经济建设上，朝鲜在总结经济建设的实践中提出了许多切实可行的方法，并根据本国的实际情况，在社会主义建设中采取有利的政治、经济政策，主要有："第一，加强党的领导，并制定了明确的路线和方针政策；第二，加强国家组织经济的职能和作用，改善社会主义经济管理；第三，发展文化教育事业，重视发挥知识分子的作用。"③ 朝鲜领导人还逐渐采取一些新的方法与外界进行接触，改善与韩国的关系，吸引韩资到朝鲜投资，然后再有限度地、逐步地向世界开放，尝试建立"经济特区"、"自由经济贸易区"。同时，在农村逐步推广分组承包、超产自留、余粮可卖等改革措施。

朝鲜的社会主义建设取得了很大的成就，但其社会主义建设与改革也面临诸多制约因素。由于主观认识的问题和面临国际环境的强大压力，改革更为谨慎，"朝鲜劳动党虽以思想政治教育强化社会管理，以其引导群众、统一思想、凝聚共识，努力保证各项建设事业的社会主义性质和方向"④，但过度集权的政治经济文化体制对朝鲜社会主义建设和改革的消极影响不可忽视。同时，以备战为第

---

① 崔桂田：《当代社会主义发展模式比较研究》，山东人民出版社 2005 年版，第 53 页。
② 杨立国：《解析朝鲜式社会主义的理论与实践》，《工会论坛》2007 年 11 月第 13 卷第 6 期。
③ 石俊田等编：《科学社会主义理论与实践》，东北大学出版社 2002 年版，第 189 页。
④ 董卫华：《部分社会主义国家的意识形态塑造探析——对朝鲜、古巴执政党思想政治工作理念与实践的透视》，《科学社会主义》2013 年第 1 期。

一目标的发展战略，客观上造成了国家财政危机，一些涉及经济发展和民生改善的困难与问题，显然迫切需要通过改革来解决，但朝鲜目前仍面临复杂的外部环境。总的来看，朝鲜改革的步伐比较缓慢，面临的困难也比较多。

3. 越南的社会主义改革和探索

越南南北统一后，1976年12月召开的越南共产党第四次代表大会，制订了经济发展路线和第二个五年计划，但是，由于越南党和政府的领导对外推行侵略扩张的地区霸权主义政策，导致越南经济日益恶化，第三个五年计划开始后，尽管经济上在某些方面有所好转，但是由于越南的经济体制不是从本国的国情出发，而是照搬苏联传统模式，优先发展工业，忽视农业、轻工业，造成国民经济各部门发展比例严重失调，越南经济仍处于不稳定状态中。

1986年12月，在越共第六次代表大会上，越共中央总书记主张"在一切领域实行改革"，对过去的经济政策做了一些调整，确立了发展粮食和食品、消费品、出口品生产的"三大经济任务"。自1989年以后革新进入全面深化阶段，越南共产党和政府在经济、政治、文化、外交和社会生活等各个领域相继推出了一系列改革措施，探索出了一条符合本国国情的发展道路，经济发展成绩显著，人民生活逐步改善，对外交往迅速发展，国际地位明显提高。①

自1986年革新开放以来，越南共产党高度重视社会主义民主理论的研究，不仅提出了富有创新意义的理论成果，而且在实践中也取得了一些可喜的成效，有力地推动了社会进步。"越共提出的'建设属于人民、来自人民、为了人民的社会主义法权国家'这一民主政治思想，深刻揭示了社会主义民主的内涵和社会主义国家的实质。"②

进入20世纪90年代后，越南领导人检讨了过去的对内对外政策，注重发展本国经济，并加强了与其他国家的联系，在经济、政

---

① 赵排风：《越南社会主义革新的实践与理论创新》，《河南大学学报》（社会科学版）2007年第47卷第4期。
② 陈明凡：《越南社会主义民主建设的理论与实践》，《科学社会主义》2007年第1期。

治方面都有所革新,从而改变了过去的形象。① 但其社会发展也存在问题:工业基础设施薄弱,人口增长的压力巨大,贫富悬殊现象严重,反腐败斗争任重道远,市场经济发育不成熟等,越南的革新事业仍面临巨大的挑战。2001年4月,越共九大通过了《2001—2010年经济社会发展战略》等重要文件,确立了21世纪初期国家发展的基本方向和大政方针。这次大会系统阐述了胡志明思想,确定"社会主义定向的市场经济"为越南经济体制发展模式,明确把"民主"列入越南社会主义的理想目标。2006年4月召开的越共十大,通过了《2006—2010年五年经济社会发展方向和目标的报告》。大会确立的总目标是为在2020年成为现代工业化国家奠定基础。同时,"越南还积极稳妥地推进政治体制革新,废除了领导干部终身制,完善了选举制度,进行了国家行政机构改革,促进了社会政治生活的民主化和法制化。越南的社会主义改革取得了很大成就,但也面临干部贪污腐败、发展和收入不均衡等问题"②。

4. 老挝的社会主义改革和探索

老挝人民民主共和国,简称老挝。中国和老挝山水相连,有着传统的友谊,老挝奉行和平、独立和与各国友好的外交政策,主张在和平共处五项原则基础上同世界各国发展友好关系,重视发展周边邻国关系,改善和发展同西方国家关系,为国内建设营造良好外部环境。

老挝人民革命党前身是越南胡志明于20世纪30年代创建的印度支那共产党老挝地区委员会。作为经济文化落后的小国,老挝走上社会主义道路国际因素的影响较大,苏联、越南对老挝党的发展与壮大提供了巨大支持。老挝人民民主共和国成立后,"老挝党不顾本国国情,照搬苏联模式,实行极左路线,急于过渡,造成了生产力的倒退和生产关系的破坏,使经济陷入困境,在政治上实

---

① 马红霞等编:《科学社会主义简明教程》,社会科学文献出版社2005年版,第194页。
② 李景治:《冷战后世界社会主义运动的发展及其面临的挑战》,《社会主义研究》2013年第6期。

行'残酷斗争，无情打击'的清洗政策，实行一党制和领导职务终身制"①。

1979年11月，老挝党二届七中全会对经济工作失误进行反省，随后开始调整经济政策，并初见成效，但是由于此次调整未触及过度集权管理体制的核心，对社会经济的发展未起到根本作用。1986年11月，老挝人民革命党召开具有历史转折意义的四大，提出革新开放政策，以此为标志，老挝进入有原则的全面革新时期，实行经济革新稳步推进，所有制、国营企业改革，扩大对外经济合作、深化市场化导向改革等，老挝的经济革新取得了令人瞩目的成绩。同时，老挝党进行了谨慎的政治革新，并强调改革政治体制，不是用其他制度来取而代之，而是在巩固人民民主政治体制和明确规定各部门职责的基础上，改革工作方法，维护和增强党的领导作用和能力。在这一原则指导下，调整、精简党政机关，进行政府机构改革；加强党建工作，提高党的领导水平和领导能力；加强监督机制建设；加强基层政权建设，政治革新初见成效。

当前老挝的发展仍面临严峻问题。近年来，老挝积极推行农村家庭承包制，推进国有企业改革以及经济管理体制改革，建设社会主义的具体实践有：以经济建设为中心，推进革新开放，努力实现从自然经济向商品经济转变；重视加强党的自身建设、巩固执政地位，推进依法治国；弘扬民族传统文化，利用佛教积极因素为社会主义建设服务。②但老挝发展中仍面临一些问题：经济上，产业结构落后，工业基础薄弱；社会治安存在隐患；国民教育仍处于落后状况；贫富差距加大。2001年召开的老挝人民革命党七大提出了国家经济与社会发展的战略目标、总任务与总方针。2006年，老挝党的八大突出了"党要管党"的原则，加强了执政党建设。2011年老挝党的九大提出要继续坚持革新开放政策。但是由于社会生产力落后，工业基础薄弱，社会情况复杂，制约了

---

① 高放等编：《科学社会主义的理论与实践》，中国人民大学出版社2014年第6版，第188页。
② 王璐瑶：《老挝人民革命党对社会主义的认识与实践》，《当代世界》2015年第8期。

国家的发展。

冷战结束以后,国际大环境发生了很大的变化,和平与发展成为时代的主题,发展成为发展中国家的主要任务,"如何把促进国家与社会的发展同实现社会主义的理想和奋斗目标结合起来,仍然是这些社会主义国家面临的一项艰巨任务"①。苏联解体、东欧剧变后,越南、老挝、朝鲜、古巴四国都从本国国情出发探索社会主义新道路,适应形势的变化,不断调整方针政策。各国的国情不一样,各社会主义国家选择什么样的发展道路和方式,应由其独立自主地决定,但无论如何,顺应形势的发展变化和时代潮流,加快社会主义改革的力度和步伐,发展社会主义民主、自由与法治,促进经济与社会发展,消除贫困,实现社会公平正义,这恐怕是大势所趋,人心所向。

(三) 中国社会主义建设探索历程

中华民族是一个伟大的民族,中国作为世界文明古国,对人类文明做出过重大贡献。鸦片战争后,在西方列强的侵略下,近代中国沦为半殖民地半封建社会,中华民族经历了一个多世纪的苦难岁月,肩负着求得民族独立、人民解放和实现国家繁荣富强、人民共同富裕两大历史重任。历史有力地证明,科学社会主义与中国实际相联系,就把无产阶级的科学社会主义和共产主义理想与中华民族伟大复兴梦结合起来,成为实现中华民族复兴的强大思想武器和必由之路,中国的国情与人民的选择,使我们最终走上了社会主义道路。

1. 中国社会主义基本制度的确立

1949年新中国成立,标志着新民主主义革命在全国取得胜利,新中国的成立是近代以来中国社会最伟大的变革,它翻开了中国历史发展的新篇章,为实现中华民族伟大复兴创造了根本前提。

新中国成立后,我国用三年时间迅速恢复了国民经济,完成了

---

① 李景治:《冷战后世界社会主义运动的发展及其面临的挑战》,《社会主义研究》2013年第6期。

民主革命的遗留任务，毛泽东于 1952 年下半年提出了要制定党在过渡时期的总路线问题，就是在一个相当长的时期内，逐步实现国家的社会主义工业化，并逐步实现国家对农业、对手工业和对资本主义工商业的社会主义改造。总路线的实质，就是使生产资料的社会主义所有制成为我国唯一的经济基础。这条"一化三改"的总路线，"是一条社会主义建设和社会主义改造并举的路线，使建设和革命互为条件，相互促进"①。

1956 年年底，我国基本完成社会主义改造，标志着我国社会主义制度发生了根本的变化，已经从新民主主义过渡到社会主义社会。社会主义制度的建立，为实现中国人民梦寐以求的社会理想，迈出了重要的第一步，也为解放和发展社会生产力，改变中国一穷二白的落后面貌，创造了根本的社会条件，更为全国各族人民大团结，齐心协力搞建设，创造了良好的社会氛围。总之，我国社会主义制度的确立，标志着近代以来中华民族面临的第一大历史任务，民族独立、人民解放基本完成，也为探索中国社会主义建设道路，实现中华民族面临的第二大历史任务，国家富强、人民富裕扫清了障碍，奠定了基础，提供了前提。

2. 毛泽东在社会主义建设探索时期的重要理论成果与经验教训

我国进入社会主义社会以后，毛泽东领导全党和全国各族人民进行了社会主义建设道路的艰辛探索，探索中取得的成功经验和失败教训都是党的宝贵财富，成为后人继续探索，开辟新道路、形成新理论的重要思想源泉。

作为新中国的主要缔造者，不论是从历史实践上还是从理论逻辑上说，"毛泽东都是中国特色社会主义事业的伟大奠基者、探索者和先行者"②。毛泽东领导全党以苏联经验为借鉴，提出该把马列主义的基本原理同中国革命和建设的具体实际结合起来，探索在我们国家建设社会主义道路的思想，并在政治、经济、文化等各方面

---

① 《科学社会主义概论》编写组：《科学社会主义概论》，人民出版社 2011 年版，第 179 页。

② 王伟光：《毛泽东是中国特色社会主义的伟大奠基者、探索者和先行者》，《中国社会科学》2013 年第 12 期。

都提出了许多富有创见和远见的重要观点。在经济建设方面,他提出我国社会主义建设的基本方针和战略思想,并对改革经济管理体制进行了初步探索,甚至还提出"可以消灭资本主义,又搞资本主义";在政治建设方面,提出正确认识与处理人民内部矛盾的思想;在思想文化建设方面,提出"百花齐放,百家争鸣",古为今用,洋为中用的方针;在发展战略方面,他提出了大约用50年的时间建设一个具有现代化工业、农业和科学文化的社会主义强国的宏伟目标,等等。① 然而,由于对马克思主义关于社会主义、共产主义社会构想的某些教条式理解和对当时局势的认识偏差,毛泽东也提出了一些错误观点,使中国社会主义事业遭遇了严重挫折。

这些经验教训主要表现在:在当时的历史条件下,毛泽东对国际国内阶级斗争形势估计得过于严重,产生了一系列"左"的思想倾向,并导致阶级斗争扩大化和"左"的错误严重泛滥;用指导革命战争和搞群众运动的方法指导和组织经济建设,违背了经济建设客观规律,对社会主义建设的长期性、艰巨性和复杂性认识不足,以至后来盲目冒进,造成严重损失。毛泽东对建设道路探索中的许多好的设想,没能一以贯之地坚持,后来还背离了他对社会基本矛盾的正确分析和实事求是的思想路线,酿成了"文革"十年的动乱。② 这些错误,不仅背离了党在社会主义建设初期提出的探索方向和要求,而且使中国的社会主义事业遭受重大挫折。但客观地说,20年的艰辛探索,为我国进行社会主义建设提供了宝贵经验和深刻教训,为改革开放后党领导人民探索中国特色社会主义道路打下了重要基础。

由此可以看出,探索艰辛坎坷,但是探索者们所取得的积极成果,为后人开辟中国特色社会主义道路,形成中国特色社会主义理论体系,提供了重要的思想指导、理论准备和前提条件。

---

① 《科学社会主义概论》编写组:《科学社会主义概论》,人民出版社2011年版,第192页。
② 魏礼群:《毛泽东对中国社会主义建设道路的探索及其现实意义》,《国家行政学院学报》2014年第2期。

四 科学社会主义理论逻辑与中国社会发展历史逻辑辩证统一

从 19 世纪中叶科学社会主义诞生起，社会主义运动成为不可抗拒的历史潮流。"俄国十月革命的胜利，将社会主义由理想变为现实，并改变了世界历史的方向，中国革命是十月革命的继续，是世界无产阶级社会主义革命的一部分。"① 马克思主义必须和中国的具体实践相结合，中国特色社会主义理论是与马克思列宁主义、毛泽东思想一脉相承的。

中国特色社会主义是改革开放 30 多年一以贯之的接力探索乃至党和人民九十多年奋斗、创造、积累的根本成就，是树立和巩固中国特色社会主义道路自信、理论自信和制度自信的根本立场和历史态度。在新的历史条件下坚持和发展中国特色社会主义，就要进一步推进科学社会主义理论逻辑与中国社会发展历史逻辑的结合与统一，不断丰富中国特色社会主义的实践特色、理论特色、民族特色与时代特色，并使之成为全党全国各族人民的共同信念。正如习近平总书记指出："中国特色社会主义，是科学社会主义理论逻辑和中国社会发展历史逻辑的辩证统一，是根植于中国大地、反映中国人民意愿、适应中国和时代发展进步要求的科学社会主义。"②

（一）理论逻辑和历史逻辑的基本内涵

所谓理论逻辑，反映的是事物的内在联系，不仅表现出事物内部的逻辑继承、逻辑脉络和逻辑发展，而且也表现出相关事物之间所呈现出的复杂的逻辑关系。中国特色社会主义的理论逻辑，就是对科学社会主义基本原理的坚持与继承发展，"就其内涵而言，表

---

① 于沛：《十月革命和科学社会主义的历史命运——纪念十月革命 90 周年》，《中国社会科学》2007 年第 5 期。
② 习近平：《贯彻党的十八大精神研讨班上的讲话》，《人民日报》2013 年 1 月 6 日。

现为从横向角度探讨其构成的复杂的逻辑关系,即在中国特色社会主义发展的进程中道路、理论体系、制度的内在统一"①。历史逻辑,就是历史发展的必然进程和客观规律。② 中国社会发展的历史逻辑,就是近代以来,特别是新民主主义革命以来,尤其是新中国成立和改革开放以来,中国社会发展的必然进程和客观规律。

中国特色社会主义是实践的社会主义,"理论逻辑与历史逻辑的统一是在实践中实现的,并在实践中相互转化,理论逻辑经过实践转化,就会融入历史、塑造历史,呈现为历史逻辑;历史逻辑经过实践转化,就会提炼为理论、上升为理论,呈现为理论逻辑"③。中国特色社会主义是科学社会主义在当代中国的崭新实践,科学社会主义的理论逻辑已经深深影响和改变了当代中国的历史,中国特色社会主义又是符合当代中国发展趋势的正确抉择,中国社会发展的历史逻辑也深深渗入和规定了中国特色社会主义理论体系。

(二) 科学社会主义本质与模式多样的统一

普遍性寓于特殊性之中,统一性存在于多样性之中,社会主义的发展也存在着统一与多样的关系。社会主义事业和历史进程在不同的民族和国家,通过各民族和各国人民的不断探索与努力,必然会有不同的实现形式,不同的民族和国家只能走带有自己特色的具体道路。

社会主义的共性,也就是社会主义制度的本质特征,"是社会主义制度内在固有的质的规定性;是社会主义制度同其他社会制度,尤其是同资本主义制度的根本区别所在;是普遍地、自始至终地存在社会主义制度之中的东西"④。在如何建设社会主义的问题

---

① 张雷声:《论中国特色社会主义的理论逻辑与历史逻辑》,《马克思主义研究》2014年第2期。
② 苏伟:《论科学社会主义理论逻辑和中国社会发展历史逻辑的内涵及其辩证统一》,《探索》2015年第5期。
③ 颜晓峰:《中国特色社会主义:理论逻辑与历史逻辑的辩证统一》,《中国特色社会主义研究》2013年第2期。
④ 周新城:《理论·历史·现实——关于社会主义及其命运的思考》,中国人民大学出版社1996年版,第2页。

上，不同国家、民族甚至同一国家不同历史时期，应该而且必然会依据本国国情、经济水平、历史条件、文化传统而有所差别，这则体现了社会主义实现形式的多样性。"从理论探索而言，中国特色社会主义是科学社会主义一般原理中国化的历史演进的结果；从建成社会主义而言，中国特色社会主义体现了科学社会主义实现途径的多样性。"① 在马克思、恩格斯视域中，共产主义本身就是世界历史性的事业，科学社会主义是一般原理，中国特色社会主义是一般原理的个别实现形式。

习近平指出："中国特色社会主义是社会主义而不是其他什么主义，科学社会主义基本原则不能丢，丢了就不是社会主义"②，科学社会主义基本原则，即科学社会主义的立场、观点、方法，是科学社会主义的本质。正如列宁所言，马克思的理论，包括科学社会主义"所提供的只是总的**指导**原理，而这些原理的应用**具体地说**，在英国不同于法国，在法国不同于德国，在德国又不同于俄国"③；邓小平也说过，"我们过去照搬苏联搞社会主义的模式，带来很多问题。我们很早就发现了，但没有解决好"④。这些问题没有解决好的重要原因，就是认为社会主义只有一种发展模式，导致党对社会主义的探索遭受严重挫折，党的十一届三中全会后，我们逐渐摆脱了固有的错误认识，实现了科学社会主义的普遍真理与中国社会主义建设具体实践的结合，开创了中国特色社会主义。现在，以习近平为总书记的党中央，以中国梦和"四个全面"的理论创新与实践创新，在新的高度上，继续探寻着中国特色社会主义的新发展。

（三）中国特色社会主义彰显科学社会主义的强大生命力

在遭遇东欧剧变、苏联解体巨大挫折与曲折后，世界上许多进

---

① 陈鹏、余斌：《中国特色社会主义的理论逻辑——从中国特色社会主义与科学社会主义的关系角度》，《扬州大学学报》（人文社会科学版）2015年5月第19卷第3期。
② 习近平：《毫不动摇坚持和发展中国特色社会主义 在实践中不断有所发现有所创造有所前进》，《人民日报》2013年1月6日。
③ 《列宁专题文集·论马克思主义》，人民出版社2009年版，第96页。
④ 《邓小平文选》第3卷，人民出版社1993年版，第261页。

步力量在总结教训和适应时代发展新要求的基础上，继续坚定地进行着迈向社会主义、建设社会主义新的探索。其中，"以中国共产党带领的中国人民建设中国特色社会主义尤为典型，创造出令世人惊叹的'中国奇迹'，彰显了社会主义制度独特的创造力和强大的生命力"①。

中国特色社会主义包括具有内在逻辑的三个基本方面。中国特色社会主义制度，实现了和平统一的发展局面，为民族复兴之路开启了航帆，从而为新的历史时期开创中国特色社会主义事业指明了历史前进方向、创造了社会发展的基本条件。中国特色社会主义道路，是在以毛泽东为核心的党的第一代中央领导集体对社会主义建设进行艰辛探索的基础上，在改革开放的伟大实践中所开创，在新世纪继续坚持和发展的，在中国建设、巩固和发展社会主义的唯一正确的道路。② 中国特色社会主义道路的探索不仅启发了理论自觉和制度自觉，也为理论创新和制度创新提供了丰富的实践基础，中国特色社会主义理论体系的形成发展和制度的确立、创新完善，源于中国共产党人探索中国特色社会主义道路的实践。

中国特色社会主义在遵循科学社会主义基本原则的基础上，彰显出社会主义具有不断变革和自我完善的强大生命力。邓小平提出"社会主义制度并不等于建设社会主义的具体做法"③，社会主义制度确立后，还要从根本上改变束缚生产力发展的具体体制，建立充满生机活力的社会主义经济体制，促进生产力发展。

中国特色社会主义立足本国实际，彰显出社会主义具有同实践不断结合发展壮大的强大生命力。"中国特色社会主义立足本国国情，强调必须坚持马克思主义，坚持走社会主义道路，社会主义必须是切合中国实际的有中国特色的社会主义。"④ 只有认清国情，以

---

① 《科学社会主义概论》编写组：《科学社会主义概论》，人民出版社2011年版，第290页。
② 李君如：《中国特色社会主义道路的开辟、坚持和发展》，《党的文献》2012年第6期。
③ 《邓小平文选》第2卷，人民出版社1994年版，第250页。
④ 《邓小平文选》第3卷，人民出版社1993年版，第63页。

此为依据与出发点才能制定正确的路线方针政策，使中国特色社会主义在实践中展现出勃勃生机，彰显出社会主义制度的优越性和生命力。

中国特色社会主义坚持与时俱进，彰显出社会主义具有能伴随时代和实践的发展而发展起来的强大生命力。时代主体与根本任务是紧密相连的，中国特色社会主义充分利用经济全球化带来的各种有利条件和机遇，同时应对各种风险并始终保持清醒的认识，彰显社会主义制度强大的说服力与感召力。在建设和发展中国特色社会主义，实现中华民族伟大复兴的历史征程中，只有继续坚持以理论创新为先导，以制度完善为保障，深化对中国特色社会主义道路的探索，才能把中国特色社会主义事业不断向前推进。

总之，"中国特色社会主义道路的探索、理论的创新、制度的完善，有机统一于建设和发展中国特色社会主义的实践。实践永无止境，道路的探索、理论的创新、制度的完善也不会终结"①。中国共产党带领全国各族人民开辟的中国特色社会主义道路，形成的中国特色社会主义理论体系，确立的中国特色社会主义制度，是改革开放30多年来中国取得一切成绩和进步的根本原因，"中国特色社会主义事业不仅传承了新中国对社会主义发展道路的历史选择，而且通过具体实践把科学社会主义事业提升到一个新的发展境界"②。

（四）中国特色社会主义理论逻辑和历史逻辑的辩证统一

中国特色社会主义，是中国共产党人立足于中国的基本国情、契合时代发展的潮流，把马克思主义基本原理与中国社会主义发展的伟大实践结合起来所做出的正确选择和伟大创造，既凝结着实现中华民族伟大复兴的最根本的梦想，也体现着人类对社会主义的美好憧憬和不懈探索。党的十八大以来，习近平提出并深刻阐述了实现中华民族伟大复兴的中国梦，他讲："中国梦是一种形象的表达，

---

① 肖贵清：《试论中国特色社会主义道路、理论、制度的有机统一》，《教学与研究》2013年第3期。
② 万丽华、龚培河：《唯物史观视域下中国特色社会主义历史逻辑》，《观察与思考》2013年第9期。

是一个最大公约数,是一种为群众易于接受的表达,核心内涵是中华民族伟大复兴。"① 中国梦是对科学社会主义基本原理的具体运用,是对中国特色社会主义的正确坚持与重大发展,实现中国梦的伟大实践,必将使中国特色社会主义道路越走越宽广,使中国特色社会主义理论放射出更加灿烂的真理光芒,使中国特色社会主义制度越来越巩固。

2013年1月5日,习近平在新进中央委员会的委员、候补委员学习贯彻党的十八大精神研讨班开班式上发表重要讲话,提出中国特色社会主义是科学社会主义理论逻辑和中国社会发展历史逻辑的辩证统一,"其讲话从世界社会主义思想的源头和中国特色社会主义的历史发展出发,阐明了我们党在推进革命、建设、改革的进程中,怎样经过反复比较和总结,历史地选择了马克思主义,选择了社会主义道路;怎样把马克思主义基本原理同中国实际和时代特征结合起来,独立自主走自己的路;怎样历经千辛万苦,付出各种代价,开创和发展了中国特色社会主义"②。

习近平总书记关于中国特色社会主义的精辟概括,阐明了中国特色社会主义的实质:"道路、理论体系、制度的内在统一,反映了中国特色社会主义理论逻辑的内在关系;对科学社会主义的贯彻和发展,反映了中国特色社会主义理论逻辑的发展创新;当代中国社会发展的实践,反映了中国特色社会主义的历史逻辑。由此可见,中国特色社会主义理论逻辑与历史逻辑的统一,蕴涵着马克思主义科学社会主义的科学性和当代中国社会发展的实践性。"③

中国特色社会主义理论体系的创立和发展,体现了中国特色与世界眼光的统一,中国国情与世界大势的统一,中国选择与世界博弈的统一,在中国特色与世界眼光的辩证统一中与时俱进、书写未

---

① 中共中央文献研究室:《习近平关于实现中华民族伟大复兴的中国梦论述摘编》,中央文献出版社2013年版,第10页。
② 严书翰:《中国版的科学社会主义史论——关于习近平社会主义发展史论述的学习笔记》,《毛泽东研究》2015年第1期。
③ 张雷声:《论中国特色社会主义的理论逻辑与历史逻辑》,《马克思主义研究》2014年第2期。

来。"中国特色",强调中国国情、中国特点,但与它相对的,还有时代潮流、世界眼光、对外开放、互利共赢等,今后我们必须坚持统筹国内国际两个大局,拓展世界眼光,加强战略思维,密切关注世界潮流的变动,紧紧瞄住世界生产力、科技文化等最前沿的动向和趋势,海纳百川,兼收并蓄,使中国特色社会主义的理论和实践,既立足中国国情,又体现时代精神,既体现"中国特色",又富有"世界眼光",如此才能使这篇大文章更加磅礴、更加恢宏。[①]

[①] 李忠杰:《永葆与时俱进的理论品质——中国特色社会主义理论体系的发展历程与历史启示》,《求是》2013年第6期。

第三章

人民主体论的创新运用

党的十八大提出了夺取中国特色社会主义新胜利的基本要求,即八个"必须坚持",排在首位的就是"坚持人民主体地位"。对人民主体性研究,首先要明确"人民主体性"是指人民群众在实践活动中发挥其自觉能动性、自主性、自为性和创造性。"马克思主义的人民主体性原则,是指在认识世界改造世界的实践活动中,高度重视和始终坚持人民群众主导地位和重大作用的原则。"①"人民主体性"思想是马克思在对"批判的批判"的批判中发展起来的,与唯心主义的"绝对精神"创造世界的主体性思想是根本对立的。"人民主体地位就是人民群众在创造历史的活动中表现出来的能动性、创造性、自觉性、自为性等特质,主要体现在实践主体、认识主体、价值主体和利益主体等四个方面。"② 建设中国特色社会主义是亿万人民群众的事业,坚持人民主体地位是坚持中国特色社会主义的本质要求。

一 马克思主义人民主体思想及其运用

理解人的主体性,首先要从理解"人"开始。马克思从人的实

---

① 曹根记:《论中国梦的人民主体性》,《湖南师范大学社会科学学报》2014年第2期。
② 郑礼平、周康林:《论人民主体地位与群众路线的关系》,《马克思主义研究》2014年第5期。

践本性出发确证了人的本质是通过人的劳动不断创生的,"通过实践创造**对象世界**,**改造**无机界,人证明自己是有意识的类存在物"①。马克思认为,人首先是自然的存在物,人依赖自然界而生活;同时,人又是对象性的存在物。这是因为,一方面,人必须借助对象才能实现并确证其人的本质;另一方面,人的本质也是由对象所设定的,人是生活所塑造的,同时人又在创造、确证自己本质的对象性活动中,创造社会生活。马克思关于人的主体性思想表明"人的自然性、人的社会性和人的意识性是人从生产实践中获得的,马克思是从个人的主体性、群体的主体性和类的主体性等三个相关的维度论述主体性的。在社会主义社会,群体的主体性表现为人民的主体性"②。

(一) 社会发展的客观规律性与主体选择性

社会发展规律是社会有机体内部各种要素、各个方面、各个层次之间的本质的、必然的、稳定的联系。各种社会现象都是通过人的活动表现出来的,因而社会规律又是"人们自己的社会行为的规律"。人的活动一方面受现有社会条件的制约,另一方面又不断开辟着新的生活道路,从而使社会发展表现为客观规律性与主体选择性的统一。③ 社会发展之所以表现为一个客观的、不以人的意志为转移的自然历史过程,主要是由于人的活动受到各种条件的限制和制约,社会系统从横向上看包含两个基本关系,人与自然的关系和个人与社会的关系;从纵向上看有后代人与前代人的关系,因此,人的活动具有自然制约性、社会制约性和历史制约性,这些制约中贯穿了一个共同的因素,就是客观对主观的制约,这些制约的总和,使得人的活动及其发展过程具有客观规律性。

人的意识在实践中包括内化和外化两个过程。意识内化就是对客体现实、主体需要以及二者关系的反映,这种反映性的内化了的

---

① 《马克思恩格斯文集》第 1 卷,人民出版社 2009 年版,第 162 页。
② 谢晓娟:《马克思主义大众化要体现人民的主体性》,《毛泽东邓小平理论研究》2010 年第 11 期。
③ 杨耕:《历史规律研究中的三个重大问题》,《江苏社会科学》2014 年第 5 期。

意识，有符合实际的、具有客观内容的意识，也有不符合实际的、非客观内容的即纯主观的成分；意识的外化，就是对以内化的意识为基础的实践观念的实施，这里的实践观念，就是主体制定的预定目标，以及达到目标的行为步骤、计划等。

主体在社会实践活动中，有着自己的主观创造性。人不只是拘泥于客观环境，从制定目标，设计蓝图，贯彻实施，完善改进，到理想实现也都渗透着人的能动意识与目的性。"社会的发展并不是一种外在于人的活动，人的目的性活动内在于其中。"① 在实践过程中，主体不仅可以利用自然规律和客观条件服务自己，还可以充分发挥主观能动性进行发明创造。

马克思主义认为，在社会发展的每一个具体阶段上，都存在着各种不同的客观趋势和可能性，而人则需要确定自己对待它们的态度，应当对之做出选择。主体选择是在既定的历史条件下对社会生活未来发展的多种可能的方向、目标、方式的选择，在这当中，社会生活未来发展的多种可能性是主体选择的客观前提，主体的利益和需要是选择的内在根据。在新的历史条件下夺取中国特色社会主义新胜利，必须坚持人民主体地位，全面落实人民主体地位，切实把它贯彻和运用到经济社会的各项工作中。

（二）坚持人民主体地位是对唯物史观基本原理的科学把握

坚持人民的历史主体地位，是马克思主义历史观的应有之义。马克思、恩格斯的一生，是为无产阶级的解放事业奋斗不息的一生，因此，他们的历史创造者理论从主体角度揭示了人们从事历史创造活动的自主性，其着眼点、核心始终是围绕无产阶级的处境、使命和解放条件而展开的。"马列主义群众史观的实质在于人民群众是历史的创造者，它是为人类解放和实现共产主义作哲学上的论证的，它产生于现实社会，表现于现实社会，影响着现实社会。"②"人民群众是历史的创造者"原理体现了马克思主义理论的辩证性

---

① 吴波：《社会发展的规律性与人的目的性》，《江苏大学学报》（社会科学版）2010 年第 9 期。
② 孟宪平：《马列主义群众观论析》，《中国特色社会主义研究》2013 年第 5 期。

质，因此才能够成为指导人们进行社会实践的方法论。在社会主义革命和建设实践中，"人民群众是历史的创造者"旨在说明"人民群众是推动历史前进的动力，是历史的主体，也因为人民群众是历史书写的最终裁定者"。① 人民群众只有结合成为一个整体，只有成为自己的社会结合的主人，才能成为自然界的主人，成为自己本身的主人，最终完成创造历史的使命。

中国共产党从成立的那一天起，就把马克思主义写在自己的旗帜上，坚持"以唯物史观作为自己的科学依据，用历史唯物主义的基本原理来分析历史发展的基本矛盾和基本规律，牢牢把握马克思主义关于人民群众创造历史的基本观点"②。人民群众是中国特色社会主义各项事业的创造主体，在改革开放进程中，广大人民群众充分发挥首创精神，开拓进取，不断创新，在经济、政治、文化、社会和生态文明建设的各个领域，取得了举世瞩目的伟大成就，使中国特色社会主义道路越来越宽广，理论体系越来越丰富，制度越来越完善。人民群众是中国特色社会主义各项事业的发展主体，没有人民主体地位作用的发挥，就不可能有中国特色社会主义各项事业的持续发展。从中国特色社会主义的发展进程来看，人民群众切实担当起了国家主人的责任，通过民主选举选出自己的代表，依法积极参与管理国家事务和社会事务，充分行使自己的知情权、参与权、表达权、监督权，对经济、政治、文化、社会各项事业进行民主决策、民主管理、民主监督，确保我国的社会主义市场经济、民主政治、先进文化、社会建设和生态文明建设，始终沿着中国特色社会主义的正确方向前进。作为社会主义国家的真正主人，中国特色社会主义事业的创造者、发展者和管理者，人民群众当然是中国特色社会主义发展成果的享有主体。改革开放以来，人民群众在经济、政治、文化、社会方面享有的权利不断得到完善和提高。党的十八大报告结合新的历史任务，旗帜鲜明地把坚持人民主体地位写在"夺取中国特色社会主义新胜利"所必须坚持的八项基本要求当中，充分体

---

① 周一平：《关于撰写人民史的几点思考》，《南开学报》（哲学社会科学版）2014年第4期。

② 王伟光：《论坚持人民主体地位》，《求是》2013年第3期。

现了当代中国共产党人对人民群众历史创造作用的高度自觉。

（三）坚持马克思主义阶级分析法调整人民利益关系

阶级理论是马克思主义唯物史观的重要组成部分，也是无产阶级政党分析阶级阶层状况的主要依据。中国共产党在领导全国各族人民，进行革命斗争的过程中，正确认识国情，分析时局，研究各阶级阶层特点，从而联合各种力量，争取胜利。新民主主义革命时期，革命的对象是封建主义、帝国主义和官僚资本主义，革命统一战线的阶级基础是农民、工人、城市小资产阶级和民族资产阶级，形成了反对北洋军阀的革命力量。土地革命初期，由于叛变了革命的国民党反动集团成为革命的对象，革命统一战线的阶级基础缩小为工农民众和小资产阶级。抗日战争时期，停止内战，与国民党结成抗日民族统一战线，实现了统一战线方针政策的重大转变，实行地主减租减息、农民交租交息的政策，从而最大限度地争取革命力量。[①] 新中国成立后，实施新的土地改革政策，中共中央颁布《中华人民共和国土地改革法》，强调没收地主多余财产，保存富农经济，中立富农，团结中农政策，这不仅利于巩固工农联盟，还利于团结各民主阶层，形成反封建的统一战线。[②] 改革开放的全面推进与实施，社会主义市场经济的探索与建立，促进了非公有制经济的快速发展，从而使原有的社会阶级结构发生了巨大变化。

坚持马克思主义阶级分析方法，对现有社会的阶级阶层进行科学分析，是正确处理现存阶级阶层关系的基础。许多学者注意到，马克思的阶级观点和阶级学说对当代仍然具有现实的解释力和适用性。有学者指出，马克思阶级理论对我们分析当前存在的一些不公平现象具有警示意义，并对我们解决社会冲突、缩小社会贫富差距等提供了根本的理论依据。在当代中国的学术界，虽然人们并未中断以阶级的感知及用阶级分析的视角观察和思考社会问题与生活实

---

① 蒋建农：《关于抗日民族统一战线的若干问题研究》，《中共党史研究》2013年第12期。

② 房世刚：《中国共产党以三民主义促成抗日民族统一战线的原因探析》，《东北师大学报》（哲学社会科学版）2014年第5期。

际，但有学者以职业分类为基础，以组织资源、经济资源和文化资源的拥有量和重要程度为标准来划分社会阶层，勾画了当代中国社会阶层结构的基本形态，形成了社会阶层组成的理论框架。① 正确认识现阶段社会阶级阶层的地位和作用，充分调动和发挥社会各阶级阶层的积极性和创造性，在和谐发展的社会环境中促进中国特色社会主义现代化建设。

构建和谐社会，必须实现阶级关系的和谐，最主要的是协调好各阶级阶层人民的利益关系。只有人民的利益关系得到妥善解决，阶级间利益差别过大的趋势才能得到有效控制，社会流动才能畅通有序，有利于化解社会冲突，社会才能充满活力。目前我国社会不同阶级、阶层间所产生的种种矛盾和冲突，归根结底都是由于利益分化所引发的。"面对由利益分化而产生的矛盾和冲突，执政党只有科学分析、客观面对，树立正确矛盾观，建立起对利益分化进行有效整合的社会机制，才能解决好由此而引发的矛盾和冲突，赢得社会公众对国家现行制度安排的理解和支持，才能在利益分化的大潮中实现党领导下的统战联盟的大团结、大联合。"② 在现代社会，必须建立各个阶层合理流动机制，人们能够在不同的社会阶层中垂直流动，处于地位较低阶层的社会成员，通过自己的努力和奋斗，完全可以流动到经济、政治、社会地位更高的社会阶层，这种正常的社会流动是社会充满生机和活力的源泉，是实现社会公平正义的保障，更是构建和谐社会的必然要求。当前，"用市场机制主导社会流动是我们必须坚持的方向和原则，目前的主要障碍是权力对市场的过度干预，未来要寻求政府权力与市场分离的制约机制"③，后致性因素取代先赋性因素，主导社会流动，是走向开放性社会的重要标志。因此，"国家要从战略的高度解决目前教育的不公平问题，

---

① 李培林等：《中国社会和谐稳定报告》，社会科学文献出版社2008年版，第192页。
② 吴清军：《关于社会主义国家阶级阶层关系的理论探析》，《当代世界与社会主义》2011年第5期。
③ 李俊：《论新世纪新阶段统一战线阶级阶层关系的特点》，《马克思主义与现实》2013年第3期。

为每个人向上的社会流动创造公平的机会"①,包括消除户籍、就业、人事等方面的制度障碍,调整和创新公共资源配置机制,实现公共资源的公平合理配置等。总之,"协调利益关系,化解利益冲突,保持利益均衡是关系政治稳定的重要问题"②。

(四) 完善人民代表大会制度保证人民当家做主

政党是与国家政权联系在一起的,政党通过执掌国家政权,以贯彻实施本党的纲领和政策,使自己所代表的阶级、阶层或集团的意志上升为国家的法律和意志,因此,政党功能的发挥是和代议机关联系在一起的,它必须通过代议机关实现对国家的治理。中国共产党领导人民经过长期的革命斗争,建立了新中国,建构了社会主义代议制民主共和政体。

人民代表大会制度是中国人民当家做主的根本途径和最高实现形式。"人民代表大会制度是保证人民当家作主的根本政治制度,执政党要坚持人民当家作主,就必须尊重并支持和保证人大及其常委会充分发挥国家机关的作用,要善于使自己的主张通过人大及其法定程序变为国家的意志。"③ 人民是国家的主人,但并不是人民中的每一个成员都要来从事对国家事务的管理,这既没有可能也没有必要。人民是通过选举这种形式将自己管理国家的权力委托给他们所信任的代表来行使,首先,人大代表是人民的代表,由选举产生的人大代表与选民之间要建立紧密联系是最为关键的,尤其是间接选举产生的人大代表;其次,人大代表要代表人民,人大代表要倾听民声,表达民意,维护民众利益,"人民代表大会制度下对各级人民代表大会的监督主要依靠全体公民"④。

---

① 蔡宇宏:《构建新时期统一战线和谐阶级、阶层关系的路径研究》,《社会主义研究》2013 年第 4 期。
② 王春光:《当前中国社会阶级阶层关系的变化与特点》,《河北学刊》2010 年第 7 期。
③ 李景治:《积极推进人民代表大会制度理论和实践创新》,《学习与探索》2014 年第 3 期。
④ 杜力夫:《人民代表大会制度视野下的公民监督权再探讨》,《福建师范大学学报》(哲学社会科学版) 2010 年第 1 期。

中国共产党对人民代表大会的领导主要是政治领导和组织领导，政治领导即政治原则、政治方向、重大决策的领导。"正确处理执政党与人大的关系，必须坚持党的领导、人民当家作主和依法治国三者的有机统一，以保障人民当家作主为根本，以增强党和国家活力、调动人民积极性为目标。"① 党的路线、方针和政策要经过法定程序，通过人民代表大会上升为国家意志来实现。党对人民代表大会的领导体现在方方面面，它不仅可以提出方针政策，要求人民代表大会贯彻执行，而且可以就国家的重大问题，直接向全国人大提出建议案；它不仅领导、安排选举工作，决定有关人事安排问题，而且设定人民代表大会的议程设置，审批政治方面的立法。新时期，对完善人民代表大会制度而言，必须坚持民主目标与效能目标同等重要原则是极为重要的，即既要持续不断完善人民代表大会制度的民主性，也要不断提高其运行效率和履职能力。

二　群众路线是马克思人民主体论的创新

马克思主义认为，人的主体性不是与生俱来的，而是通过实践才形成的。主体是在实践中开始同客体分化并以主体形式出现的，主体性依赖于实践性，无实践性即无主体性。"主体性是在实践中产生和确立的，也是在现实的实践活动中体现和表征出来的，人的主体地位的确立，只有在实践活动中，在改造对象的过程中和与他人交往的过程中，才得到体现和确证。"② 人通过改造过的对象，审视到了自己的本质力量，体验到了自己的主体地位和尊严，从而确证了自己是一个能动的主体承担物。

---

① 李景治：《积极推进人民代表大会制度理论和实践创新》，《学习与探索》2014年第3期。
② 张澍军：《马克思主义哲学若干重大问题讲解》，高等教育出版社2006年版，第110页。

(一) 群众路线是马克思主义群众史观的集中体现

唯物史观以人作为考察历史的出发点。人们在实践中一方面改造着自然,使生产力成为获取物质生活资料的本质能力;另一方面又改造着自身,形成受一定生产力水平决定的客观生产关系,并在此基础上形成多样性社会关系。人们通过社会实践来创造自己的历史,而社会实践在不同历史条件下的对象性物质成果,又成了人们创造自身历史的物质前提。而人民群众作为社会实践的主体,作为推动社会发展进步的大多数社会成员,则必然构成创造历史的主体。① 因此,"历史活动是群众的活动,随着历史活动的深入,必将是群众队伍的扩大"②。

人民群众是社会物质财富的创造者,是社会精神财富的创造者,是变革社会制度的决定力量。正是亿万人民群众的群体性"合力",汇成了不可阻挡的历史洪流,成为推动社会历史发展的决定性力量。毛泽东指出:"人民,只有人民,才是创造世界历史的动力。"③ 一语精辟道破了马克思主义群众史观之人民主体论的精髓,并为中国共产党的群众观点和群众路线提供了直接的理论依据。"群众观点是共产党员革命的出发点与归宿,从群众中来,到群众中去,想问题从群众出发就好办。"④ 我们党90多载风云岁月、辉煌历程证明了一条颠扑不破的真理:人民永远是推动历史前进的强大动力,党的根基在人民、血脉在人民、力量在人民。在长期的奋斗实践中,党同人民群众建立了鱼水般的密切关系,成为真正全国范围的、广大群众性的党,并在理论上不断进行总结,形成了"一切为了群众,一切依靠群众,从群众中来,到群众中去"的经典概括,这就在理论与实践的结合中,把人民主体论的价值观与认识论有机统一了起来。

---

① 张晓东:《人民主体论:从群众史观到群众路线》,《中共中央党校学报》2013年第5期。
② 《马克思恩格斯文集》第1卷,人民出版社2009年版,第287页。
③ 《毛泽东选集》第3卷,人民出版社1991年版,第1031页。
④ 牟成文:《马克思的群众观及其哲学变革》,《中国社会科学》2012年第2期。

人民群众是历史的创造者，是推动社会发展的根本力量。我们党来自于人民、植根于人民、服务于人民，党的根基在人民、血脉在人民、力量在人民，必须真心实意依靠人民群众。田心铭认为：坚持历史唯物主义关于人民群众在社会历史中的决定作用的观点，可以概括为"坚持人民主体地位"①。人民群众是中国特色社会主义事业的主体，人民群众积极性、主动性、创造性的充分发挥，是我们事业兴旺发达的根本保证。我们只有坚持马克思主义群众观，始终与人民群众同呼吸共命运，始终同人民群众保持血肉联系，才能不断发展壮大，才能战胜一切艰难险阻、从胜利走向胜利。

（二）群众路线教育是坚持人民主体的重要举措

在实践中贯彻好群众史观和群众路线，最直接的是要进行党的群众路线教育。党的十八大站在历史和战略高度，强调"坚持人民主体地位"，深入开展"群众路线教育实践活动"，强调"群众路线是我们党的生命线和根本工作路线"，依靠和带领全国人民实现中华民族的伟大复兴。这是党对"三大规律"的科学把握和自觉运用，是时代条件下对马克思主义群众观的新贡献、新发展，是新时期推进党的建设新的伟大工程的重要举措。

群众路线教育，是人民主体论的思想教育与实践落实的统一。它所要解决的最重要问题，是"教育引导全党始终坚持为人民服务的根本宗旨，不断赢得人民群众的信任与拥护，保持同人民群众的血肉联系"②。这里，问题的关键是"把国家的发展与每个人的全面发展结合起来，在实现国家发展的同时，把国家发展成果有效地转化为人的体力和智力等各方面才能全面发展的条件"③。现阶段，中国共产党根据我国的具体国情，把党的工作重心聚焦于满足人民群

---

① 田心铭：《为什么"必须坚持人民主体地位"是首要的基本要求》，《红旗文稿》2012年第24期。

② 张晓东：《人民主体论：从群众史观到群众路线》，《中共中央党校学报》2013年第5期。

③ 徐伟：《人民群众主体实践与人的全面发展》，《毛泽东邓小平理论研究》2014年第5期。

众的物质文化需要上，在此基础上，关涉人的生命质量提升的社会建设工作得到很大的改善，并通过制度形式将它们确立为民生工程的基本领域。在经济社会发展的前提下努力促进人的全面发展，为人民群众更好地发挥主体实践能力创造良好的条件。

（三）群众监督是人民主体的应有之义

群众监督作为党的群众路线的题中应有之义，日益成为丰富和发展党的群众路线思想和实践的重要内容。随着党从领导人民夺取政权的党转变为掌握政权并长期执政的党，群众监督对保持和发展党群血肉联系有着重要意义。习近平总书记在继承马克思主义经典作家群众监督思想的基础上，结合自己深厚的人民情结和丰富的施政经验，强调"群众路线是我党领导各项事业的根本工作路线，形成于党领导新民主主义斗争的革命实践，坚持于开展社会主义建设和改革开放的执政实践，是贯穿党的建设全过程的重要内容"[①]。坚持人民主体地位，就是要虚心向群众学习，用心研究群众生产生活，认真聆听群众的意见建议并进行加工整理，找到它们的最大公约数，以此作为制定政策的根据；就是要发扬群众自我管理、自我服务、自我教育、自我监督的自为精神，把主要精力集中到人民群众反映最强烈、最迫切的问题上，明确党员干部在群众实践中的责任担当。[②]

群众监督是中国共产党重视人民群众创造历史作用、坚持人民主体性的有力展现。群众监督是中国共产党用以保证政府永不懈怠、跳出"其兴也勃焉，其亡也忽焉"历史周期律的重要法宝，对于提高党的执政能力和领导水平，广泛凝聚人民共识和民族力量，加强全体党员马克思主义群众观点和党的群众路线教育，密切党群干群关系有着重大而深远的意义。公开是监督实现的前提，领导干部对群众监督的真正支持不是其如何允诺愿意接受群众监督，而

---

① 黄桂英：《论群众监督对构建和谐党群关系的作用》，《理论探讨》2013年第4期。
② 郑礼平：《论人民主体地位与群众路线的关系》，《马克思主义研究》2014年第5期。

是其如何创造条件以便利群众监督，通过群众监督巩固人民主体地位，实现人民当家做主。权力的主人监督权力运行的过程、决定权力行使的指向、评判权力行使的成效是人民当家做主的根本要求。秉承相信群众、依靠群众和为了群众的群众观，把人民群众与中国特色社会主义伟大事业紧密联系起来，坚持发展依靠人民、发展为了人民、发展成果由人民共享，有力地巩固和保障人民主体地位。

主动接受群众监督是保护和关心干部的最好方式。领导干部应该追求"慎独"的高境界，但作为普通的人，领导干部也必然会存在各种弱点和不足，甚至会犯各种错误，如果这些错误和不足能够被及时指出，那么无论是对于做好工作干成事业，还是对于促进自己的成长进步，都是莫大的帮助。特别是站在新的历史起点上，面对"两个百年"宏伟目标、实现中华民族伟大复兴的中国梦，面对世情国情党情深刻变化带来的风险挑战，脱离群众成为我们党在执政条件下的最大危险，关系到人心向背和事业兴衰。

三 在全面深化改革中坚持人民主体思想

十八届三中全会《中共中央关于全面深化改革若干重大问题的决定》强调：全面深化改革必须"坚持以人为本，尊重人民主体地位，发挥群众首创精神，紧紧依靠人民推动改革，促进人的全面发展"。这意味着，使改革始终沿着正确方向深入推进并且富有成效，就必须坚持人民主体思想这一政治优势，并在全面深化改革中不断实现人民主体地位。

（一）全面深化改革顺应社会基本矛盾运动规律

社会基本矛盾学说是马克思主义科学体系的重要内容。马克思指出，推动社会发展的基本动力是生产力与生产关系、经济基础与上层建筑两对基本矛盾的运动，这是马克思所创立的唯物史观的基本观点。"人们在自己生活的社会生产中发生一定的、必然的、不以他们的意志为转移的关系，即同他们的物质生产力的一定发展阶段相适合的生产关系，这些生产关系的总和构成社会的经济结构，即有法律的和政治的上层建筑竖立其上并有一定的社会意识形式与之相适应的现实基础。物质生活的生产方式制约着整个社会生活、政治生活和精神生活的过程。不是人们的意识决定人们的存在，相反，是人们的社会存在决定人们的意识。""社会的物质生产力发展到一定阶段，便同它们一直在其中运动的现存生产关系或财产关系（这只是生产关系的法律用语）发生矛盾。于是这些关系便由生产力的发展形式变成生产力的桎梏，那时社会革命的时代就到来了。随着经济基础的变更，全部庞大的上层建筑也或慢或快地发生变革。"① 马克思对社会基本矛盾的经典表述，成为历史唯物主义的核心和科学社会主义的理论基石。

只有运用社会基本矛盾分析法，才能深刻领会全面深化改革的精神实质和科学方法。在生产力和生产关系矛盾运动的推动下实现的社会发展，既表现为客观必然的过程，又是个体在其共同活动的社会形式中不断实现自主活动和自我发展的过程。② 社会主义社会基本矛盾就是生产力和生产关系的矛盾，解决社会基本矛盾，最根本的是解放和发展生产力。在我国进入全面深化改革新阶段时，习近平指出："坚持和发展中国特色社会主义，必须不断适应社会生产力发展调整生产关系，不断适应经济基础发展完善上层建筑。我们提出进行全面深化改革，就是要适应我国社会基本矛盾运动的变化来推进社会发展。社会基本矛盾总是不断发展的，所以调整生产关系、完善上层建筑需要相应地不断进行下去。"③ 全面深化改革，"并不意味着各领域的改革全面开花，不分主次，而是把握好点与面、整体与部分的辩证关系，把整体推进与重点突破相结合。重点

---

① 顾玉平：《社会主义基本矛盾理论奠定改革开放理论基石》，《湖南科技大学学报》（社会科学版）2014年第9期。

② 何玲玲：《马克思人的发展与社会发展关系理论研究》，人民出版社2014年版，第58页。

③ 《深入学习习近平同志系列讲话精神》，中共中央党校出版社2014年版，第137页。

突破，就是把经济体制改革作为全面深化改革的重点和'火车头'，充分发挥经济体制改革的牵引作用，推动生产关系与生产力、上层建筑与经济基础相适应"①。

（二）以全面深化改革着力解决人民群众关心的问题

党的十八届三中全会确定了全面深化改革的方向：全面深化改革，坚持社会主义市场经济改革方向，以促进社会公平正义、增进人民福祉为出发点和落脚点。中国共产党来源于人民，植根于人民，其宗旨决定了全面深化改革必须以增进人民福祉为导向，切实服务人民群众。如果脱离了人民群众这个大方向，全面深化改革就失去了价值和意义。因此，全面深化改革必须着眼于创造更加公平正义的社会环境，使改革发展成果更多更公平惠及全体人民。

激发人民对全面深化改革的强大信心，为全面深化改革创造良好的社会氛围。人民的主体地位决定了人民是国家的主人，是全面深化改革的决定性力量，准确理解和把握全面深化改革的目的和任务，将工作重点放到实现最广大人民群众根本利益上，切实把人民利益维护好、实现好、发展好。人民群众关心的问题不但包括个人物质利益的实现，也包括对社会稳定的政治环境、环境优美的生存环境、保障完善的生活环境的向往等，对广大人民群众关心的问题的妥善解决可以凝聚起巨大的实践力量。② 30多年来，我们用改革的办法解决了党和国家事业发展中的一系列问题，但目前还有许多深层次矛盾和问题尚未得到根本解决，有些矛盾尤其是与人民群众生活息息相关的问题还比较突出，如收入差距问题、民生问题、社会公平问题、资源环境问题、腐败问题等。这些问题互相交织、互相影响，复杂性、艰巨性、敏感性前所未有，就这些矛盾和问题产生的根源来看，不管是直接的还是间接的，都是由于全面改革还深化得不够，"改革是由问题倒逼而产生，又是在不断解决问题中逐

---

① 昝剑森：《中国社会主要矛盾新特点与全面深化改革新理念》，《当代世界与社会主义》2014 年第 4 期。

② 郭晓禄：《论全面深化改革背景下人民主体思想》，《学术探索》2014 年第 9 期。

步深化的"①。全面深化改革就是要在坚定人民群众改革主角的基础上，在新的时代条件下真正把握历史唯物主义群众史观的真谛，并厚实开展改革各项工作的突破口和推进改革各项事业发展的根本动力。

（三）人民是改革的认识主体、实践主体和价值主体

尊重人民的认识主体地位是全面深化改革的重要前提。人民群众是改革事业的直接参与者，也是在改革进程中社会发展代价的直接承担者。广大人民群众对我国当前阶段的各项事业有着最为真切的感受和体验，认真倾听人民群众的心声，切身感知人民群众的意愿，虚心接受人民群众的建议，就是对人民认识主体地位的尊重。列宁始终坚持国家的一切权力来自于人民，并确立了"相信人民、依靠人民、发动人民、最终服务于人民的信念"②，要把人民放在心中最高位置，尊重人民主体地位，尊重人民首创精神，把政治智慧的增长、执政本领的增强深深扎根于人民的创造性之中。必须看到，人民群众的认识夯实了执政党推进社会历史发展进程之政治智慧的最深厚根基在全面深化改革的进程中，坚持问政于民、问需于民、问计于民，是虚心向人民群众学习的具体体现。

最广大人民群众是全面深化改革的实践主体。十八届三中全会对人民的实践主体作用给予了高度重视，市场在资源配置中起决定性作用的确立与服务型政府理念的强化，从更深层次上来讲就是为了更大程度上充分调动人民群众的生产积极性，最大限度地发挥人民群众蕴含的创造力发挥人民的实践主体作用。"人民是历史的创造者，是真正的英雄"，"坚信党的根基在人民、党的力量在人民，坚持一切为了人民、一切依靠人民，充分发挥广大人民群众积极性、主动性、创造性，不断把为人民造福事业推向前进"③。只有通

---

① 蔡娟：《社会主义核心价值观：全面深化改革的强大引擎》，《毛泽东邓小平理论研究》2014年第8期。
② 刘世华：《中国民主政治模式研究》，人民出版社2014年版，第61页。
③ 习近平：《在庆祝中国共产党成立95周年大会上的讲话》，《人民日报》2016年7月2日。

过完善政治制度顶层设计,优化制度执行的操作程序和具体环节,才能为人民群众在各个领域的积极作为提供更为广阔的实践空间。

改革实践所创造的发展成果凝聚了人民的价值取向。一切改革都是为了更好地实现人民的利益,人民利益高于一切,任何与人民利益相违背的举动都是对全面深化改革事业之根本宗旨的破坏,是绝对不允许的。"全面深化改革,是我们党在新的时代条件下带领各族人民进行的新的伟大革命,根本目的就是为了人民,不断满足人民日益增长的物质文化生活需要。……全面深化改革,就要始终站在广大人民立场上把握和处理好涉及改革的重大问题,把广大人民的利益看得比泰山还要重,从最广大人民群众的利益出发谋划改革思路、制定改革举措,决不能损害人民利益甚至与民争利。"① 人民充分享有自身创造的改革发展成果,感受到并延展了自身所具有的本质性力量,排除了不断实现更高层次上的自我价值,并为未来改革实践活动奠定了坚实基础。

四 全面依法治国与人民当家做主的密切关系

全面依法治国是我们党领导全国各族人民治国理政的基本方略。2014年10月,党的十八届四中全会对全面推进依法治国进行了系统部署,开启了全面依法治国、加快建设社会主义法治国家的新征程。同年12月,习近平在江苏调研时第一次明确提出了"四个全面"的战略布局,即"要主动把握和积极适应经济发展新常态,协调推进全面建成小康社会、全面深化改革、全面推进依法治国、全面从严治党,推动改革开放和社会主义现代化建设迈上新台阶"②。2015年2月,在省级主要领导干部学习贯彻党的十八届四中全会精神,全面推进依法治国专题研讨班上,习近平强调要把全

---

① 任天佑:《人民性:全面深化改革的根本价值属性》,《解放军报》2014年2月12日。
② 莫纪宏:《"四个全面"习近平治国理政思想的精髓》,《新疆师范大学学报》(哲学社会科学版)2015年第5期。

面依法治国放在"四个全面"的战略布局中进行总体把握,深刻认识其丰富内涵。

(一) 全面依法治国是党领导人民治理国家的基本方略

全面依法治国必须坚持党的领导。在新时期,全面依法执政是党治国理政的基本方略。党关于国家事务的重要主张,需要通过全国人民代表大会的审议,使之经过法定程序上升为国家意志,这样做,有利于把党的主张与人民的意志统一起来,有利于把党的决策和贯彻执行统一起来,有利于国家政权机关及其领导人员把对党负责与对人民负责统一起来,保证我们党始终站在时代前列带领人民前进。现实生活中存在着一种观点认为,全面依法治国就要摆脱政党的领导,"法律高于一切"、"法学家们高于一切",有共产党的领导就不是全面依法治国。这是对依法治国精髓的曲解和误解,"全面依法治国不是为了少数人的利益,而是为了广大人民的利益,在党的领导下推进全面依法治国,就能够制定出有利于人民利益实现的各项法律体系"①。"依法治国与人民民主、党的领导是紧密联系、相辅相成、相互促进的,党的领导是人民当家做主和依法治国的根本保证,我国的宪法和法律是党的主张和人民意志相统一的体现。"② 在我国,共产党代表着全体人民的根本利益和整体意志,发展社会主义民主政治,推进民主政治建设和政治体制改革,必须有利于坚持和改善党的领导,增强党和国家的活力,而决不能削弱党的领导。只有坚持党的坚强领导,"才能按照最广大人民群众根本利益的要求,把全国各民族、各阶层人民的力量和意志凝聚起来,领导、组织、支持人民掌握好国家权力,管理好国家事务、社会事务和各项事业"③。

---

① 徐浩然:《坚持和发展中国特色社会主义必须全面推进依法治国》,《科学社会主义》2014 年第 5 期。
② 马明:《毛泽东思想邓小平理论与"三个代表"重要思想概论专题探讨》,吉林大学出版社 2014 年版,第 126 页。
③ 白钢:《论坚持党的领导、人民当家作主和依法治国的有机统一》,《政治学研究》2010 年第 1 期。

2012年12月4日，在首都各界纪念现行宪法公布实施30周年纪念大会上，习近平同志提出，各级领导干部要提高运用法治思维和法治方式深化改革、推动发展、化解矛盾、维护稳定的能力。一般地说，"现代国家治理体系建设，不仅要求国家的民主治理、科学治理和公平治理，也要求推进国家的依法治理。实际上，现代国家的依法治理就是我们通常所讲的依法治国。因此，要建设中国特色的现代国家治理体系，就必须坚持全面依法治国的基本方略"①。中国特色社会主义法律体系的形成，把国家各项事业发展纳入法制化轨道，从制度上、法律上解决了国家发展中带有根本性、全局性、稳定性和长期性的问题，为社会主义市场经济体制的不断完善、社会主义民主政治的深入发展、社会主义先进文化的日益繁荣、社会主义和谐社会的积极构建，确定了明确的价值取向、发展方向和根本路径，为人民利益的实现奠定了坚实的法制基础。

（二）人民当家做主是全面依法治国的本质要求

中国共产党执政，就是领导、支持、保证人民当家做主，维护和实现最广大人民的根本利益。中华人民共和国成立后，我国逐步建立并实施社会主义民主政治制度，以努力实现人民当家做主，"中国共产党的成立为实现人民当家作主提供了可靠保证"②。为了实现人民当家做主，我们党带领人民建立了人民代表大会制度，这一政治制度切实保障了人民当家做主，"民主选举制度是人民当家作主的重要保障"③，人民通过普遍的民主选举，产生自己的代表，组成各级人民代表大会，各级人民代表大会对人民负责、受人民监督，有力保证了全国各族人民依法实行民主选举、民主决策、民主管理、民主监督，享有宪法和法律规定的广泛的民主、自由和权利。

全面落实依法治国基本方略，切实尊重和保障人民的政治、经

---

① 刘爱国：《论中国特色的依法治国体系建设》，《江汉论坛》2014年第1期。
② 辛向阳：《坚持党的领导、人民当家作主、依法治国有机统一》，《思想理论教育导刊》2014年第1期。
③ 谭希培等：《马克思主义中国化的20个命题》，中南大学出版社2012年版，第218页。

济和文化权益,是社会主义民主建设的根本要求。社会主义民主的本质是人民当家做主,是"真正的民主,应该是最广大人民享有的民主,人民民主是社会主义政治文明的重要标志,发展社会主义民主政治是我们党始终不渝的奋斗目标"①。全面依法治国,就是广大人民群众在党的领导下,依照宪法和法律规定,通过各种途径创造各种有效的当家做主的民主形式,保证国家各项工作都依法进行,逐步实现人民当家做主的制度化、法律化。

人民是依法治国的主体。全面依法治国的目的在于通过科学合理的制度安排和制度运行,使社会资源按照代表最广大人民根本利益的要求进行合理配置,保证人民的政治、经济、文化和社会权利的全面实现,特别是保证人民充分行使民主选举、民主决策、民主管理、民主监督的权利。否则,依法治国也就失去了其本质属性和基本精神。

(三) 为了人民是全面依法治国的根本目的

站在谁的立场上、为了谁的利益,始终是一个政党、一个国家根本性、方向性的问题。法治建设为了人民,是中国共产党性质和宗旨在法治领域的具体贯彻,也是由我国社会主义性质所决定的。我们党是代表最广大人民根本利益的政党,以全心全意为人民服务为根本宗旨,党的性质宗旨决定了我国法治建设必须以保障人民根本权益为根本出发点和落脚点。我国是社会主义国家,社会主义社会是为广大人民谋利益的社会,社会主义国家政权是广大人民的国家政权,我国宪法明确规定:"中华人民共和国的一切权力属于人民",权为民所赋,权就应为民所用。这就决定了我国法治建设必须把为了人民作为根本价值取向。"法治建设为了人民,就要求在立法、执法、司法的各个环节牢固树立以人为本、人民利益至上的法治理念,始终站在最广大人民群众的立场上,充分体现人民群众的意愿和要求。"② 时刻替人民群众着想,努力为人民群众排忧解

---

① 《社会主义核心价值观学习读本》编写组:《社会主义核心价值观学习读本》,新华出版社2013年版,第123页。
② 马长山:《全面推进依法治国的战略支点》,《当代世界与社会主义》2014年第5期。

难，切实维护人民群众的各种权益，尽可能为人民群众行使权利和履行义务创造条件，减少人民群众参与司法活动的成本，不断实现好、维护好、发展好最广大人民的根本利益。

人民既是社会发展的实践主体，也是社会发展的价值主体。"在当代中国，我们要推进社会主义现代化建设事业，实现经济社会的全面协调可持续发展，依靠的主要力量是最广大的人民群众；我们谋求经济社会全面协调可持续发展的终极目的，也是为了最广大的人民群众。"① 最广大人民群众需要的满足、素质的提高、潜能的发挥、利益的实现、权利的保障，是我们衡量经济社会发展程度、社会公正实现程度的最高价值尺度。一切依靠人民群众，一切为了人民群众，促进人的全面发展，是我们制定发展战略与政策，谋求全面、协调、可持续发展的出发点和落脚点。

（四）依靠人民是全面依法治国的重要保证

全面推进依法治国是一个系统工程，是国家治理领域一场广泛而深刻的革命，这是我们党对新形势下全面推进依法治国重大意义的科学判断。全面推进依法治国，涉及立法、执法、司法、守法等各个环节，涉及领导干部和广大群众法治理念的转变，涉及司法体制的深刻改革，遇到的困难和挑战都是严峻的、巨大的。人民群众中蕴藏着无穷无尽的智慧和力量，只有紧紧依靠群众，让广大群众参与到法治建设中，从人民群众中汲取智慧和力量，法治建设才能得以顺利推进，全面推进依法治国的总目标才能实现。

科学立法是全面推进依法治国的首要环节，而立法的基础是人民群众的社会实践，从一定意义上说，法律就是人民群众社会实践经验的总结。② 只有坚持走群众路线，紧紧依靠群众，民主立法，"开门立法"，让广大人民群众参与法律的制定和修改，广泛听取人民群众的意见和建议，制定的法律才有坚实的群众基础，才更有针对性、可操作性和可行性。

---

① 易东：《科学发展观视阈下人的全面发展研究》，世界图书出版社 2013 年版，第 91 页。

② 肖金明：《全面推进依法治国理论与实践创新》，《山东社会科学》2015 年第 1 期。

全民守法是全面推进依法治国的基础环节，是法律"落地生根"的保证，而增强全民法治观念只能靠人民群众思想素质、法律意识的提高。法国思想家卢梭说过："一切法律中最重要的法律，既不是刻在大理石上，也不是刻在铜表上，而是刻在公民的内心里。"《中共中央关于全面深化改革若干重大问题的决定》明确要求必须使人民认识到法律既是保障自身权利的有力武器，也是必须遵守的行为规范，增强全社会学法、尊法、守法、用法意识，使法律为人民所掌握、所遵守、所运用。这就要求在全社会进行法治宣传教育，增强人民的法治理念和法治意识，在整个社会培育法治文化、树立法治信仰，努力形成办事依法、遇事找法、解决问题用法、化解矛盾靠法的良好氛围。

司法体制改革是发展和完善我国司法制度的根本途径，而深化司法体制改革，加快建设公正高效权威的社会主义司法制度，也必须依靠人民。"深化司法体制改革涉及方方面面的利益，特别是要破除部门利益和地方保护主义，必然遭到一些部门、一些人的抵制和阻挠。"① 深化司法体制改革，必须建立社会参与机制，充分发挥人民群众的积极性、主动性、创造性，广泛听取人民群众的意见和建议，以人民群众满意为法治建设的根本标准，使全面推进依法治国建立在广大人民群众理解、支持拥护和监督的基础上。

（五）依法护民是全面依法治国的内在要求

法律是国家制定和认可的行为规范，具有鲜明的阶级性。在剥削阶级占统治地位的国家，法律主要体现的是剥削阶级的意志，是统治人民、保护剥削阶级利益的工具。我国社会主义法律与其他剥削阶级法律的根本区别，就在于它主要体现了广大人民的意志，是保护人民的工具。"全面推进依法治国，就要通过加强社会主义法治建设，通过宪法和法律的有效实施，保障人民群众的生命财产安全，保护人民的人格尊严和各方面权益。生存权和财产权是人民最

---

① 李林：《全面推进依法治国的时代意义》，《法学研究》2014年第6期。

基本的人权。"① 法治建设,就要保障公民人身权、财产权、基本政治权利等各项权利不受侵犯,保障公民经济、文化、社会等各方面权利得到落实,保障诉讼过程中当事人和其他诉讼参与人的知情权、陈述权、辩护辩论权、申请权、申诉权,实现公民权利保障法治化。

安全稳定的社会环境是人民生存和发展的基本条件。法治建设必须深入推进社会治安综合治理,完善立体化社会治安防控体系,有效防范化解管控影响社会安定的问题,特别是要依法严厉打击暴力恐怖、涉黑犯罪、邪教和黄赌毒等违法犯罪活动,依法强化危害食品药品安全、影响安全生产、损害生态环境、破坏网络安全等重点问题治理,努力建设平安中国。"要依法处理和化解涉及人民群众切身利益的突出问题,最大限度减少社会纠纷对人民群众造成的伤害和损失,维护好人民群众的权益。"②

法治建设保护人民,还要防止公共权力对人民安全的侵犯。公共权力是一把"双刃剑",如果运用得当就会保护人民,给人民带来福祉;如果过度使用,缺乏监督制约,就可能对人民生命财产造成侵犯,甚至带来灾难。这就要加强法治国家、法治政府、法治社会建设,推进权力清单制度,"落实宪法的功能,规范和限制公权力,保障公民权利,实现权力制约"③。合理划分权力的边界,推进权力运行公开化、规范化,把权力关进制度的笼子里,建立健全权力运行制约和监督机制,保障公民的权利不受公共权力的侵犯。

五 中国特色社会主义协商民主的独特优势

协商民主是马克思主义人民主体理论中国化的实践总结和理论

---

① 徐浩然:《坚持和发展中国特色社会主义必须全面推进依法治国》,《科学社会主义》2014 年第 5 期。

② 杨小军、陈建科:《法治中国的内涵与时代特征》,《社会主义研究》2014 年第 5 期。

③ 邓世豹:《当代中国公民宪政意识及其发展实证分析》,中国政法大学出版社 2013 年版,第 2 页。

创新，是中国共产党把马克思主义民主理论与中国革命和建设具体实际相结合的产物。始终坚持中国特色社会主义发展道路，一个重要方面就是大力发展社会主义协商民主。"我国民主政治发展大致经历了四个阶段：第一阶段是新民主主义革命时期，协商民主思想形成并在部分地区建立了'三三制'抗日民主政权；第二阶段是新中国成立前后时期，'新政协'召开及《共同纲领》的颁布标志着中国政治协商制度正式确立；第三阶段是改革开放新时期，社会主义协商民主进一步发展与完善，颁布的《关于加强人民政协工作的意见》明确协商民主是人民民主形式的地位，《中国政党制度》白皮书首次确认协商民主概念；第四阶段是党的十八大以来，党的十八大报告首次提出'社会主义协商民主'概念。"① 党的十八大首次提出健全社会主义协商民主制度，并在党的十八届三中全会决定中强调"推进协商民主广泛多层制度化发展"。中共中央印发的《关于加强社会主义协商民主建设的意见》中明确表示，社会主义协商民主是中国社会主义民主政治的特有形式和独特优势。

（一）协商民主与我国民主政治发展相适应

林尚立在分析中国协商政治时指出，民主政治作为一种政治形式实际上是由价值、制度与程序三大要素构成的。价值决定民主政治的目标取向与合法性基础，制度决定民主制度的结构与功能，程序决定民主政治的运行方式和手段。从协商民主的内容来看，它主要是指在政治生活中采用协商的而非竞争性的民主形式来集中公民意志。因此，协商民主主要是程序层面上的民主政治，而民主政治的程序直接受制于民主政治的性质。也就是说，从学理上看，中国政治是基于两大规定性展开的，一是社会主义的规定性，二是人民民主的规定性。② "协商民主是我国社会主义民主政治的特有形式和独特优势，这是深入分析中国国情、深刻总结中国革命和建设规律

---

① 张明军：《中国特色社会主义政治发展的实践前提与创新逻辑》，《中国社会科学》2014年第5期。
② 林尚立：《协商政治：对中国民主政治发展的一种思考》，《学术月刊》2003年第4期。

的正确结论。"① 这对于打破协商民主的西方迷思、弘扬中国政治发展的优势、积极推进中国的政治文明建设具有十分重要的意义。

当前我国经济的一些基本要素有了大幅改变，市场经济逐渐占据基础性地位，民营经济占比超过国有经济，这些变化很大程度上重塑了中国基层社会的面貌，一些传统的社会纽带和组织形式或者相应嬗变，或者处于新的社会大环境中，发挥功能需要新的条件整合。同时，中国城镇化有了飞跃性进展，在这种情况下，中国特色社会主义民主政治的发展逐渐加快，中国社会的开放度受全球化和互联网技术的推动越来越高，个人与外部世界的直接和间接接触都变得便捷化、日常化，过去的社会民主制度与当今社会的发展不相适应。党的十八大在全面总结我国社会主义民主政治建设正反两方面的经验教训，特别是在深刻认识我国社会主义协商民主实践创造与独特优势的基础上，明确提出了社会主义协商民主是我国人民民主的重要形式的科学论断，围绕学习贯彻和落实党的十八大关于发展社会主义民主政治的战略部署，越来越多的理论工作者不断加入到协商民主的研究队伍中来。国内一批理论家和从事政治学研究与教学工作的专家学者，纷纷著书立说，深入研究中国特色社会主义协商民主问题，引领着我国协商民主的研究工作不断向纵深拓展，主要表现为学术论域不断扩大、本土自觉显著增强、成果质量明显提高。

（二）逐步完善协商民主制度的工作机制

协商民主制度保障公民有序的政治参与。随着我国民主政治的不断发展，逐步形成了中国特色社会主义协商民主，从政治体系的制度功能来看，其特色和优势体现在它不是单一的制度建构，而是融合到整个政治体系中的协商民主。"中国协商民主是制度化的协商民主，是通过具体的制度设计、体制机制建设和程序设计，将协商民主以法律、规章和制度等形式确立下来，并在实践中得到稳定

---

① 叶娟丽：《协商民主在中国：从理论走向实践》，《武汉大学学报》（哲学社会科学版）2013年第3期。

持续实施的民主形式。"① 中国共产党领导的多党合作和政治协商制度,是我国的基本政治制度,为在国家层面开展协商民主提供了根本制度基础。我国立法机构先后制定了《全国人民代表大会议事规则》、《立法法》,地方各省市立法机构相继出台《立法听证办法》或《立法听证规则》等,明确规定了重大决策实行听证制度;国务院还建立了参事制度,各民主党派、社会团体也建立起了日常的协商对话制度,有利于社会主义民主的保障,有利于实现党和国家决策的民主化。

社会主义协商民主是我国人民民主的重要形式。在新的历史时期,协商民主工作机制也在逐步完善,不断推进协商民主广泛、多层次、制度化发展。"中国协商民主在不同层面都逐步形成和完善了一整套保证民众意见表达、达成广泛共识和做出合法决策的体制机制,保证了协商民主的稳定性和持续性。"② 完善协商制度,强化协商民主的规范性,将协商主体享有协商权在法律、规章和制度中确定下来,协商主体可以通过相应渠道提出协商要求,实现协商民主,"只有实现了这些工作的制度化、规范化和程序化,才能使民主协商持之以恒,长期稳定地发挥作用,同时也保障了各级政协工作的正常有序进行"③,通过协商民主这一形式实现人民民主。

中国特色协商民主的工作机制在完善中追求创新,使得协商民主的公正性不断提高。"提高协商民主的效力,必须提高协商的社会关注度,加大群众、媒体等对协商的监督力度,把协商成果纳入决策程序,促进协商结果的落实和转化。"④ 民主党派参与协商民主工作的机制还需从以下几个方面改进与落实:第一,建立学习研究机制,认真学习中国特色社会主义理论体系、中国共产党的大政方

---

① 陈家刚:《当代中国的协商民主:比较的视野》,《新疆师范大学学报》(哲学社会科学版)2014年第1期。
② 莫岳云:《中国共产党协商民主思想的历史演进》,《马克思主义研究》2012年第7期。
③ 李景治:《协商民主是中国民主政治的特有形式和独特优势》,《南京政治学院学报》2014年第1期。
④ 刘晖:《中国特色协商民主的维度及其工作机制创新》,《学习论坛》2014年第11期。

针政策，认真学习多党合作历史和优良传统，不断提高政治把握能力。第二，建立主动参与机制，主动组织民主党派成员积极参与立法协商、行政协商、社会协商、基层协商，并不断拓宽协商渠道，是我国社会主义民主协商广泛多层开展的重要体现。第三，建立调查研究机制，民主党派选准调研课题，要做到"四个围绕"：围绕中共党委政府的中心大局，选准经济社会发展中具有综合性、全局性、前瞻性的课题；围绕中共党委政府拟开展的协商议题，选准具有针对性、可操作性的课题；围绕民主党派重点工作领域，选准具有党派特色的课题；围绕民主党派成员专业、特长、学识等构成特点，选准具有党派优势的课题。[①] 只有在实践的基础上改进工作机制，才能促进我国民主政治的发展。

（三）推进协商民主广泛、多层、制度化发展

推进协商民主广泛、多层、制度化发展，是中国特色民主发展的一个重要内容。十八届三中全会决定在继续阐述这一重要思想的同时，进一步强调指出：它的广泛性、多层次性和制度基础是西方协商民主所不具备的，是中国特色民主极有潜力的增长极。不断推进中国协商民主广泛、多层、制度化发展，对中国民主政治的建设具有重要意义：其一，有助于改进党的领导方式和执政方式。大力发展社会主义协商民主，体现了我们党对人民意愿和人民权利的尊重。"在协商的过程中，不仅可以广泛听取各种不同的声音和吸收各个方面有益的意见和建议，而且还能够使社会各方面了解和接受党的政治主张和路线方针政策，这样就有利于密切党与人民群众的联系，有利于推动改进党的领导方式和执政方式。"[②] 其二，有助于拓展公民有序政治参与的渠道。协商民主更有助于扩大公民政治参与，保障人民民主权利的实现，更为强调公民参与到公共决策的制定和实施过程中，使政治参与更具常态化。其三，还能有效解决社

---

① 宋连胜：《执政党建设与参政党建设互相促进的实现路径》，《政治学研究》2011年第3期。
② 文丰安：《多党合作制度下民主党派的民主监督职能研究》，《科学社会主义》2011年第1期。

会分歧，避免社会分裂和动荡。

当前我国初步形成了横向广泛的协商民主格局，协商民主各方面制度得到逐步建立和完善。已逐步形成了中国共产党与各党派的民主协商、人民政协社会各界各派别的协商、人民代表大会的立法协商、政府与社会的对话协商和基层自治中的民主协商等。推进社会主义协商民主横向广泛发展，从广义上来说，包括横向覆盖的范围的广泛、协商主体的广泛、协商主题的广泛、协商渠道的广泛、协商内容的广泛等。横向覆盖范围包括国家政权机关、政协组织、党派团体、基层组织和社会组织等；协商主体包括执政党和政府、各民主党派、无党派人士、社会组织、基层自治组织、各族各界代表人士、社会大众和基层群众；"协商主题主要包括政治协商、参政议政、民主监督、合作共事、人大立法过程、地方政府听证会、村民民主恳谈会等方面"[①]；协商渠道包括政党协商、人大协商、政府协商、政协协商、人民团体协商、基层协商、社会组织协商；协商内容是指要以改革发展稳定重大问题和涉及群众切身利益的实际问题在全社会开展广泛协商。

推进社会主义协商民主广泛多层制度化发展，"多层"是指纵向布局的层级。推进协商民主多层次发展，既要推进全国层级的协商民主，又要推进地方和基层的协商民主发展。中国共产党第十三次全国代表大会提出了社会协商对话制度的构想，把协商从政治领域扩展到整个社会生活领域，从国家层面的协商扩展到地方性的、基层群众组织的协商。"我国的政治协商实践从政党之间、政府与社会之间逐渐扩展到社会团体、公民之间，形成了国家层面的政治协商、国家与社会之间的社会协商和社会层面公民协商的中国特色的协商民主体系。"[②]

推进社会主义协商民主广泛多层制度化发展，"制度化"就是要形成一整套规范化、程序化的协商民主制度，通过具体的制度设计、制度安排，使协商民主按照规定的程序、渠道、形式开展。社

---

① 张献生：《试论中国社会主义协商民主制度》，《政治学研究》2014年第1期。
② 马一德：《论协商民主在宪法体制与法治中国建设中的作用》，《中国社会科学》2014年第11期。

会主义协商民主制度已经成为了较为系统的民主制度，它主要由党内协商民主制度、党际协商民主制度、政协协商民主制度、立法协商民主制度、行政协商民主制度、司法协商民主制度、基层协商民主制度和社会协商民主制度等十种制度构成。

（四）群团组织与社会主义民主政治建设的关系

2015年7月6日至7日，中央举行了党的群团工作会议，这次会议的主要任务是分析研究新形势下党的群团工作面临的新情况新问题，贯彻落实《关于加强和改进党的群团工作的意见》，总结成功经验，解决突出问题，推动改革创新，努力开创党的群团工作新局面。"所谓群团组织，是指工会、共青团、妇联这些在党和政府直接支持下建立起来的群众团体。"[①] 群团组织作为党领导下的群众性组织的本质属性，决定了群团组织成为新形势下构建社会主义民主政治建设的有效力量。"发挥群团组织的社会反馈功能，是开展协商民主的重要内容。"[②] 近年来，共青团组织在全国普遍开展"共青团与人大代表、政协委员面对面"活动，通过联合视察等形式，建立经常性联系机制，在人大代表、政协委员密切同人民群众联系方面做出有效的探索与实践。

"群团组织是社会主义民主政治建设的重要组成部分，中国特色社会主义民主政治的新发展，集中体现在十八大报告中对中国特色社会主义民主政治建设进行了崭新的布局，基层民主制度作为人民当家作主最广泛最有效的政治制度，在党的十八大有了全新的拓展。"[③] 十八大报告对基层民主制度的性质做出了最新阐释，认为基层民主制度是"实行群众自我管理、自我服务、自我教育、自我监督"，是"人民依法直接行使民主权利的重要方式"。在十八大之

---

① 胡献忠：《改革开放以来群团组织研究述评》，《中共云南省委党校学报》2015年第10期。

② 张俊虎：《发挥群团组织优势，健全社会反馈机制》，《党建工作》2015年第11期。

③ 陈晓运：《群团组织、竞合式镶嵌与统合主义的运作》，《青年研究》2015年第6期。

前，中国基层民主自治体系主要包括农村村民委员会、城市居民委员会、企业职工代表大会等方面。党的十八大对基层民主制度做出了新概括，主要包括城乡社区治理群众自治、基层公共事务群众自治、公益事业群众自治和企事业单位职工代表大会制度。在党的基层组织的领导下，各类基层组织发挥协同作用，把政府管理和基层组织结合起来，使得基层群众自治机制充满活力。

群团组织在积极参与创新社会治理工作中，不断创新发展、拓展服务领域、转变管理观念、树立服务理念，主动争取党政从实质上给予重视和支持，发挥积极作用。"切实转变观念，予以高度重视，要适应社会经济发展新常态的需要，充分认识新时期群团组织的特殊地位和作用，充分调动工作积极性、主动性和创造性，为群团组织营造良好的工作环境。"[①] 按照"党政所急、群众所需、群团所能"的原则，进一步密切党委、政府与群团组织之间的关系，加快构建加强社会建设、创新社会治理协调推进机制，完善目标责任考评和监督检查机制，将群团工作纳入党委、政府工作目标考核。

[①] 刘海春：《共青团构建枢纽型社会组织的现实思考》，《中国青年政治学院学报》2013年第3期。

第四章

马克思主义政党建设

回顾中国共产党的奋斗历程,之所以能在国家民族的危难之时,始终与时俱进地做出正确的决策,正是因为党能够始终保持先进性、纯洁性和强大的战斗力;始终坚持贯彻为人民服务的根本宗旨;始终坚定不移地走改革创新的道路;始终自觉地把中国的前途命运同人类社会的发展进步联系起来,在推动中国革命事业发展的同时推动人类正义事业的前进。

一 马克思主义执政党"三型"党建目标

党的十八大报告明确指出:"建设学习型、服务型、创新型的马克思主义执政党,确保党始终成为中国特色社会主义事业的坚强领导核心。"①"三型"党建目标的提出,是对马克思主义政党理论的进一步发展与创新,是中国共产党建设目标的又一大创新,是对中国共产党的性质、宗旨的更加有力的贯彻,具有重大现实意义和理论创新。

(一)马克思主义政党的本质属性

从马克思主义产生之初,马克思就十分注重无产阶级政党在革命中的领导力量,把无产阶级政党视为推翻资产阶级统治的最具有

---

① 胡锦涛:《坚定不移沿着中国特色社会主义道路前进 为全面建成小康社会而奋斗》,人民出版社2012年版,第50页。

凝聚力的组织，在不断的理论发展与实践创新的基础上，逐步形成了马克思对于政党的科学理论，揭示了无产阶级政党产生和发展的一般规律，为世界各国建设无产阶级政党提供了理论依据，也为无产阶级政党的发展壮大指明了正确方向。

马克思主义政党理论的形成与发展伴随着整个建党实践的历程。马克思在创立政党理论时，正是由于处在无产阶级与资产阶级斗争最激烈的时代背景之下，因此，无产阶级政党在革命斗争中所发挥的中坚力量成为马克思主义政党理论的核心。马克思主义政党的本质属性及先进性，一直贯穿于马克思主义政党理论形成发展的始终。

首先，在共产主义者同盟产生之前，马克思主义政党理论还处在萌芽时期。在这一时期，马克思对于政党的理解是从无产阶级斗争的经验中逐步形成，处在初步探索的阶段，还不够成熟。这一阶段，马克思从探讨国家问题开始涉足了政党的问题，把政党看作国家机器的组成部分，在马克思对于资本主义国家机器的研究中，充分意识到了政党所代表的阶级性。正是对政党阶级属性的认识，马克思逐渐意识到无产阶级在革命中的历史作用，意识到无产阶级是推动历史前进的决定性力量。特别是欧洲三大工人运动的实践，让马克思更加意识到无产阶级与其他阶级相比，是最先进、最革命、最有组织性、最团结的阶级。

马克思在对无产阶级有深刻认识的同时，意识到了建立无产阶级政党是必要的也是必然的。其中"共产主义政党"是对"无产阶级政党"的早期表述。1847年马克思在《哲学的贫困》一书中指出工人组织经历了临时和局部性的同盟、孤立的同盟、经常性的同盟等形式，最后必然走向工人阶级政党，这就说明了无产阶级政党的产生是必然的，也有其必要性。

其次，共产主义者同盟的成立到《共产党宣言》的发表是马克思主义政党理论的形成时期。从1847年6月，共产主义者同盟成立，这标志着第一个以科学社会主义为指导思想的国际无产阶级政党的产生。"全世界无产者联合起来"的战斗口号代替正义者同盟的界限模糊的"四海之内皆兄弟"的旧口号。《共产主义者同盟章程》的通过,更是体现了马克思主义建党理论的原则,体现了无产阶级政党的最终目标:"推翻资产阶级,建立无产阶级统治,消灭旧的以阶级对立为基础的资产阶级社会和建立没有阶级、没有私有制的新社会。"①

1848年2月《共产党宣言》正式发表,不仅标志着马克思主义的诞生,同时也是第一次完整、系统地阐述了无产阶级政党基本原理。论述了无产阶级政党建立的客观规律,明确了共产党的性质,即"共产党人不是同其他工人政党相对立的特殊政党。他们没有任何同整个无产阶级的利益不同的利益"②。因此"在实践方面,共产党人是各国工人政党中最坚决的、始终起推动作用的部分;在理论方面,他们胜过其余无产阶级群众的地方在于他们了解无产阶级运动的条件、进程和一般结果"③。在《宣言》中也阐述了党的最近目的和最终奋斗目标,共产党人的最近目的是:"使无产阶级形成为阶级,推翻资产阶级的统治,由无产阶级夺取政权。"④ 共产党的最终目的是"共产党人可以把自己的理论概括为一句话:消灭私有制"⑤,最终建立共产主义社会。《共产主义者同盟章程》和《共产党宣言》的发表,具有划时代的意义,具有极其重大的理论意义,奠定了马克思主义政党理论的基础,标志着马克思主义政党理论的形成。

最后,马克思主义政党的本质属性一直贯穿于马克思主义政党理论的形成和发展当中。《共产党宣言》是最早对马克思主义政党性质做出表述的文献。"共产党人不是同其他工人政党相对立的特殊政党","他们没有任何同整个无产阶级的利益不同的利益",共产党是"无产阶级的最先进部分",必须把实现和维护好人民群众的根本利益作为根本出发点和落脚点。⑥ 这就明确阐释了马克思主

---

① 《马克思恩格斯文集》第4卷,人民出版社2009年版,第236页。
② 《马克思恩格斯文集》第2卷,人民出版社2009年版,第44页。
③ 同上。
④ 同上。
⑤ 同上书,第45页。
⑥ 本书编写组:《世界社会主义500年》,新华出版社2014年版,第84页。

义政党的本质属性包括阶级性和先进性。马克思认为，无产阶级政党首先要保持自己的无产阶级属性，必须始终坚持自己的阶级原则。在坚持阶级性原则的同时，要保证无产阶级政党的独立性。马克思也强调了共产党人必须要时刻警惕自身的变质，保证无产阶级的阶级性和先进性就必须保证政党的独立性。阶级性、先进性和独立性三者是相辅相成、密切相关的。

（二）列宁对马克思主义政党理论的丰富

马克思主义政党理论最为突出的贡献就在于，为无产阶级政党提供了理论基础，指出了奋斗目标，指明了达到目标的根本途径。马克思、恩格斯所生活的时代处于自由资本主义时期，无产阶级革命的条件尚未完全成熟，因此，马克思恩格斯对于无产阶级政党的理论还需要进一步的发展和完善，才能够满足世界各地无产阶级政党的建设。

列宁正是直接继承了马克思和恩格斯的建党思想，把俄国的实际与马克思恩格斯的理论紧密联系起来。列宁在领导俄国革命和社会主义建设中，非常注重加强无产阶级政党的思想理论建设，强调保持马克思主义政党的理论纯洁性。他深刻阐释了俄共（布）保持理论纯洁性的理论立场、科学态度、价值功能和发展道路，顶住了来自第二国际修正主义的强大压力，保证了马克思主义始终贯穿于俄国建党的整个历程，从而进一步丰富和发展了马克思主义政党理论。

第一，列宁的建党思想始终把马克思主义作为理论指导、行动指南。他强调："我们完全以马克思的理论为依据，因为它第一次把社会主义从空想变成科学，给这个科学奠定了巩固的基础，指出了继续发展和详细研究这个科学所应遵循的道路。"[①] 在列宁看来，"只有用科学的马克思主义理论武装全党，才能克服党内存在的思想混乱、意志动摇、组织涣散的不良现象，使全体党员具有共同的理想信念，团结一致"[②]。马克思主义建党思想的关键就在于要坚持

[①] 《列宁专题文集·论马克思主义》，人民出版社2009年版，第94页。
[②] 陈兰芝：《列宁关于保持马克思主义政党理论纯洁性的思想》，《社会主义研究》2013年第4期。

无产阶级专政，列宁把无产阶级专政也视为马克思主义社会革命理论的经验，并把它写入到俄国社会民主工党的纲领之中，是否坚持无产阶级专政是无产阶级革命政党最主要的标志，这也就确保了布尔什维克党的性质。

第二，列宁把马克思主义政党理论与俄国的革命实际相结合，制定了党的最低纲领和最高纲领，由此得出了由民主革命到社会主义革命的正确路线。列宁多次强调马克思主义绝不是死的教条，而是行动的指南，决不能把马克思主义理论教条化、僵化和庸俗化，必须把马克思主义基本原理与本国具体实际相结合，善于运用马克思主义的基本立场、观点和方法来分析研究和解决本国革命与建设中的新问题，并在实践中不断创新发展马克思主义。在他看来，马克思主义作为一种科学的理论武器其创新的途径主要有：一是合理汲取一切优秀文化的精华，二是面向群众的日常生活与实践。马克思主义必须到群众运动中去寻求力量，在群众实践中检验其真理性。列宁认为，党必须清楚地把最高纲领和最低纲领或者他所谓的"两种改造"划分开来。因为如果无产阶级政党"把这两种改造混淆起来，必然会对无产阶级的社会主义造成种种小资产阶级的、机会主义的或无政府主义的歪曲，必然会使无产阶级通过夺取政权来实现的社会革命的任务模糊起来"①。

第三，党内民主是列宁发展马克思主义建党思想最重大的贡献之一。列宁指出"在党组织中真正实现民主集中制的原则，——要进行顽强不懈的努力，使基层组织真正成为而不是在口头上成为党的基本组织细胞，使所有的高级机关都成为真正选举产生的、要汇报工作的、可以撤换的机关"②。列宁的党内民主思想，在马克思主义政党学说中占有重要的地位，是无产阶级政党党内民主建设的理论依据之一。党内民主就是"党员是党的主人，党的一切权力属于全体党员，党员在党内政治生活中当家作主，全体党员有权平等地

---

① 刘志明：《列宁的无产阶级政党思想及其当代意义》，《马克思主义研究》2010年第1期。

② 《列宁专题文集·论无产阶级政党》，人民出版社2009年版，第346页。

直接或间接地决定和处理党内一切事务"①。全体党员都是自由平等的，对党的事务，每个党员都有权按特定程序自由发表自己的意见，甚至是对党的某些批评和不同意见。因此，列宁认为要使党的所有负责人员、所有领导人员、所有机构都是选举产生，必须向党员报告工作，并可以撤换。

第四，党是工人阶级一切组织中的最高组织形式。列宁认为党是"无产者的阶级联合的最高形式"。政党是阶级的代表，政治上的党性是政党阶级性的集中表现。在《社会主义政党和非党的革命性》一文中，列宁指出："严格的党性是阶级斗争高度发展的伴随现象和产物。反过来说，为了进行公开而广泛的阶级斗争，必须发展严格的党性。因此，觉悟的无产阶级的政党——社会民主党，完全应该随时同非党性作斗争，坚持不懈地为建立一个原则坚定的、紧密团结的社会主义工人政党而努力。"② 在列宁看来，政治上的党性原则不仅是处理党派关系、进行党派斗争的重要原则，也是处理阶级关系、进行阶级斗争的指导原则，因为阶级立场与阶级利益的不同，觉悟的无产阶级的政党必须一贯坚持严格的党性。党在负起对其他组织的领导责任的同时，绝不能凌驾于其他组织之上，在对其他组织的领导过程中，也不能要求其必须无条件服从，而是要发挥各党组织的独立作用。

第五，党要始终保持密切联系群众。在布尔什维克党执政之后，列宁意识到布尔什维克党之所以能够取得和巩固国家政权，关键是得到了人民群众的支持和拥护。他在批评有些患有"左派"幼稚病的共产党员时说："只靠共产党员的双手来建立共产主义社会，这是幼稚的、十分幼稚的想法。共产党员不过是沧海一粟，不过是人民大海中的一粟而已"，"先锋队只有当它不脱离自己领导的群众并真正引导全体群众前进时，才能完成其先锋队的任务"。③

---

① 杨萍：《论列宁对无产阶级政党党内民主建设的理论贡献》，《东岳论丛》2010年第11期。
② 《列宁选集》第1卷，人民出版社1995年第3版，第672页。
③ 刘思仓：《论列宁的建党理论》，《前沿》2004年第1期。

(三) 中国共产党政党建设理论的发展

从中国共产党成立到如今建党 90 多年，一代又一代共产党人在马克思主义政党理论的指导下，结合中国的实际情况，为领导中国革命和社会主义建设立下了不朽功勋，同时又进一步丰富和发展了马克思主义政党理论。从党的政党建设理论的历史发展看，马克思主义中国化的伟大理论成果毛泽东思想、邓小平理论、"三个代表"重要思想、科学发展观等，都蕴含着丰富的思想理论。刘红凛教授指出，"这四大理论成果之间既有历史继承性，也具有时代发展特征；其中，继承不变的是党的思想基础宗旨与历史使命，其时代发展与理论特色体现在'如何巩固政权、怎样执政'上，表现在治党理政的治理理念与方略、体制与方式、途径与方法等方面"[①]。加强政党理论建设、完善党的执政理论体系，必须始终坚持唯物史观与马克思主义政党观，正确认识党的执政理论的继承与发展之间的关系，以发展着的马克思主义政党建设理论指导新的执政实践。

1. 毛泽东的政党建设理论

毛泽东为领导中国革命和初期的社会主义建设立下了不朽的功勋。他适应时代的背景，立足于党的实际，吸取经验教训，提出了一系列具有独创性的党建理论，成为毛泽东思想的重要组成部分，丰富发展了马克思主义的党建学说，在党的建设历程中发挥着指导作用。邓小平指出，毛泽东同志有完整的建党学说，对于建立一个什么样的党，党的指导思想是什么，党的作风是什么，都有完整的一套。正因为用毛泽东完整的建党学说来建设党，所以才取得了革命的胜利，我们党才生机勃勃。目前对于毛泽东党建思想研究的论著比较丰富。

毛泽东政党理论的一系列观点和思想，都是中国革命和建设实践的产物。第一，毛泽东从中国革命长期实践和国际共产主义运动的经验教训中，深刻意识到建立无产阶级政党的重要性。他在《中

---

① 刘红凛：《论党的执政理论的历史传承与当代发展》，《马克思主义研究》2013 年第 1 期。

国革命和中国共产党》一文中指出:"领导中国民主主义革命和中国社会主义革命这样两个伟大的革命到彻底的完成,除了中国共产党之外,是没有任何一个别的政党(不论是资产阶级的政党或小资产阶级的政党)能够担负的。"① 在中国革命实践的过程中指出:"统一战线,武装斗争,党的建设"是中国共产党的三大法宝,这也成为中国取得革命胜利的关键。1944年5月,六届七中全会通过的《关于若干历史问题的决议》是党的建设伟大工程的重要理论成果,党的建设伟大工程从开始的组织建设领域推进到思想建设领域,得到了历史性拓宽与全面实施。党的建设"伟大工程","是中国共产党在民主革命时期关于党自身建设的一项整体性、综合性和系统性工程,它创造性地解决了在半殖民地半封建社会环境中,在一个农民占人口绝大多数的国度里,如何建设一个无产阶级革命政党的一系列重大问题"②。

第二,首次提出着重从思想上建党的原则。毛泽东一直十分注重从思想上建党,这是与当时中国特殊的国情以及建党的实际条件和环境有密切关系的。毛泽东指出,理论和实践相结合的作风,与人民群众密切地联系在一起的作风,以及批评与自我批评的作风,是中国共产党区别于其他任何政党的显著标志。他针对"左"倾错误,以"惩前毖后,治病救人"的方针保证了党内思想上的团结。他把党内进行批评与自我批评的教育形式加入到整风运动之中。在新中国成立前夕,又提出要"谦虚谨慎、戒骄戒躁、艰苦奋斗"。毛泽东关于着重从思想上建设党的建党路线,是对马列主义建党学说在中国的创造性发展。

第三,"实事求是、群众路线、独立自主"是毛泽东思想的活灵魂。在中国革命建设的艰苦斗争中,毛泽东领导的中国共产党展现了独立的立场、观点与做法,不仅表现在毛泽东的著作如《反对本本主义》、《矛盾论》中,也反映在中国共产党的建设以及中国革命的实践之中。关于实事求是,早在1930年毛泽东就提出反对本

---

① 《毛泽东选集》第2卷,人民出版社1991年版,第652页。
② 王永恒:《民主革命时期党的建设伟大工程述论与启示》,《江西社会科学》2013年第6期。

本主义,没有调查就没有发言权,这是毛泽东将马克思主义与中国实际相结合,对优秀历史文化典籍的创造性运用,是马克思主义民族化、中国化的卓越范例。群众路线一直以来是中国共产党一切工作的出发点和最终目的,毛泽东指出,领导群众进行一切实际工作时,要取得正确的领导意见,必须从群众中来,到群众中去;独立自主、自力更生一直以来是无产阶级政党毫不动摇坚持的外交政策。毛泽东一贯强调,无产阶级革命是国际性的事业,需要各国无产阶级的相互支援,但是完成这个事业,首先需要各国无产阶级立足于本国,依靠本国革命力量和人民群众的努力,使马克思列宁主义的普遍原理与本国革命的具体实践相结合,把本国的革命事业做好。① 这要求共产党人"既掌握马克思列宁主义的基本原理,又在运用马克思列宁主义原理时,从实际出发,根据客观的具体情况作出判断、决策,制定路线、方针、政策。这是党必须遵循的实事求是的思想路线,也是马克思主义政党的首要作风"②。

2. 邓小平的党建思想

以邓小平为核心的党中央第二代领导集体,继续坚持马克思主义,继承和发展毛泽东的党建理论,在改革开放这一新的历史条件下,对马克思主义政党理论发展做出了巨大贡献。目前,从学术界研究邓小平党建思想的文献成果看,深入展现了邓小平党建思想的发展轨迹,有专门从整体上研究邓小平一生的党建思想,也有集中研究邓小平主政西南地区三年间的党建思想,也有新中国成立至改革开放前夕邓小平的党建思想和改革开放中的邓小平党建思想。

首先,邓小平的政党观是对马克思主义政党理论的新发展。邓小平理论主要回答了"什么是社会主义,怎样建设社会主义"这一根本问题,对于无产阶级执政党的思考也必然离不开这一主题。新中国成立以来,中国共产党逐渐从领导中国革命的"革命党"转变为"执政党",如何推进社会主义现代化建设成为摆在共产党面前

---

① 刘先春等:《马克思主义中国化主要问题研究》,兰州大学出版社2010年版,第95页。

② 石仲泉:《毛泽东与马克思主义政党建设》,《马克思主义与现实》2011年第3期。

的现实问题与考验，无产阶级政党如何提高执政能力也必然成为邓小平理论中的重要课题。邓小平政党观是他在坚持经典马克思主义政党学说的理论属性和政治立场不变的前提下的新的无产阶级政党学说，是马克思主义政党学说的新发展，是邓小平理论的重要组成部分。

其次，改革开放时期邓小平的党建思想是在特殊历史条件下形成，既要完成拨乱反正、抵制资产阶级自由化思潮与和平演变战略，又要解决改革开放所面临的新情况新问题。在这种背景下，邓小平抓住了党建中的三大路线以及总路线。批判了"两个凡是"，提出了"解放思想，实事求是，团结一致向前看"的口号，恢复了实事求是的思想路线；同时，反对阶级斗争扩大化，实现党的工作重点的转移，确定了以经济建设为中心的政治路线；并认真扎实地抓党的组织路线，废除领导干部终身制。在这三大路线的基础上，逐步形成了一个中心即以经济建设为中心，两个基本点，即四项基本原则和改革开放的基本路线，为党的全面建设指明道路。

最后，邓小平深刻把握了具体国情，对改革开放条件下的执政党建设做了新的指示。在这期间，从十一届三中全会前到十二大前，在拨乱反正这一主题下，实现了三大路线的重建，提出了一个中心两个基本点的总方针，实现了重大的历史转变；从十二大到十三大，邓小平从中国的实际出发，阐述了中国特色社会主义的基本理论，提出整顿党的作风和组织是"我们坚持社会主义道路，集中力量进行现代化建设的最重要的保证"。继续建立健全民主集中制，提出政治体制改革的目标之一是为了加强与改善党的领导。邓小平党要管党思想在党的建设这个伟大工程中发挥了极其重要的作用，从根本上保证我们党能够始终成为领导中国特色社会主义伟大事业的绝对领导力量，始终保持党的革命性和先进性。

这一时期治党理政的模式与方式呈现以下显著特点：注重以民主法制方式治党理政，以组织路线推动政治路线，强调党政分开、尽可能下放权力、改变权力过分集中的现状，强调党委的领导主要是政治上的领导，其主要方式是使党的主张经过法定程序变成国家意志，党必须在宪法和法律的范围内活动。总的说来，"这一时期的执政理念模式与方式,是与计划经济体制向社会主义市场经济体制转轨、传统政治向现代政治过渡相适应的,具有承前启后、继往开来,从传统的运动模式、人治模式向现代民主法制模式过渡的时代特点"①。

3."三个代表"重要思想与党的建设

在社会主义现代化建设的新时期,党和政府面临着新的挑战,这就要求党的建设更加适应新的需求,"三个代表"重要思想是马克思主义、毛泽东思想、邓小平理论的继承和发展,创新了新的历史时期党建工作的伟大工程。这一重要思想的提出,不仅对党的建设具有重要意义,而且对党的组织工作、群众工作以及党的其他工作都具有重要指导意义。

首先,坚持邓小平理论的指导思想。以江泽民为核心的党的第三代领导集体继续坚持把邓小平理论作为党的指导思想。江泽民明确指出,要用邓小平理论武装全党,把邓小平理论作为统领全局,贯穿各项工作的灵魂,用邓小平理论武装全党是党的思想建设的根本任务,坚持把这一理论作为统领全局,贯穿各项工作的灵魂。江泽民在《深入学习邓小平理论》一文中指出:"要在把握邓小平理论的科学体系和领会它的精神实质上下功夫,尤其要着重领会解放思想、实事求是这个邓小平理论的精髓。"

其次,把党风廉政建设和反腐败作为党的建设的根本保障。江泽民采取了一系列有力措施,加强反腐倡廉的力度,中央纪委第四次全体会议上指出:"党的性质、党在国家和社会生活中所处的地位、党肩负的历史使命要求我们治国必治党,治党务必从严。"他不仅对党的领导干部提出了政治家素质的"五条要求",还要求领导干部把执行党的现行政策同坚持党的崇高理想和党章对党员干部提出的要求统一起来。要求纪检组织部门把好干部任用关,严格监督检查。②

最后,"党的建设新的伟大工程"理论和工作体现时代性,把

---

① 刘红凛:《论党的执政理论的历史传承与当代发展》,《马克思主义研究》2013年第1期。

② 肖振才:《江泽民建党思想的时代特征》,《南京社会科学》2001年增刊。

握规律性，富于创造性。强调"党要管党"、治国必先治党、治党务必从严，按照新的伟大工程的总目标，从思想上、组织上、作风上全面加强党的建设，不断提高领导水平和执政水平，不断增强拒腐防变的能力。"党的建设新的伟大工程"与执政党面临的两大历史性课题的提出，标志着党的建设迈上新的台阶，主要表现在：强调依法治国，把依法治国确立为党领导人民治理国家的基本方略，注意依法治国要与以德治国相结合；按照"总揽全局、协调各方"的原则，进一步改革和完善党的工作机构和工作机制，规范党委与人大、政府、政协以及人民团体的关系；改革和完善党的领导方式和执政方式，依法执政等。① 比较而言，依法治国、依法执政、政治文明等基本思想，在基本概念、基本观点、内容体系、话语体系方面，更加符合现代政治文明与政党建设规律。

4. 科学发展观与党的建设

科学发展观是胡锦涛同志在2003年7月28日的讲话中提出的。在十七大报告中指出，在新的发展阶段继续全面建设小康社会，发展中国特色社会主义，必须坚持以邓小平理论和"三个代表"重要思想为指导，深入贯彻落实科学发展观。科学发展观"以马克思主义社会发展观为指导，以党的三代中央领导集体几十年的艰辛探索为实践基础，吸取和总结世界上其他国家及我国在发展进程中的经验教训，逐步形成的中国特色社会主义发展观，即科学发展观"②。回答了党在新的历史条件下实现什么样的发展、怎样发展等重大问题，体现了我们党对共产党执政规律、社会主义建设规律、人类社会发展规律的进一步深化。

第一，科学发展观，是我们党对发展问题的新认识，是党的执政理念的新飞跃。执政理念是执政党的精神支柱，科学的执政理念是执政党正确执政、科学执政的思想基础，是提高党的执政能力的重要前提。发展才是硬道理，胡锦涛同志为总书记的党中央在邓小平理论和"三个代表"重要思想指导下，提出了科学发展观，这

---

① 刘红凛：《论党的执政理论的历史传承与当代发展》，《马克思主义研究》2013年第1期。

② 孙海：《中国马克思主义基本问题研究》，中国言实出版社2014年版，第18页。

适应新世纪新阶段的实际和现代化建设的需要,努力把握发展的客观规律,汲取人类关于发展的有益成果,是中国共产党执政理念的升华。

第二,科学发展观,要求我们党着眼于经济社会发展大局,加强党的执政能力建设。中国共产党作为执政党,科学发展观的提出,为党在我国现代化建设的发展目标指明了方向,就是要求我们党把握经济社会的发展趋势,提高党的执政能力和水平。在全面建设小康社会的新阶段,要实现经济社会又好又快地发展,就必须转变发展观念和发展方式,充分运用我们党的执政经验,按照科学发展观的要求,做到把握全局,因地制宜地解决经济社会发展中存在的突出问题,努力把我们党的执政能力提高到一个新水平。

第三,保持党员先进性,全面落实科学发展观。能不能解决好发展问题,是衡量政党是否先进的一个重要标志。党的先进性建设必须围绕发展这个主题来进行,聚精会神搞建设,一心一意谋发展。①党的先进性,不仅是党自身生存之本,而且也关系国家的生存与发展、前途与命运,推进党的执政能力建设和先进性建设,也是在新的历史起点上坚持和发展中国特色社会主义。2004年6月,胡锦涛在中央政治局集体学习时强调:"党的执政理论建设是一项系统工程,包括执政理念、执政基础、执政方略、执政体制、执政方式、执政资源等主要方面。要坚持马克思主义执政理论与我们党执政的具体实践相结合,在总结历史经验和现实经验的基础上,开展全面、系统、深入的研究,不断完善我们党的执政理论体系。"②在我们党的历史上第一次明确提出了"加强执政理论建设、完善执政理论体系"这个新命题、新任务与新要求,标志着我们党对执政理论的认识从自在走向自觉,治党理政的实践从自然走向必然、从自发状态迈向自觉状态。

---

① 傅伯言:《科学发展观与马克思主义政党建设》,《江西社会科学》2006年第1期。
② 胡锦涛:《在邓小平同志诞辰100周年纪念大会上的讲话》,《人民日报》2004年8月23日。

(四) 建设学习型服务型创新型政党

党的十八大提出建设"学习型、服务型、创新型马克思主义执政党，确保党始终成为中国特色社会主义事业坚强领导核心"。创新是我党之所以能永葆青春的灵魂，而创新的前提是学习，是实事求是，是解放思想，是与时俱进。因而不断向马克思主义学习、不断向古今中外学习、不断从成功和失败中总结经验教训，是我党的优良传统和良好作风。

首先，学习型执政党的建设，是确保党能够与时俱进的关键。现如今，全球化的进一步加深，促使新情况、新问题层出不穷，新认识、新理论不断产生，尤其是信息时代的到来，使知识更新和传播的速度不断加快，科技创新的程度不断提高，我党的本质要求就是要与时俱进，保持先进性。一个政党的巩固和发展要适应不断变化的新世界，要经受住各种复杂严峻的考验，要引领社会的发展进步，就必须不断学习，才能够保持党的先进性。"建设学习型的马克思主义执政党，包括学习型政党、学习型党组织、学习型领导班子的学习都应该有更高的标准，更高的质量，更高的要求，应该是一种具有先进的学习理念，明确的学习目的，健全的学习机制和可持续的学习力的团队式的整体性的学习。只有这样，才能真正建成学习型的马克思主义执政党。"[1]

其次，服务型执政党的建设，是确保党与群众血肉联系的根本途径。群众观点是马克思主义唯物史观的根本观点，是我党始终坚持的，马克思主义认为，人民群众是历史的创造者。在我党一直以来的建设实践中，形成了"从群众中来，到群众中去"的群众路线，贯彻和执行党的群众路线，是全心全意为人民服务的根本宗旨的表现。因此，建设服务型的马克思主义执政党，既符合党的根本性质、宗旨和路线，也符合人民的意愿，只有建立服务型政党，才能够真正担负起服务人民、造福人民的历史责任，才能维护人民的

---

[1] 郑志飚：《建设"三型政党"——马克思主义执政党建设规律的新探索》，《理论导刊》2013年第4期。

根本利益。

最后，创新型执政党的建设，是确保党永葆生机活力和发展动力的源泉。共产党从诞生开始，就秉承着解放思想、开拓创新、勇于改革、勇往直前的精神，这是共产党人与生俱来的品质与天性，"创新素质和创新能力是检验执政党素质和能力的一个重要标准"①。面临着世情、国情、党情的深刻变化，面临着长期执政出现的新情况、新问题、新考验，都要求我们党始终保持与时俱进的精神状态和改革创新的创造活力，不断推进党的理论创新、实践创新和制度创新，从而不断适应党的事业发展的新需要。

二 新的历史特点的"四大考验"与"四种危险"

2011 年 7 月 1 日，胡锦涛同志在庆祝中国共产党成立 90 周年大会上发表重要讲话中提到，目前我们党面临着"四大考验"，即执政考验、改革开放考验、市场经济考验、外部环境考验，这些考验是长期的、复杂的、严峻的；面临着"四种危险"，即精神懈怠的危险，能力不足的危险，脱离群众的危险，消极腐败的危险，这些危险更加尖锐地摆在全党面前，落实党要管党、从严治党的任务比以往任何时候都更为繁重、更为紧迫。② 在十八大报告中，胡锦涛同志再次提到新形势下党要经受住"四个考验"，防止和克服"四个危险"，这是党巩固执政地位、实现执政使命必须解决好的重大课题。习近平总书记在主持中央政治局第一次集体学习时强调："我们必须准备进行具有许多新的历史特点的伟大斗争。"③ 在 2013

---

① 齐卫平：《党的建设在科学化轨道上行走》，上海人民出版社 2014 年版，第 114 页。
② 胡锦涛：《在庆祝中国共产党成立 90 周年大会上的讲话》，新华社 2011 年 7 月 1 日。
③ 习近平：《紧紧围绕坚持和发展中国特色社会主义学习宣传贯彻党的十八大精神》，《人民日报》2012 年 11 月 19 日。

年中央召开的全国宣传思想工作会议上,习近平总书记再一次强调"我们正在进行具有许多新的历史特点的伟大斗争"①。

(一) 强化"四大考验"与"四种危险"意识

"四大考验"和"四种危险"的提出,以直言警示的方式表达了我党直面问题的勇气与解决问题的信心,也是党在取得成就后能够始终保持清醒的头脑,保持党性的表现,更加凸显了加强党的建设是解决一切问题的根本所在,是党的忧患意识已经走向成熟与系统化的重要标志。切实强化党员干部的"四大考验"和"四种危险"意识,让全党能够在危险和考验中执政,具有重大的战略意义。

首先,强化"四大考验"和"四种危险"意识,能够使全党始终保持信念的坚定和头脑的清醒。中国共产党是执政党,党的领导地位是在长期的革命、建设和改革中形成的,是建设中国特色社会主义事业的领导力量。党的执政地位的巩固,并不是一蹴而就,而是经过了漫长的历史过程,得到人民群众的拥护和支持才得以永葆青春。因此,在看到取得巨大成就的同时,更要看到党所面临的艰巨而繁重的历史任务,更要时刻把人民群众的根本利益放在首位,因为这是党的力量所在。党只有树立并强化"四大考验"和"四种危险"的忧患意识,才能够不断深化改革,取得更大成就。

其次,强化"四大考验"和"四种危险"意识,是保证党的群众基础的关键。全党必须牢记,只有植根人民、造福人民,党才能始终立于不败之地,只有全心全意为人民服务,才能得到人民更广泛、更长久的支持,才能够巩固党的执政地位。强化"四大考验"和"四种危险"意识,有利于党带领人民对前进道路上的困难和风险予以超前准备与及时应对,只有增强忧国忧民、强国富民的责任感,使全体党员树立忧患意识,引导其自身树立正确的世界观、人生观与价值观,能够在新的挑战面前时时督促广大党员进行自我检

---

① 《胸怀大局把握大势着眼大事 努力把宣传思想工作做得更好》,《人民日报》2013年8月21日。

查，克服弱点，才能更加紧密地联系群众感情，密切党群关系，才能够保持党的先进性。

最后，强化"四大考验"和"四种危险"意识，能够有效地指出党员队伍中存在的问题，并及时解决。在十八大报告中，有一个关键词是"攻坚克难"，"攻坚克难"期是我们党执政以来取得最大历史成就的时期，也是面临难题和艰巨任务最集中的时期，对此，我们党有清醒的认识。我们党员干部队伍中还存在这样或那样的问题和局限，与完成任务、攻坚克难的要求还有很大差距，因而"要树立危机意识、忧患意识和问题意识。一个国家最大的危机是缺乏危机意识，一个民族最大的忧患是缺乏忧患意识，做好工作之最大问题是缺乏问题意识"①。如果对此缺乏清醒的认识，对我们党面临的"四大考验"、"四种危险"无动于衷，则难以胜任历史赋予的重大使命和任务。

（二）直面"四大考验"，防范"四种危险"

新形势下，党面临的"四大考验"与"四种危险"，都意味着我们党面对的形势格外严峻，所处的环境格外复杂，面临的任务格外沉重，都是难啃的硬骨头。直面"四大考验"、防范"四种危险"，不断提高党的领导水平和执政水平、提高拒腐防变和抵御风险能力，是不断提高党员自我净化、自我完善、自我革新、自我提高能力的必然选择。

第一，"四大考验"的核心是长期执政的考验。改革开放使中华民族步入了一个新的阶段，随之也把我们党领导的中国特色社会主义事业推向新的高峰。改革开放的不断深入，既带来了机遇也带来了挑战，面对新形势，如何坚持长期执政、深化改革、建立社会主义市场经济成为我们的目标与方针。现阶段，国际情势对我们的发展总体是有利和友善的，但是，金融危机爆发后，随着全球经济形势逆转，西方国家对我们的态度也发生很大变化，随着社会主义

---

① 韩庆祥：《"伟大斗争"的基本内涵及新形式、新特点》，《马克思主义研究》2014年第11期。

市场经济体系的不断建成，在经济迅速发展的同时，市场经济所带来的追逐利润最大化、拜金主义等价值观，也会对党员干部的心理行为产生潜移默化的影响，因此，我们所面临"四大考验"的核心是长期执政的考验。在新形势下，国情党情的变化使提高党的领导水平和执政水平、提高拒腐防变和抵御风险能力，加强党的执政能力建设和先进性建设成为新阶段的目标之一。"四大考验"，是全方位的，也必将是长期的、艰辛的，从总体上看，它们既是对党执政本领的考验，也是对党执政作风的考验；既是对整个党的考验，也是对每一级党组织、每一个党员的考验。

第二，脱离群众是最大的危险。精神懈怠的危险、能力不足的危险、脱离群众的危险以及消极腐败的危险，这"四种危险"是对新形势下我党新问题的新总结。从不断演变的趋势来看，党在长期执政过程中所面临的这"四种危险"，更加尖锐地摆在全党面前。在"四大危险"中，脱离群众是最大的危险，因为它破坏的是我们党的立身之本和最大政治优势。我们和其他社会主义国家的一个最大不同，就是如邓小平所说，我们的群众基础，是几十年的革命战争打出来的。共产党人是和人民群众一起打天下、一起流血牺牲、一起坐天下的，党和人民群众的关系，是名副其实的血肉联系。[①]因此，胡锦涛同志强调："各级党政机关和干部要坚持工作重心下移，经常深入实际、深入基层、深入群众，做到知民情、解民忧、暖民心，要把基层一线作为培养锻炼干部的基础阵地，引导干部在同群众朝夕相处中增进对群众的思想感情、增强服务群众本领。"这有着很强的现实针对性。

马克思主义的执政党应当从关系党的生死存亡的高度，认真研究在新的客观环境下，通过建立始终保持党的先进性的长效机制来消除"四种危险"问题。只有"对马克思主义、中国特色社会主义忠诚而执着，坚决维护党的原则，对人民群众始终怀抱真挚感情，始终把人民放在心中最高位置，才能正确判断形势、科学预见未

---

① 黄苇町：《直面"四大考验"，防范"四大危险"》，《中国纪检监察报》2011年8月30日。

来、保持清醒头脑,对各种错误观点、错误思潮保持高度的政治敏锐性和政治鉴别力,对危害国家利益的言行敢于亮剑、敢于斗争"①,才能用经得起实践、人民、历史检验的业绩取信于民。

三 把握新时期党的建设主线的两个方面

新时期中国共产党的建设,要继续坚持从社会主义初级阶段的实际出发,遵循社会发展的客观规律把中国特色社会主义发展规律与共产党的执政规律相结合,实现党的建设科学化、制度化和规范化。党的十八大报告强调,全党要增强紧迫感和责任感,牢牢把握加强党的执政能力建设、先进性和纯洁性建设这条主线。坚持解放思想、改革创新,坚持党要管党、从严治党,全面加强党的思想建设、组织建设、作风建设、反腐倡廉建设、制度建设,增强自我净化、自我完善、自我革新、自我提高能力,建设学习型、服务型、创新型的马克思主义执政党,确保党始终成为中国特色社会主义事业的坚强领导核心。

(一) 加强党的执政能力建设

党的执政能力建设一直是我党建设的根本。"加强党的执政能力建设的过程,既是不断提高党的执政能力的实践过程,也是不断把实践经验上升为理论、深入把握执政规律的过程"②,包括党在经济、文化、社会、国际关系等一系列的能力,以及执政理念、执政方略、执政体制的创新与提升。十八大的召开对党的执政能力建设又提出了新的要求,面对"四大考验"和"四种危险",在坚定不移地走中国特色社会主义道路上,高度重视党的自身建设,重视群众路线教育,社会民主政治的推进,进一步把加强党的执政能力建设摆在更加突出的位置。

---

① 田培炎:《围绕"四个正确对待"常修为政之德》,《求是》2012年第4期。
② 蔡志强:《价值引导制度,社会和谐与党的执政能力建设》,江苏人民出版社2013年版,第61页。

江泽民同志在建党 80 周年的讲话中明确了党的执政能力建设这一概念。随着形势和任务的不断变化，党的执政能力建设也在不断健全和完善。十六届四中全会初步确定了党的执政能力建设的任务，即"不断提高驾驭社会主义市场经济的能力、发展社会主义民主政治的能力、建设社会主义先进文化的能力、构建社会主义和谐社会的能力、应对国际局势和处理国际事务的能力"。这五种能力不仅体现了时代与社会实践赋予全党的历史使命与重大责任，而且涵盖了对党执政能力的全方面要求。随着形势的不断发展变化，对党的执政能力建设又提出了新的要求，不断完善党的执政能力建设，是党今后建设的常态工程，也是立党为公、执政为民、始终保持党同人民群众的血肉联系的必然要求。

党的十八大明确提出要把加强党的执政能力建设作为主线贯穿于整个党的建设体系。要始终坚持解放思想、改革创新，坚持党要管党、从严治党的基本原则；要把党的思想建设、组织建设、作风建设、反腐倡廉建设、制度建设与执政能力建设相结合；增强党的自我净化能力、自我完善能力、自我革新能力、自我提高能力，并成为党的建设的能力保障；把建设学习型、服务型、创新型马克思主义执政党作为党的建设的目标导向。随着十八大会议的召开，又给完善党的执政能力建设提出了新的要求。

为了适应十八大会议对党的执政能力建设的新变化，中共中央政治局于 2012 年 12 月 4 日在北京召开会议，会议强调领导干部特别是高级干部作风如何，对党风政风乃至整个社会风气具有重要影响。要下大决心改进作风，切实解决群众反映强烈的问题，始终保持同人民群众的血肉联系。为此委员会通过了"改进作风、密切联系群众"的八项规定，分别从领导调研、会风、文风、出访、警卫、报道、著作、勤俭节约八个方面进行了务实规定，从党的执政能力建设出发，落脚于与人民群众的血肉联系。2013 年 4 月 19 日十八届中共中央政治局常委会议提出要用一年的时间开展党的群众教育实践活动，这进一步巩固了新时期党的执政能力建设。党的执政能力建设不仅要求加强党与群众的血肉联系，同时要加强党自身的纪律建设。十八大召开之后，中央巡视组又进行了三轮巡视工作，这不仅肃清了党内纪律,更是贯彻了十八大要求的党的自身净化。

(二) 先进性纯洁性建设：建设廉洁政治

党的先进性是指"政党这样一种政治集团比之其他政治集团和群体组织所具有的先进性特征,是一个政党能够走在社会发展前列、带领社会前进并为全社会做出榜样和表率的一种性质、素养和能力"①。共产党的先进性就表现为党所具有的、在组织的内在本质以及其他方面体现出来的、为社会公认的优秀之处和独特优势。

中国共产党执政至今,先进性是永葆青春的力量之源。与时俱进、审时度势,顺应时代要求,不断加强和完善自身能力建设,保障人民群众当家做主的地位。中国共产党只有始终保持自身的先进性,才能巩固自己的执政地位。党的十七大把党的执政能力建设和先进性建设作为党建的主线,在这条主线的基础之上,十八大把"纯洁性"建设加入其中,这不仅是对党的建设的新要求,更是确保先进性建设的根本保障,同时,建设廉洁政治是保证党的纯洁性建设的具体表现。

保持党的纯洁性是党的事业发展的根本前提。保持党的纯洁性,需要我们始终坚持马克思主义政党的根本宗旨和要求,在思想上保持马克思主义的坚定性,在组织上维护制度和纪律的严肃性,在作风上恪守立党为公、执政为民的执政理念。面对新形势、新任务、新要求,要保持党的生机和活力,就要在思想上、组织上和作风上通过实践创新和理论创新,丰富和完善党的建设内涵、方式和途径,要求广大党员科学理解并有效发扬艰苦朴素的作风,在个人生活中坚持勤俭节约,在全心全意为人民服务的工作中则要注重经济发展和社会物质条件改善,致力提升人民群众生活水平,让人民群众充分享有现代物质文明发展成果,以增强党的创造力、感召力和生命力。②

---

① 商志晓:《从党的建设总体布局看先进性和纯洁性问题》,《江西社会科学》2012年第9期。

② 张健:《在实践创新和理论创新中保持党的纯洁性》,《科学社会主义》2012年第5期。

先进性建设与纯洁性建设有密切的内在联系，纯洁性是党的先进性的前提和基础，先进性是纯洁性的体现和保证。2012年5月21日，习近平在全国创先争优理论研讨会上就明确指出，"先进性和纯洁性是马克思主义政党的本质属性"，"保持、发展先进性和纯洁性始终是马克思主义政党根本的思想政治任务，关系党的生死存亡和前途命运"。① 十七届中纪委七次全会中胡锦涛明确提出了党的纯洁性的概念以及纯洁性建设的思想。胡锦涛指出只有保持党的纯洁性，才能够得到人民的拥护，才能够巩固执政基础，保证社会的长治久安。这就要求把思想纯洁、队伍纯洁、作风纯洁、清正廉洁等原则贯穿到思想建设、组织建设、作风建设以及反腐倡廉建设的基本目标之中。党的十八大把党的纯洁性建设增加到党的建设主线内容之中，是对党的纯洁性建设的进一步肯定与强调，也充分显示了共产党人对自身建设更加全面的认识和科学化的把握。

党的先进性建设是党的性质的突出体现，贯穿于党的建设的各个层面，党的纯洁性更是党的建设的内在要求，是这些层面中的具体问题。党的先进性与纯洁性的内在联系，要求党的先进性建设离不开纯洁性，纯洁性建设也脱离不了先进性建设的轨迹，二者相互依存，辩证统一。把党的"纯洁性"建设融入到十八大报告中，并强调反腐倡廉建设，这就构成了"建设廉洁政治"。

党的十八大报告指出："反对腐败、建设廉洁政治，是党一贯坚持的鲜明政治立场，是人民关注的重大政治问题，这个问题解决不好，就会对党造成致命伤害，甚至亡党亡国。"建设廉洁政治，全心全意为人民服务是核心，人民掌好权用好权是本质，人民满意是根本标准。同时，胡锦涛同志也强调："全面推进惩治和预防腐败体系建设，做到干部清正、政府清廉、政治清明。"这是在新时代的要求下，反腐倡廉工作的新指示。干部清正，要求公职人员忠于职守、廉洁奉公、品行端方、作风正派；政府清廉，要求各级国家机关始终把人民利益放在第一位，维护公共利益、保障公民权

---

① 蒯正明：《党的建设"主线"中的先进性和纯洁性关系及其推进路径探析》，《内蒙古社会科学》2013年第4期。

益，依法行政，廉洁执法、公正司法，推进公权力运行的过程、结果公开，及时回应群众关切，厉行勤俭节约，降低行政成本，创新行政管理方式，加强绩效管理和行政问责，建设服务政府、责任政府、法治政府、廉洁政府；政治清明，要求国家和社会实现法治有序、公平正义、政通人和、弊绝风清。① 2012年11月17日，十八届中共中央政治局第一次集体学习中，习近平再次强调："反对腐败、建设廉洁政治，保持党的肌体健康，始终是我们党一贯坚持的鲜明政治立场。"十八届三中全会通过的《中共中央关于全面深化改革若干重大问题的决定》进一步明确"健全惩治和预防腐败体系，建设廉洁政治，努力实现干部清正、政府清廉、政治清明"的目标。

（三）批评与自我批评的创新运用

中国共产党之所以能够保持先进性，能够永葆青春，就是从建党以来一直坚持批评与自我批评的优良作风。批评与自我批评是党内自我完善、自我进化、自我提高的重要方式，是党及时发现错误、拨乱反正的重要手段，是党员干部能够保持纯洁性的重要武器。

1942年延安整风运动，批评与自我批评开始广泛运用于党内思想的肃清，全面提高了全党的马列主义水平，为取得抗战胜利奠定了基础。1978年党的十一届三中全会的召开，更让批评与自我批评的优良作风贯穿于整个党的建设中，全党系统总结了新中国成立以来的历史经验，进行批评与自我批评，完成了全方位的拨乱反正，实现了新中国成立以来党的历史的伟大转折。保持共产党员先进性教育活动于2005年全面展开，明确提出活动的指导原则之一就是在党内开展批评与自我批评。党的一系列实践表明，批评与自我批评是保持党的先进性纯洁性的基础，是党领导事业蓬勃发展的力量源泉，是党的创造力、凝聚力、战斗力的强大支撑。

新形势下"四大危险"更加突出地呈现在全党面前，党内出现

---

① 李玉赋：《建设廉洁政治是我们党的重大任务》，《求是》2013年第4期。

形式主义、官僚主义、享乐主义和奢靡之风,必须再一次积极开展批评与自我批评。2013年6月18日召开的党的群众路线教育实践活动工作会议上,习近平同志强调要以"照镜子、正衣冠、洗洗澡、治治病"为总要求,着力解决作风方面存在的尖锐问题。首先,开展批评与自我批评是"照镜子"的前提条件。通过照镜子,从自身出发,从意识上正确认识自己,发现不足和差距,要取得自身的不断进步,就得首先认清自己,才能够在批评与自我批评中不断改造自己。其次,开展批评与自我批评是"正衣冠"的根本保证。在开展群众路线实践教育活动时,正衣冠就体现在正一正党性修养,正一正党员义务,党员干部要通过检查规范自己的言行举止,及时发现自身问题并进行修正,及时发现工作中的错误并找到正确的工作方法。再次,开展批评与自我批评是"洗洗澡"的基本途径。党员干部要通过批评与自我批评保持自身的纯洁性,真正成为一个洁身自好、廉洁奉公的党员。最后,开展批评与自我批评是"治治病"的最终目标。要坚持惩前毖后、治病救人方针,对症下药,对作风方面存在问题的党员、干部进行教育提醒,对问题严重的进行查处,对不正之风和突出问题进行专项治理。

面对当代民主政治改革对执政党依法执政、科学执政、民主执政的新要求,在探索执政党建设规律的进程中,"广大党员干部应当创新批评和自我批评的方式途径,充分运用党内党外两种智力资源,充分调动干部和群众两个积极性,充分发挥民主集中制的宝贵经验,合理运用广大党员和人民群众的智慧丰富我们党的工作思路和工作措施,以广泛的意见、建议等批评形式规范和改进党的各项工作"①,号召党员要从群众中来,到群众中去,保持党员的先进性和纯洁性。

(四)提高党的建设科学化水平

中国共产党第十八次全国代表大会政治报告指出:"我们党担

---

① 张健:《在实践创新和理论创新中保持党的纯洁性》,《科学社会主义》2012年第5期。

负着团结带领人民全面建成小康社会、推进社会主义现代化、实现中华民族伟大复兴的重任。形势的发展、事业的开拓、人民的期待，都要求我们以改革创新精神全面推进党的建设新的伟大工程，全面提高党的建设科学化水平。"① 党的建设科学化的概念是在十七届四中全会上第一次明确提出，党的十七届四中全会后，党中央领导人对这个重大命题做了进一步的阐述，比较重要的有两次：一次是胡锦涛在庆祝中国共产党成立90周年大会上的讲话中指出，要以"提高党的建设科学化水平"，统领党的思想建设、组织建设、作风建设、制度建设、反腐倡廉建设，显示了它的纲领地位；另一次是党的十八大报告，将"提高党的建设科学化水平"提法修改为"全面提高党的建设科学化水平"。② 但对于党的建设科学化的不断探索却是在中国共产党成立之初就开始了。建党90多年以来，党和国家的领导干部以及党员们在不断的实践中，既取得了卓越的成效，也总结了重要的经验，为以后党的科学化建设奠定了理论和实践的基础。

十八大报告还第一次明确了全面提高党的建设科学化水平的基本要求与总体布局，全面了解现阶段党面临的形势，即"四大考验"、"四大危险"对党的侵袭；以两个提高为目标，即提高领导执政水平，提高拒腐防变、抵御风险能力；把握两条主线，执政能力建设与先进性纯洁性建设；以两个坚持，即坚持解放思想、改革创新，坚持党要管党、从严治党出发，建立学习型、服务型、创新型政党，保持自我净化、自我完善、自我革新、自我提高四种能力，确保党始终成为中国特色社会主义事业的坚强领导核心。

围绕全面提高党的建设科学化水平的总要求，党的十八大报告进一步提出了"八项任务"。从党的理想、执政能力建设、党内民主建设、队伍建设、人才建设、基层党建、反对腐败、纪律和集中统一八个方面对党的建设科学化做了明确的部署和要求。党面临的

---

① 胡锦涛：《坚定不移沿着中国特色社会主义道路前进 为全面建成小康社会而奋斗》，《人民日报》2012年11月18日。
② 齐卫平：《如何正确理解和把握"党的建设科学化"内涵》，《中州学刊》2014年第5期。

形势越复杂，肩负的任务越艰巨，就越要加强党的纪律建设，越要维护党的集中统一，形成全党上下步调一致、奋发进取的强大力量。这"八项任务"，具有很强的现实针对性和指导性，只有完成这"八项任务"，才能全面提高党的建设科学化水平，不断增强党的创造力、凝聚力、战斗力。[①]

四 依规治党与以德治党的重要命题

在新的历史条件下，习近平总书记提出"全面从严治党"重要思想，为我们党加强和改进党的建设提供了理论依据，同时面对全面建成小康社会新形势、新任务，推进"四个全面"的战略布局，成为新阶段的行动指南。在这样的新形势下，中共中央颁布了《中国共产党廉洁自律准则》和《中国共产党纪律处分条例》，这表现了"依规治党与以德治党相结合"的重要命题。坚持依规治党与以德治党相结合，是加强党的建设，推进党的改革，全面从严治党的重要途径。

（一）依规治党

十八大以来从严治党成为新形势下重要的实践创新，是以习近平为总书记的党中央"四个全面"战略布局的重要任务，而贯穿其中的核心便是依规治党。在新的时代背景条件下，全面推进从严治党，必须注重依规治党，把依规治党作为全面从严治党的根本途径。

2014年10月8日，习近平总书记在党的群众路线教育实践活动总结大会上的讲话中首次提出"全面推进从严治党"的战略思想，并十分明确地指出全面从严治党的根本途径和要求："从严治党，最根本的就是要使全党各级组织和全体党员、干部都按照党内

---

① 本刊评论员：《全面提高党的建设科学化水平——认真学习贯彻党的十八大精神之六》，《求是》2013年第4期。

政治生活准则和党的各项规定办事。"党的十八届四中全会通过的《中共中央关于全面推进依法治国若干重大问题的决定》,在部署全面依法治国的同时,向全党提出了"依据党内法规管党治党"的重大任务。

首先,依规治党是建设社会主义法治体系、法治国家的必然要求。依规治党和依法治国两者之间密切相关、高度统一。依规治党是依法治国的前提和保障,依规治党的出发点和归宿必然是依法治国,依法治国是依规治党的根本目的和动力。依法治国的主体是党领导的人民群众;客体是国家事务、经济文化事业、社会事务;依法治国的依据,也就是治国所依的"法"是中华人民共和国宪法和法律。与依法治国相通,依规治党的主体就是全党党员,客体是党内事务。中国共产党是中国工人阶级、中国人民和中华民族的先锋队,中国共产党党员是全社会的先进分子,党员在社会中必须发挥先锋模范作用。党的各级部门、组织以及每个党员必须在遵守国家宪法的同时,按照党章以及党的各项法规严格要求自己,永葆党的先进性和纯洁性。

其次,依规治党必须严明党的纪律。纪律是成文的规矩,纪律不够严明,那么制度就不够健全,对于党内的法规而言,严明的党纪能够保证党内法规的贯彻和实施。纪律建设是全面依规治党的落脚点,党内不允许有不受党纪国法约束,甚至凌驾于党章和党组织之上的特殊党员。党的十八大以来严肃查处了一些党员干部包括高级干部严重违纪问题,这些事实"彰显了我们党坚持贯彻党的纪律面前人人平等的坚决立场和鲜明态度,以实际行动向全党全社会表明,党纪党规所说的不论什么人,不论其职务多高,触犯了党纪国法,就必然要受到严肃追究和严厉惩处,这绝不是一句空话"①。遵守政治纪律和政治规矩,要认真落实习近平总书记"五个必须"的要求,做政治上的明白人,保持一致而不另搞一套、维护团结而不拉帮结派、遵循程序而不我行我素、服从组织而不讨价还价、管好

---

① 苑秀丽:《新形势下加强党的纪律建设的思考》,《中国特色社会主义研究》2016年第1期。

亲朋严防擅权干政，让纪律观念和规矩意识扎根心底。

最后，依规治党必须建立健全党的法规制度。全面从严治党必须把依规治党与党的法规制度结合起来。十八大召开之后，党中央和习近平总书记着重强调新时期党的建设，党内规章制度的健全和完善是其中的重要部分。2009年7月，中央颁布实施《中国共产党巡视工作条例（试行）》，是巡视工作制度化、规范化的保障。十八大以来，巡视工作面临新的任务，因此对原"试行"的巡视工作条例进行修订，条例修订工作自2013年10月启动，历经调研、论证、反复修改、不断完善的过程，2015年8月3日，中共中央颁布实施修订了《中国共产党巡视工作条例》，同年10月，中共中央政治局召开会议审议又通过了《中国共产党纪律处分条例》，这对维护党的章程和其他党内法规，严肃党的纪律等发挥了重要作用。2015年10月，中共中央印发了《中国共产党廉洁自律准则》，这部准则的颁布，使全体党员的行为有了法律规范，使全党廉洁自律工作有了法规监督，是从严治党的实践成果，是保障党员先进性和纯洁性的基础。

（二）以德治党

中共中央总书记习近平在2013年2月24日下午组织中共中央政治局委员集体学习时强调，要坚持依法治国和以德治国相结合，做到法治和德治相辅相成、相互促进。中华民族传统文化，历来都讲德法相依、德治礼序。治国如此，治党更是这个道理。公民不能把法律作为底线，党员更不能站在党的纪律边缘，因此，要以德治国就必须要以德治党，要依规治党与以德治党相结合。

首先，以德治国的关键是以德治党。中国共产党作为执政党，是中国社会主义事业的领导核心，全国人民的意志通过全国人民代表大会体现在宪法和各种法律法规中，党的路线、方针政策都与全国人民息息相关，同时执政党的每个党员在其公务（职业）活动中，在其他社会公共生活领域中表现出的行为对社会有重要的影响和导向作用，党员的模范作用对整个社会的风气有着至关重要的影响，因此，以德治国必须要以德治党。

其次，以德治党首先要加强党员自身修养。中华民族的传统美德，就是要追求高尚的道德情操，提升道德修养的境界。每个共产党员要永葆党员的先进性就必须要从自身做起，树立正确的世界观、人生观和价值观，顾大局、讲奉献、爱国敬业、诚信友善、尚法崇礼、秉公尽责，时时刻刻用共产党员和国家公务人员的标准严格要求自己。以德治党就要强化理想信念对于管党治党的重要性，要深刻认识到理想信念是最强大的精神力量，是共产党人的精神家园。对马克思主义的信仰，对社会主义和共产主义的信念，是共产党人的政治灵魂，是共产党人经受住任何考验的精神支柱。依规治党和以德治党犹如鸟之两翼，车之两轮，既有纪律约束，又有道德感召，双管齐下，相辅相成，道德自觉为纪律约束减少阻力，纪律约束又为道德情操的提高提供坚实保障。党员来自各个社会领域，受到环境、教育等方面的影响，可能会带来一些错误的认识或不良习惯，作为党员就应该要时刻检查自己的思想和行为。

最后，把以德治党与依规治党相结合。以德治党与依规治党两者相互联系，不可分割。以德治党是依规治党的根本，依规治党是以德治党的保障。道德是以是非善恶为标准，通过社会舆论、内心信念和传统习惯来评价人的行为，调整人与人之间以及个人与社会之间相互关系的行为规范的总和，而纪律和法律是由组织或国家制定，靠强制力来保障的行为规范，在党的建设中，二者缺一不可。

（三）依规治党与以德治党相结合

治国必先治党，治党必须从严，从严的基础便是有法律法规的保障。2014年10月，党的十八届四中全会提出依法治国、依规治党的要求，习近平总书记强调，要坚持全面从严治党、依规治党，健全党内法规制度。2015年7月，王岐山同志在陕西调研时强调，公民不能都踩到法律的底线上，党员也不能全站在纪律的边缘，依规治党必然要求以德治党。新时期，党的建设必须要坚持依规治党与以德治党的结合。

第一，依规治党是以德治党的保障，以德治党是依规治党的基础。依法治党是依法治国的正常延伸，作为共产党员必须模范遵守国家法律，同时要遵守党章的纪律、党的优良传统和工作惯例，硬性的约束是保障各级党组织和党员的外在力量，同时，党员要在生活和工作的各个方面起到模范作用，要注重自我道德修养的引领作用。因此，党内治理是德治与法治交互为用、相辅相成的，而且更基于觉悟和自觉的德治。

第二，坚持依规治党与以德治党相结合，是全面从严治党的必然选择。坚持依规治党与以德治党相结合，能够更好地处理党与法、纪与法的关系，有利于体现党的先进性和纯洁性，对于全面从严治党有很强的针对性和时效性。《党章》明确规定，中国共产党是中国工人阶级的先锋队，同时是中国人民和中华民族的先锋队，是中国特色社会主义事业的领导核心。"党的性质和地位要求党必须走在时代前列，必须在依法治国中发挥领导作用，必须对共产党员带头执法提出更高要求。法律是对一个国家和社会的公民提出的行为规范和要求，党的纪律是为全体党员在法律底线之前设下的一道防线，是对党员提出的高于法律标准的要求。深入推进全面从严治党，就必须把依法治国与依规治党结合起来。"[①] 同时，坚持依规治党与以德治党相结合，能够使党员更加坚定信念，保持组织严密、纪律严明的优良传统，有利于发挥广大党员在管党治党中的主体地位和主体作用。

五　全面从严治党的特点和规律

新形势下，面对"四大考验"、"四种危险"的重大挑战，习近平总书记提出的"全面从严治党"重要思想，为我们党在新的历史条件下加强和改进党的建设提供了理论依据和科学指南。2014年10月8日，习近平总书记在党的群众路线教育实践活动总结大会上

[①] 李锡炎：《全面从严治党的新视野：依规治党与以德治党相结合》，《长白学刊》2016年第1期。

指出对"全面推进从严治党进行部署"①。同年 12 月,习近平总书记在江苏调研考察时第一次将"全面从严治党"与"全面建成小康社会"、"全面深化改革"、"全面推进依法治国"相提并论,初步形成了"四个全面"战略构想。2015 年 2 月,习近平总书记在中央党校省部级主要领导干部学习贯彻十八届四中全会精神,全面推进依法治国专题研讨班上,首次把"四个全面"定位为党中央的战略布局。至此,全面从严治党被提升到新的战略高度。

(一) 推进反腐倡廉建设

自改革开放以来,中国共产党在反腐倡廉工作中做出了巨大的努力,在取得卓越成效的同时,也积累了重要经验。从邓小平同志提出"一手抓改革开放,一手抓惩治腐败,整个改革开放过程都要反对腐败",江泽民同志提出"惩治腐败要标本兼治,综合治理",到胡锦涛同志提出"反腐败关系人心向背和党的生死存亡"的重大理论,再到习近平同志提出"以零容忍态度惩治腐败"、"坚持'老虎'、'苍蝇'一起打"等重大反腐理念,体现了我们党和国家对反腐倡廉建设高度的理论自觉和实践自觉②,探索出了具有中国特色的反腐倡廉道路,也形成了比较完善的反腐倡廉理论体系。

首先,推进反腐倡廉建设的科学化。党的十八大报告提出,全面提高党的建设科学化水平,在新形势下,推进反腐倡廉建设科学化,对于全面提高党的建设科学化水平有重要的现实意义。在推进反腐倡廉建设的过程中,确立科学的工作理念是开展工作的灵魂,只有实现理念的科学化,才能推动工作的科学化。建设科学的反腐倡廉制度体系是实施反腐倡廉建设的外在保障,在完善制度体系的同时要注重制度的创新,使制度体系结构更加合理、系统、协调,能够主次分明、配置科学,实现制度的精细化、科学化,始终能够把握时代性、规律性,富于创造性。在健全完善反腐倡廉制度体系

---

① 习近平:《在党的群众路线教育实践活动总结大会上的讲话》,《人民日报》2014 年 10 月 9 日。
② 赵秉志:《习近平反腐倡廉思想研究》,《北京师范大学学报》(社会科学版) 2015 年第 5 期。

的同时，加大落实和执行的力度，明确责任主体、责任内容、责任分工、考核方式、责任追究的具体内容等，使反腐倡廉工作真正落到实处。

其次，在反腐倡廉建设的过程中坚持"老虎"、"苍蝇"一起打，"标本兼治，治标为先"。习近平总书记在十八届中央纪委二次全会上强调："从严治党，惩治这一手决不能放松，要坚持'老虎'、'苍蝇'一起打，既坚决查处领导干部违纪违法案件，又切实解决发生在群众身边的不正之风和腐败问题。"[1] 保持对腐败分子的严惩，形成惩治腐败的高压态势，表现了党反腐倡廉建设的决心，也是遏制腐败现象易发多发势头的有效途径。只有严惩腐败，才能有效打击腐败分子的嚣张气焰，有效警醒教育党员、干部，鼓舞人民群众同腐败斗争的信心。

最后，反腐倡廉要坚持德治和法治相结合。习近平总书记提出了"推进反腐倡廉建设，必须坚持依法治国和以德治国相结合"。人们的行为和社会秩序，不仅要靠法律体系的规范和约束，同时也要依靠与社会相适应的思想道德体系。反腐倡廉是对社会秩序和成员行为的规范，因此，同样需要法治与德治的结合。高尚的道德是为人清廉的基础，党员、干部首先应该树立正确的世界观、人生观、价值观，才能够在思想上筑牢拒腐防变的道德防线。依法治理是清正廉洁的保障，有腐必惩、有案必查，任何人触犯党纪国法都给予依纪依法的查处，就能通过外在力量对腐败分子形成威慑力，多管齐下，才能够更好地进行反腐倡廉建设。

（二）党的纪律检查体制改革

党的现行纪律检查体制在党的十二大予以确立，这一体制对永葆党的先进性和纯洁性发挥了巨大的作用。经过改革开放，我国社会发生了深刻的变化。社会主义市场经济体制逐步建立，社会经济成分、组织形式、利益关系和分配方式呈多样化发展。这些发展既

---

[1] 中央纪委研究室：《中国共产党第十八届中央纪律检查委员会第二次全体会议专辑》，中国方正出版社2013年版，第7页。

是机遇也是挑战,在给经济、政治、文化带来巨大利益的同时,也带来了不容忽视的消极影响。中国共产党作为执政党,是社会发展的领导力量,因此,对执政党内部的消极方面更是不容忽视。这就要求党切实提高党的科学决策能力,解决好对权力进行监督的问题,才能使我们党成功地应对这一新的挑战和考验,并且得到新的更好的发展。

十八大以来,以习近平为总书记的党中央高度重视党风廉政建设和反腐败工作,继续深化党的纪律检查双重领导体制改革。在《中共中央关于全面深化改革若干重大问题的决定》中明确指出:"推动党的纪律检查工作双重领导体制具体化、程序化、制度化。"①对党的纪律检查体制改革做出部署,提出"两个责任"、"两个为主"、"两个全覆盖"等一系列措施。由此,党的纪律检查体制改革成为中央决策的一项改革战略。中共中央政治局2014年6月30日召开会议审议通过《党的纪律检查体制改革实施方案》,自此党的纪律检查体制改革完成了从设计到部署的过程,开始进入实施操作阶段。

首先,推进党的纪律检查体制改革,关键在落实"两个责任",表现为党风廉政建设的主体责任和监督责任。党委(党组)对党风廉政建设负主体责任,这是前提、是基础,而落实责任,需要有实实在在的措施来支撑。责任追究既是落实责任的手段,也是保障,缺了这一手,责任制要求就会成为纸老虎、稻草人。因此,制定并严格执行责任追究制度,是促进党风廉政建设责任制落实的有效办法。②在落实"两个责任"时要抓住党委主体责任这个"牛鼻子"。要看到,党委主体责任和纪委监督责任的分开讨论是纪律检查工作理念思路的重大创新,也是对我国历来反腐败的科学总结。同时各级纪委要把监督责任落到实处,坚决遏制住腐败蔓延势头,要持续保持高压态势,以零容忍态度惩治腐败。

---

① 《中共中央关于全面深化改革若干重大问题的决定》,《人民日报》2013年11月16日。

② 本刊评论员:《积极推进党的纪律检查体制改革》,《社论》2014年第15期。

其次,强化"两个为主",推动党的纪律检查双重领导体制具体化、程序化、制度化。加强上级纪委对下级纪委查办腐败案件的领导权,这个领导权应包括对案件的督办权、提办权、参办权、交办权、指定管辖权和改变管辖权等具体权能。① 同时,要加强上级纪委对下级纪委书记、副书记提名和考察。这样,能够有效地加强上级与下级的沟通联系,使其职能得到最大化的发挥。

最后,实现"两个全覆盖",派驻纪检机构和巡视工作切实履行好监督职责。加强纪委的派驻监督。实现全面派驻,要按照权力都要受到制约和监督的原则,做到中央纪委向中央和国家机关都要派驻纪检机构,同时,派驻机构对派出机关要实行负责机制,在派驻机构工作的各项保障、经费都应由驻在部门负责,在全面驻派的基础之上,要强化监督巡视。中央纪委加强对巡视工作的统一领导,各地区、各部门党委(党组)要积极落实,巡视工作要做到全面覆盖,对所有地方、部门、企事业单位都应当进行巡视,起到震慑的作用,重点抓住党风廉政建设和反腐败工作。在监督巡视的过程中,要直接指明问题,做到早发现、早报告、早解决,坚决杜绝腐败问题的滋生。

(三)强化"三严三实"的实践意义

十八大以来,以习近平同志为总书记的党中央,在管党治党、治国理政方面提出一系列新理念、做出一系列重大部署,鲜明的特征就是一个严字。比如,"以严抓作风开局起步,严格落实八项规定,严肃惩治群众反映强烈的四风问题;以严管干部为重点,强调严格选拔、严格管理、严格要求、严格监督;以专项整治为手段,开展超面积办公用房、超标准公务用车、超职数配备干部等一系列专项治理。所以,'严'是十八大以来习近平总书记刷新吏治的鲜明风格"②。2014年3月9日,习近平总书记在参加十二届全国人

---

① 王希鹏:《建国后党的纪律检查双重领导体制改革的历史脉络与演进方向》,《理论导刊》2015年第2期。
② 徐泽洲:《领导干部要认真学习践行"三严三实"》,《党政论坛》2014年第9期。

大二次会议安徽代表团的审议时指出："各级领导干部都要树立和发扬好的作风，既严以修身、严以用权、严以律己，又谋事要实、创业要实、做人要实。"习近平总书记多次强调把握治党治国"从严"的思想，党员干部特别是各级领导干部要遵守"三严三实"。此后，中央党的群众路线教育实践活动领导小组、中央组织部专门就贯彻落实"三严三实"要求做了全面的部署。2014年12月，全国组织部长会议提出要在县处级以上领导干部中开展"三严三实"专题教育。"三严三实"的提出，是党的群众路线实践活动的延续和发展，是全面从严治党的重大举措，进一步丰富和发展了马克思主义政党理论，明确了党员干部的修身之本、为政之道、成事之要。

首先，"三严三实"是全面从严治党的重要环节。全面从严治党作为新时期加强党的建设的重要方针，体现了中国共产党全心全意为人民服务的宗旨，中国共产党作为工人阶级的先锋队就要求党员干部遵守党的章程，党的法规制度。而"三严三实"作为党的群众教育路线的延伸，是推进"四个全面"战略布局以及新时期党的作风建设的基本准则。体现了新时期中国共产党加强自身思想建设、组织建设、作风建设、反腐倡廉建设和制度建设的坚决态度。在全面深化改革的大背景下，"三严三实"作为作风建设的基本要求，为党内纠正不正之风，促使党员干部作风根本好转，起到了不可或缺的作用。

其次，"三严"和"三实"两者密切联系、相互促进。"三严三实"的重要论述，指向明确，既抓住了从政做人的根本，切中了干事创业的要害，又划定了为官律己的底线；既是党员干部价值追求和行为规范的重要遵循，又是领导干部的修身之本、为政之道、成事之要、做人之基，为加强和改进作风建设进一步指明了方向。"三严"是内在要求，"三实"是行为取向，只要严以修身、严以用权、严以律己，从信念和价值观上时刻严格要求自己，就能经得起各种各样的冲击和诱惑，自觉做到为民务实清廉；只要谋事要实、创业要实、做人要实，在经济社会发展中脚踏实地、求真务实、真抓实干，就会在实践中不断丰富自己、提高自己。① 党的十八大以来，党在加强自身建设的过程中，一方面强调思想建党，从意识形态工作方面巩固党的思想建设，把意识形态工作的全面发展牢牢掌握在手中，继续巩固马克思主义思想的指导地位，坚持全心全意为人民服务的宗旨。另一方面则强调依规治党，规范权力的实施，促进党的建设制度改革。二者从内在和外在，从思想和行为上得到了统一，内在自律和外在约束才能够使全面从严治党落到实处，不断开辟作风建设新境界。

最后，"三严三实"是对党的建设经验教训的深刻总结。回顾党的作风建设的历程，中国共产党在不同的历史条件下逐步形成并发扬了理论联系实际、密切联系群众、批评与自我批评、艰苦奋斗、谦虚谨慎、解放思想、求真务实等优良作风。② "严"和"实"是新时期、新阶段对党员干部的基本要求和行为准则，也是对党风建设优良传统的创新发扬。"三严三实"以保持党同人民群众的血肉联系为核心，这是对"全心全意为人民服务"的继承，"三严三实"的出发点是干部队伍的建设，落脚于党的作风建设，这也是获得群众支持的力量之源。同时，"三严三实"的必然要求是保持党的先进性、巩固党的执政基础和执政地位的思想保障，纵观党的建设历程，巩固执政基础，保持党员的先进性是党永葆青春的关键。面对党所面临的新形势，习近平总书记反复强调正确对待党的历史，创造性地提出"三严三实"的作风建设新要求，保持党员干部队伍的先进性和纯洁性，促进了党在新时期的建设和发展。

（四）塑造党内良好政治生态

在现代社会，由于政治的核心内容主要表现为国家政治和政党政治，所以，目前学界政治生态学的内生态研究也主要放在了政党（组织）、国家（政府）的研究上。良好的政治生态系统，要求政

---

① 党评文：《践行"三严三实"推进作风建设》，《学校党建与思想教育》2014年第12期。
② 王树荫、石亚玲：《"三严三实"论》，《中国特色社会主义研究》2015年第3期。

治内生态系统能够良性运转,①应该是一个不争的事实。随着世界范围内各国政治发展的不断推进,这样的事实应该还会延续。然而无论如何,政治生态一旦形成,一旦通过其特有的力量作用于社会,也就在直接间接地影响、改变着其赖以生存的生态环境。② 从结构体系来看,政治生态涵盖政治主体状态、政治关系状态、政治制度状态、政治文化状态、政治行为状态和政治发展状态等内容。构建风清气正的党内政治生态是遵循马克思主义政党建设规律、应对党内政治生态面临的严峻挑战、推进全面从严治党战略多维成因交互影响的必然产物。

党内政治生态是"政治生态在政党领域的展示,是党内政治生活状况以及党内环境要素的综合体现,核心要素是党员干部的党性觉悟、道德作风、政治立场"③。十八大以来,中央实施"八项规定"、反对"四风",加强预防和惩治腐败。因此,政治生态的构建成为反腐倡廉建设的外在环境保障。要实现"全面从严治党",必须把建设风清气正的政治生态作为重要取向,政治生态的清正,才能够保证共产党员的廉洁,才能够实现党内的自我净化和自我完善,才能使"全面从严治党"落到实处。

第一,塑造良好的政治生态,要有完善良好的政治制度。良好的政治制度对于形成良好的政治生态具有至关重要的作用,一个国家,如果政治制度的设计存在非常严重的缺陷或问题,就不可能形成良好的政治生态,良好的政治制度,是形成健康的政治生态的前提和基础。要形成良好的政治生态,就必须有正确的价值取向,良好的政治制度应当具有政治公平、政治正义和政治民主的基本取向,才能使实践活动与价值理想信念有机统一起来,从而使社会实践能够真正促进社会的发展。

第二,塑造良好的政治生态,必须规范政治行为。养成规范的政治行为习惯,才能使政治生态朝健康、有序、和谐的方向发展。

---

① 万斌:《论和谐政治生态系统与政治宽容调节机制的构建》,《浙江社会科学》2012年第7期。

② 桑玉成:《政治发展中的政治生态问题》,《学术月刊》2012年第8期。

③ 文斌:《党内政治生态的建构动因与优化路径》,《理论研究》2016年第1期。

规范的政治行为首先要合乎法律，要做到执政党要依法执政，政府要依法行政，公民要遵纪守法，形成一个法律至上的社会体系，才能够有效地规范政治行为，让政治行为的实施有法律的威慑力，从而从外在保障的角度更好地塑造政治生态的健康发展。在政治行为合乎法律的同时，也要注重合乎道德，道德是政治行为形成的内在基础，政治行为与人的其他社会行为一样，追求合乎道德的善是其实施的出发点，而政治行为应在更高层次上把实现善作为重要目标。政治行为要合乎道德，包括执政党治国要合乎道德，领导干部的政治行为要合乎道德，全体公民的政治行为也要合乎道德。

第三，塑造良好的政治生态，要有健康的政治意识。社会成员健康的政治意识包括正确的政治认识以及政治信仰。尽管政治意识处于比较容易忽略的层面，但却是政治行为、政治制度的内在基础，政治行为和政治制度是政治意识的外在表现。良好的政治意识有助于养成良好的政治行为习惯，从营造良好的政治生态而言，培育健康的政治意识，应着力培育公民的民主意识、法律意识和政治意识。

目前中国处于现代化转型期又处于全球化时代，研究党内政治生态既要有中国视角又要有世界视角。[①] 从党内政治生态的概念、特征和功能等着手，深入发掘马克思主义经典作家关于党内政治生态建设的理论价值及方法论意义，把一些基本理论搞清楚，加强对党内政治生态现状的深刻把握，探寻党内政治生态建设所应遵循的基本原理和基本规律，争取形成逻辑严密的党内政治生态概念体系。同时在把握党内政治生态的内在的质的基础上，研究党内政治生态外在的环境，并从内外两个角度全面动态地探究党内政治生态。从优化结构体系中培厚涵养良好党内政治生态的土壤，从完善党内法规制度中设计出优化党内政治生态的可行性路径，从健全机制中建立起可操作性的预警机制、防范机制和纠偏机制，从建立评价制度中提出党内政治生态评价的基本模型和指标体系，为推进党内政治生态建设寻求新的路径。

[①] 罗会德：《近年来我国党内政治生态研究述评》，《社会主义研究》2016年第3期。

第五章

科学社会主义意识形态建设

巩固和发展社会主义的意识形态，既是中国共产党执政的历史经验，也是目前正在做的实际工作，更是今后要继续为之奋斗的目标。在巩固和发展社会主义意识形态这个重大问题上，要能正确认识我国在意识形态领域面临的机遇和挑战，积极地开展意识形态领域的工作和斗争，有力地批驳"意识形态淡化论"、"意识形态中立论"、"意识形态虚假论"[①]等错误理论，有效地推进我国社会主义意识形态的建设、繁荣和发展。

一 马克思主义信仰养成教育

人们在社会实践和生活中，"都会形成对某种思想、观点、理论、学说等的崇尚和信仰，把它作为自己的精神的支柱、学习的榜样、行动的指南"[②]。我们信仰马克思主义，不只为了拿马克思主义的理论来解释世界，而是为了用马克思主义的世界观和方法论来改造世界；不是为了解除个人苦痛达到自我完善，而是为了阶级的解放、人类的解放；不是为了拯救人类，而是对于人类自身力量的肯定，坚信人民群众是创造历史、改造世界的主体；不是个别人的信仰和觉醒，而是通过先进的政党，使之成为代表先进生产力的发展

[①] 史天经：《学思研磨集》，山东大学出版社2003年版，第115页。
[②] 林伟：《政治社会化与大学生理论信念教育》，浙江大学出版社2014年版，第200页。

要求、先进文化的前进方向和最广大人民的根本利益，帮助人民群众认识自身解放的条件，组织起来为实现自身的根本利益而奋斗。

（一）马克思主义信仰养成规律和机制

信仰是人类所特有的，具有极其丰富的内容，是人们认识世界、改造世界时的精神寄托和行为准则。马克思主义信仰作为中国社会的主导信仰，它自动区别于其他一切宗教信条和世俗信仰，"一是马克思主义作为一种科学理论，人们对这种科学理论的相信和信奉，就是马克思主义信仰；二是突出马克思主义理论作为人们信仰的内容而被包含在他们的信仰之中；三是强调马克思主义理论体系的价值性或作为价值体系的马克思主义理论，人民信仰它，然后才按照它的真理来认识世界和改造世界"①。即马克思主义信仰是建立在历史唯物主义基础上的科学信仰，主张用物质世界来说明世界，按世界的本真面目来认知世界。

1. 马克思主义信仰的养成规律

第一，马克思主义信仰养成的社会规律。一种信仰的养成必然会受到许多社会因素的制约，主要表现在不仅要受到社会生产力发展水平的制约，还要受到社会的政治制度，思想文化发展水平及其道德规范的制约。目前我国社会主义市场经济的飞速运行，社会生产力得到了空前的解放和发展，但我国仍然处于社会主义初级阶段，无论是经济、政治还是文化领域都残存有一定的封建主义和资本主义思想，这都阻碍着我国马克思主义信仰的顺利形成，所以需要我们清醒地认识当前国际国内环境，引导人们去伪存真，形成正确的观念与信仰。

第二，马克思主义信仰养成的自身矛盾发展规律。毛泽东说过："人的概念的每一差异，都应把他看作是客观矛盾的反映，客观矛盾反映主观思想，组成了概念的矛盾运动，推动了思想的发展，不断地解决了人们的思想问题。"② 任何事物都是矛盾的统一

---

① 宋俊成：《大学生马克思主义信仰教育面临的挑战及对策》，《思想政治教育研究》2006年第2期。
② 《毛泽东选集》第1卷，人民出版社1991年版，第306页。

体,所以,马克思主义信仰的养成也是内部矛盾斗争发展的结果。因此培养全社会的马克思主义信仰,需要把握这一规律,认真分析矛盾,掌握主要矛盾及矛盾的主要方面,引导马克思主义信仰的形成向有利方面发展。

第三,马克思主义信仰形成的知、情、意、信、行相统一的规律。知是对马克思主义理论体系的认知;情是道德情感,是对待马克思主义的态度;意是意志,信是信念,是在社会主义建设的过程中所拥有的坚忍不拔的意志信念;行是行为习惯,是对马克思主义信仰的具体实践。马克思主义信仰,"是对科学真理的尊崇与信服,是对扎根于现实世界、符合客观发展规律的未来理想社会的向往和追求。从思维方式上看,马克思主义确立了以实践为核心的统一理性与信仰这个矛盾的思维方式。它的关于人类世界、人类的现实与未来的一般学说,既是一种科学认识,同时,这一过程又使实践在科学信仰的牵导下不断地深入和超越"[①]。这是马克思主义信仰养成的完整过程,是内在认知和外化行为相统一的发展规律。

2. 马克思主义信仰的养成机制

首先,创造一个良好的社会环境,完善马克思主义信仰理论的学习机制。理论学习在培育马克思主义信仰者的过程中起着非常重要的作用,只有达到理论上的成熟才能为政治的成熟打好基础,最终成为一名坚定的马克思主义的信仰者。同时,大力发展社会生产力,为思想文化的发展提供坚实的物质支持,打造学习的优良氛围,全面推进马克思主义信仰教育的发展,推动人们对于该信仰的认同度。

其次,建立健全监督约束机制。中国人民大学刘建军教授在《马克思主义信仰论》中指出:"要注意理想教育与纪律教育相结合,在意识形态建设中,二者是缺一不可的,一种意识形态要想在社会发展中发挥作用,没有约束是不可能的。"同理,一套完整的监督体系及一些行之有效的纪律条例,能够帮助教育者巩固马克思

---

① 刘晓凯:《信仰的一般本质与马克思主义信仰的树立》,《人文杂志》2000年第6期。

主义信仰教育的成果,及时纠正出现的信仰偏失,提高马克思主义者保持先进的自觉性。

最后,充分调动受教育者的积极性,建立健全马克思主义信仰的实践机制。一种理论和思想最终都是要回归到实践应用中去,当前我国正经历全面而深刻的社会转型,由西方资本和技术所主导的全球化和网络化也正方兴未艾,我国的信仰教育正是在这个时代总体格局中遭遇到了新情况、新问题和新挑战。在信仰教育过程中,"通过学习马克思主义自身的解构—建构的逻辑方法及其在现实中的实践历史,养成问题意识、批判精神和反思能力,正确地认识、分析和批判现实生活中的各种社会思潮和虚假信仰,使得教育对象在纷繁复杂的意识形态迷局中认清方向、明辨是非,进而建构起对于马克思主义的信仰"①。在正确的马克思主义理论的指导下,激发受教育者内心的真实情感,追求真正意义上的精神信仰,从而达到美化其心灵,陶冶其情操,升华其精神的教育目的,并将这种信仰结合时代发展的需要,更好地实现服务社会、服务大众的目标。

(二) 马克思主义信仰教育的问题与对策

1. 马克思主义信仰教育存在的问题

马克思主义信仰作为一种科学的信仰,指引着中国共产党带领人民取得了抗日战争和解放战争的胜利,并在社会主义建设的初期也发挥着强大的、积极的作用。但随着改革开放脚步的不断加快,丰富的物质刺激着人们的思想,尤其是20世纪80年代东欧剧变、苏联解体以后,人们对马克思主义信仰有了动摇,甚至产生了怀疑,这种危机也使得马克思主义信仰教育工作受到严峻的挑战和冲击,具体表现在:

第一,传统信仰教育教条式的灌输,过多地注重于理论的阐述和分析,而缺少与实际生活的结合,在面对当今社会发展过程中存在的实际问题时,表现出了极大的局限性和滞后性。一方面,随着

---

① 鲍先彪:《马克思主义信仰教育创新机制分析》,《东南大学学报》(哲学社会科学版) 2014年第2期。

网络科技的发展,全球化进程加快,各个地区、各个民族之间的交往更加密切,而与此同时,个体的独立意识、自主意识以及交互意识也在开放的、网络化的时代环境中得到加强,因此相应地催生了更高级别信仰教育的需求和要求;另一方面,传统的信仰教育模式日益步入困境,颠倒的教育主客体关系,忽视了受教育者的主动性,脱离了实际的生活世界,导致了信仰认知与情感体验的割裂和人本关怀的缺失,权威型教育模式使得马克思主义信仰的传播者拥有绝对的发言权,造成了部分受教育者在形成理想信仰的过程中固守马克思主义的一些教条,弱化了对马克思主义和科学社会主义的信仰,尤其是青年学生在面对各种社会思潮时,缺少正确导向和普遍规范。

第二,世界经济的全球化也造成了政治的多极化趋势,多种文化交织的背景下,我国信仰教育也受到了消费主义、享乐主义、西方普世价值等社会思潮的冲击和挑战,同时"更面临着一种更为彻底的解构性思潮即虚无主义的广泛影响。虚无主义意指'反对超感性世界和更高的价值,否定它们的存在,取消它们的一切有效性',这意味着在价值理想跌下'神坛'后,我们失去了把握复杂、流变的生活世界的可以依靠的普遍准则或根据"[①]。虚无主义的这种影响极大,导致一些人逐渐漠视中国传统文化和民族精神,我们不仅失去了传统而稳定的价值体系,同时也不能在新的时代中提取和总结新的价值观念。尤其是青年受西方快餐式娱乐文化的影响,精神文化世界极度物欲化、贫乏化和简单化,淡漠马克思主义信仰和价值取向,盲目地追求西方的政治和思想,导致马克思主义信仰教育显得心有余而力不足。

第三,马克思主义产生于一百多年前,其观点的提出、论证及最终形成都是以当时的社会条件为背景的,所以部分观点不可避免地存在着一定的局限性。因此在当今社会中,在对待马克思主义的问题上出现了两种消极的态度:一种是认为马克思主义"过时论",

---

① 鲍先彪:《马克思主义信仰教育创新机制分析》,《东南大学学报》(哲学社会科学版)2014年第2期。

认为利用马克思主义观点无法解决新时期出现的新问题；另一种是"守旧论"，他们无视世界发展过程中出现的新变化、新情况，而是教条式地采用马克思主义的观点，出现理论与实际脱节。这必然会降低人们对马克思主义信仰的信服。

2. 应对马克思主义信仰教育危机的对策

第一，转换传统思想方式和教育模式，建立一支高效专业的马克思主义信仰教育队伍。"坚定马克思主义信仰，必须坚持原则的坚定性与方法的灵活性的有机结合，高度重视方法的科学性、创新性和艺术性。"① 所以，要想使马克思主义的信仰教育取得预期的效果，就必须转变教育理念，改善教学方式。构建社会、学校、家庭和思维立体化的教育方法体系，用形象生动、富有吸引力的方式强化信仰教育，使受教育者改变被动消极的学习模式，主动确立马克思主义的科学信仰，并把马克思主义信仰融入到自己的生活之中。

第二，提高理论素养，客观理性地对待各种西方社会思潮。在我国，对于青年学生的信仰教育是指马克思主义信仰教育，即"教育者有计划地将马克思主义理论传授给受教育者，受教育者通过自己已有的知识水平，自觉地将其内化为个人的需要，并形成对马克思主义坚定不移的信仰"②。所以，对于信仰教育的主体青年学生来说，要提高鉴别能力，要善于利用马克思主义特有的历史唯物主义和辩证唯物主义的观点理性对待和科学批判各种西方思潮，利用西方思潮中的合理部分为我所用。

第三，理论联系实际，并致力于理论创新，以此来应对现实和时代发展的要求。邓小平说："世界形势日新月异，特别是现代科技发展很快，现在的一年抵得上过去古老社会几十年、上百年甚至更长时间。不以新的思想、观点去继承、发展马克思主义，不是真正的马克思主义者。"③ 所以，我们在继承马克思主义理论的时候，不应该拘泥于马克思主义具体的结论，而是将这一理论看作一个开

---

① 金泽：《怎样坚定马克思主义信仰》，《理论前沿》2009 年第 8 期。
② 王学俭：《大学生信仰教育的突出问题与对策》，《思想教育研究》2010 年第 11 期。
③ 《邓小平文选》第 3 卷，人民出版社 1993 年版，第 292 页。

放的、不断发展的体系，勤于思考新问题、新情况，不断归纳总结、推陈出新，使理论能更好地解释现实、指导现实。

（三）马克思主义的思想方法和工作方法

1. 马克思主义的思想方法

思想方法是人们认识事物，观察思考问题的基本立场观点，是人们的世界观、价值观和思维方式的体现。马克思主义的思想方法论就是在认识世界和改造世界的过程中形成的，具体包括：一是实事求是的思想方法，依据辩证唯物论，物质第一性、意识第二性，物质是不依赖于人的意识而存在的客观实在，意识是对客观物质世界的反映这一唯物主义一元论的原理得出，我们所从事的一切认识世界和改造世界的活动，都必须遵循实事求是的原则，坚持一切从实际出发；二是矛盾分析的方法，它是唯物辩证法的根本方法，具体包括一分为二地看问题、具体问题具体分析、抓住重点和主流、坚持两点论和重点论的统一；三是群众路线的方法，依据历史唯物主义的原理，生产力是社会发展的最终决定力量，而人民群众是历史的创造者，必须依靠群众，坚持从群众中来到群众去的方法。

2. 马克思主义的工作方法

思想方法决定工作方法，马克思主义创始人虽然没有从专业的意义上使用过社会工作这个概念，但是在他们关于如何解决社会问题、改造和管理社会等方面，形成了唯物的、辩证的社会工作思想。其一，人们要培育改造主观世界的自觉性和主动性，树立正确的世界观、人生观和价值观，加强对马克思主义唯物辩证法的学习，才能掌握马克思主义的立场、观点和方法，才能自觉贯彻实事求是的思想路线，才能从认识论和方法论的高度去解决工作中的实际问题。其二，领导干部要树立正确的群众观念，马克思在《共产党宣言》中强调"代替那存在着阶级和阶级对立的资产阶级旧社会的，将是这样一个联合体，在那里，每个人的自由发展是一切人的自由发展的条件"[①]。所以，人的发展问题和价值问题，是马克思主

---

① 《马克思恩格斯文集》第 2 卷，人民出版社 2009 年版，第 53 页。

义理论指导下开展社会工作的重中之重,领导干部应该始终坚持"领导就是服务的原则",想群众之所想,急群众之所急,全身心投入到依靠人民、尊重人民、全心全意为人民谋利益的实践中去。其三,实践的观点,马克思在《费尔巴哈的提纲》中指出:"人的思维是否具有客观的[gegenst ndliche]真理性,这不是一个理论的问题,而是一个**实践的**问题。人应该在实践中证明自己思维的真理性,即自己思维的现实性和力量,自己思维的此岸性。"① 正是基于这种实践指向性,我们在开展工作时需要坚持与时俱进地按照事物发展的本质,在实践中不断总结经验,提高工作水准。

二 意识形态工作的领导权和主导权

党的十八大报告指出,牢牢掌握意识形态工作领导权和主导权,坚持正确导向,提高引导能力,壮大主流思想舆论。党的十八届三中全会指出,建设社会主义文化强国,增强国家文化软实力,必须坚持社会主义先进文化前进方向,坚持中国特色社会主义文化发展道路。加强主流思想舆论,牢牢把握领导权,不断增强主流意识形态引领社会思潮的能力和水平,对于促进改革的进一步深化、促进社会和谐稳定发展具有十分重要的意义。

(一) 中国共产党意识形态建设的历史经验

中国共产党历来注重开展社会主义意识形态建设,在把马克思主义基本原理同中国具体实际相结合的过程中,成功形成了具有中国特色的社会主义意识形态,实现了社会主义意识形态建设从"革命论"到"两手论"和"先进文化论",再到"软实力论"的不断跃升。② 我党第一代领导人毛泽东坚持"枪杆子里面出政权",也强调意识形态工作的特殊规律性,他曾告诫全党同志:"所谓领导权,

---

① 《马克思恩格斯文集》第1卷,人民出版社2009年版,第500页。
② 李忠军:《论社会主义核心价值观——中国精神与社会主义意识形态》,《社会科学战线》2014年第3期。

不是要一天到晚当作口号去高喊,也不是盛气凌人地要人家服从我们,而是以党的正确政策和自己的模范工作,说服和教育党外人士,使他们愿意接受我们的建议。"① 此类观点的提出与当时革命战争年代的背景息息相关。

经历改革开放,时代大变革,我党的第二代领导人邓小平总结了以往工作出现的错误,吸取历史经验教训后提出,意识形态建设首先要注意防止"左"的错误。他曾在南方谈话中深刻指出:"不坚持社会主义,不改革开放,不发展经济,不改善人民生活,只能是死路一条。"② 这是邓小平为了防止苏联解体和东欧剧变的悲剧在我国重演而提出的论述,即表明我党一旦放弃对意识形态领域的建设和引导,必然会导致社会主义伟大基业毁于一旦。

时代的浪潮不断推动着我国社会主义建设向前进步,以江泽民同志为核心的第三代中央领导集体,在总结发展经验和教训的基础上,进一步深化了共产党意识形态建设规律的认识。他针对意识形态领域出现的西方思潮,警示全党:"思想宣传阵地,社会主义思想不去占领,资本主义思想就必然会去占领。各级党委要重视意识形态工作,加强对意识形态工作的领导,牢牢掌握意识形态各部门的领导权。"③ 这不仅突显了意识形态建设对于稳固党的执政地位的重大政治意义,也是信息化时代给中国共产党构建社会主义主流意识形态提出的新课题。

此后,人们总结发现意识形态集中反映社会经济形态和政治体制的思想理论体系,体现着统治集团利益的价值尺度和精神追求,是保障国家政权稳定、社会文明发展之根本。它逐渐成为构架国家制度的观念基础和增强国家"软实力"的核心内容,意识形态建设也相应地成为了世界各民族国家建设倍加关注的重要内容。胡锦涛在十七大报告中明确指出:"社会主义核心价值体系是社会主义意识形态的本质体现。"如何在网络文化迅速传播的时代巩固社会主流意识形态在当代中国文化的权威地位,已成为意识形态建设的首

---

① 《毛泽东选集》第2卷,人民出版社1991年版,第742页。
② 《邓小平文选》第3卷,人民出版社1993年版,第370页。
③ 《江泽民文选》第1卷,人民出版社2006年版,第300—301页。

要任务。尤其是十八大以来，我党提出培育和践行社会主义核心价值观以及弘扬中国精神等重大决策，进一步提升了意识形态建设的水平。"历史和现实反复证明，能否做好意识形态工作，事关党的前途命运，事关国家长治久安，事关民族凝聚力和向心力，我们必须把意识形态工作的领导权、管理权、话语权牢牢掌握在手中。"①

（二）当前意识形态工作的特点与规律

当前我国社会经济发生了深刻变化，"人们的利益诉求、思想观念和要求呈现多样性、多元性、多变性，各种社会思潮潮起浪涌、变化多样，而社会思潮的纷繁变化反过来也更加深刻地影响着人们的思想、行为以及社会的稳定和发展"②。主流意识形态是社会主义先进文化的重要组成部分，弘扬主流意识形态就是坚持和发展先进文化。

其一，思想政治工作是中国共产党的优良传统和固有优势，也是实现党的领导的基本方式。十八届三中全会以后，我国进入了全面深化改革的阶段，面对这一新形势，思想工作的宣传也较传统模式出现了新的特点：一是主体的大众性。随着科技的迅速发展，传播的媒介也日益丰富。人们从传统的广播、电视、图书等转向了更为新潮便捷的网络媒介，使得专业人士和非专业人士都能够自由地接受思想宣传教育。二是传播的即时性。新形势下，世界各地的联系更加紧密，这也促使了思想工作在全球化的带动下，迅速地以各种形式分布开来。三是内容的易懂性。在新媒体的帮助下，思想工作的内容以多元化的形式出现在受众面前，能够激发人们的兴趣和关注，进而在思想工作开展的过程中更容易被大众理解。四是成果的渗透性。利用新媒体交互式和开放性的传播形式，思想工作必然能够实现信息的共享，为更多人所接受，并由精神生活向经济生活所渗透，为日后更高级别思想工作的开展提供了更广阔的发展空间。

---

① 中共中央宣传部：《习近平总书记系列重要讲话读本》，学习出版社、人民出版社2014年版，第105页。
② 邓卓明：《论引领社会思潮的五大路径》，《马克思主义研究》2014年第5期。

其二，当今时代，政治多极化、经济全球化、文化多元化，这三者之间相互渗透、相互融合的趋势越来越明显。意识形态宣传工作作为我党重要工作之一，其自身也面临着诸多机遇和挑战，认识意识形态宣传工作的规律，"除了包括凝聚思想共识规律、核心价值体系建设的规律、思想舆论引导规律和创作规律以外"[1]，就其自身而言，它至少包括七个要素：一是必须以马克思主义、毛泽东思想、中国特色社会主义理论为指导；二是我国目前处于社会主义初级阶段，并将长期处于该阶段，所以必须坚持初级阶段的基本路线；三是必须建立科学制度，进行规范化管理；四是必须尊重规律，以科学的方法为依靠；五是必须适应新形势，立足于时代发展的特点；六是必须尊重人民的利益，以人为本；七是必须坚持"高举旗帜、围绕大局、服务人民、改革创新"的方针。

（三）提高主流意识形态引领社会思潮的实效

面对当前国际国内的复杂形势，意识形态领域也面临着新的挑战和考验，而"一种公认的意识形态是能够自己长期存在下去的，不需要那些受益最多的人去进行什么有计划的宣传，当有人为了寻求宣传某种信念的方法而煞费苦心的时候，就表明该信念早已奄奄一息，社会的基本前景已经衰败了；要不就是一种新的胜利前景还没有获得男女老少各色人等的自发的忠诚"[2]。所以，有学者认为，要想在新形势下做好意识形态建设，当前需要通过五大路径提高主流意识形态引领社会思潮的水平和实效：在坚持正确导向中引领社会思潮，在把握意识形态规律中引领社会思潮，在积极培育和践行社会主义核心价值观过程中引领社会思潮，在最大限度凝聚社会共识中引领社会思潮，在增强宣传思想工作活力中引领社会思潮。[3]

---

[1] 吴绍阶：《新形势下宣传思想文化工作的规律》，《重庆日报》2013年6月13日。

[2] 王玉容：《意识形态领导权面临网络文化革命挑战以及回应》，《前沿》2011年第22期。

[3] 邓卓明：《论引领社会思潮的五大路径》，《马克思主义研究》2014年第5期。

首先，推进理论创新，增加社会主义意识观念的说服力和战斗力。意识形态建设归根到底是取决于理论的科学性和彻底性。中国特色社会主义理论是结合了马克思主义基本原理与中国的实际情况而形成和发展起来的，要继续打开理论创新的新局面，就应该着眼于当今中国发展遇到的实际难题，以思想教育为载体，培育创新精神。对于中国共产党来说，"不能从本本出发，而要在人民群众的历史运动中研究、发展和创新马克思主义，在历史运动中不断地证明中国化的马克思主义的科学性和真理性，并用它来指导中国特色社会主义现代化建设事业"①。

其次，创新宣传方式。我们强调指导理论的创新，相应地也需要转变旧有的思想工作的宣传思维和教育模式。改变群众被动的客体地位，把单一的灌输变为双向的互动，因为"理论即便再宏大、再诱人，最终人民的热情也会逐渐冷却，理论的武器就不可能完全转化为实践的武器，不能转化为物质的力量，理论只有被亿万人民掌握才会产生出铸造历史的合力"②。所以，要运用多种手段和形式开展宣传思想工作，避免理论宣传虚假、浮夸，尽可能地与大众心理贴合，跟上社会发展的形势和世界发展的趋势，使得理论灌输达致理论自觉。

再次，创新发展理念。习近平总书记指出："创新驱动根本要靠人才。要进一步破除阻碍人才成长和施展才华的各种障碍，弘扬探索未知、追求真理的科学精神，营造宽容失败、鼓励创新的良好氛围，充分激发人才特别是青年人的创新活力。"③所以在进行思想宣传工作的时候，应当树立以人为本的理念，更加注重文化传播理念，使人们牢固确立马克思主义的世界观、人生观、价值观、地位观、利益观及权利观。我们相信，只要大力破除对个

---

① 贺新元：《社会主义和谐社会构建中的意识形态建设路径探析》，《毛泽东邓小平理论研究》2007年第2期。
② 吴朝邦：《创新是实现中国梦的不竭动力源泉》，《湖北省社会主义学院学报》2015年第2期。
③ 习近平：《在中国科学院第十七次院士大会、中国工程院第十二次院士大会上的讲话》，《人民日报》2016年6月10日。

体和社会创新的种种束缚,形成人人参与创新的新局面,每个人都能创新、敢于创新,才能使创新创造成为中国发展的不竭动力与活力源泉。

三 中国梦凝聚社会共识

实现中华民族伟大复兴的中国梦,是将中国的昨天、今天、明天联系起来,将国家、民族、人民联系起来,将中国、世界、人类联系起来,体现了以习近平同志为总书记的党中央继往开来、高瞻远瞩的深邃眼光,体现了当代中国共产党人天下为公、海纳百川的宽广胸襟,体现了新一届中央领导集体对中国特色社会主义的坚定自信和对国家对民族对人民的责任担当。"中国梦进一步揭示了中华民族的前途命运和当代中国的发展走向,升华了中国共产党的执政理念,为坚持和发展中国特色社会主义注入了新的内涵,对团结动员全体人民开辟党和国家事业新境界,具有重大而深远的意义。"[1]

(一) 中国梦的科学内涵

2012年11月29日,新任中共中央总书记的习近平在参观"复兴之路"展览时第一次阐释了中国梦,将其解释为民族复兴之路。2013年3月17日,在第十二届全国人大一次会议闭幕会上,习近平同志对于什么是中国梦做了简要阐述:"实现全面建成小康社会、建成富强民主和谐的社会主义现代化国家的奋斗目标,实现中华民族伟大复兴的中国梦,就是要实现国家富强、民族振兴、人民幸福,既深深体现了中国人的理想,也深深反映了祖辈们不懈追求进步的光荣传统。"[2] 而后,他又在莫斯科国际关系学院发表演讲时进一步指出国家富强、民族振兴和人民幸福,就是中国梦

---

[1] 王令金:《马克思主义中国化的历史进程及其规律》,中央编译出版社2014年修订版,第251页。
[2] 习近平:《在第十二届全国人民代表大会第一次会议上的讲话》,《人民日报》2013年3月18日。

的基本内涵。

首先,国家富强之梦是实现中国梦的基本前提。社会主义核心价值观在国家层面上要求建设一个富强、民主、文明、和谐的社会主义现代化国家。但"富强"并不仅仅是简单意义上物质财富的增长和国防军事力量的强大,而是要实现以经济发展为主体的综合国力的进一步增强,人民生活水平达到发达国家的水平。同时实现社会各领域全面进步和整体协调发展,使我国的科技、教育、文化以及医疗水平进入世界先进行列。最终使得我国社会主义民主更加完善,人民的政治权益得到切实认同和保障;生态环境不断优化,人与自然更加和谐发展,社会可持续发展能力不断增强,真正实现强国之梦。

其次,民族振兴之梦是实现中国梦的核心。习近平同志在参观《复兴之路》展览时用"雄关漫道真如铁"、"人间正道是沧桑"、"长风破浪会有时"三句诗生动诠释了中华民族的过去、现在和未来,深刻指出:"经过鸦片战争以来170多年的持续奋斗,中华民族伟大复兴展现出光明的前景。现在,我们比历史上任何时期都更接近中华民族伟大复兴的目标,比历史上任何时期都更有信心、有能力实现这个目标。"[①] 即实现中华民族伟大复兴的实质就是实现中国社会的转型,由传统的农业社会转变为现代化工业社会甚至更高级的社会。我们要通过实现中华民族的伟大复兴,让一个能彰显五千年灿烂文化、能传承五千年悠久历史、能把自己的价值观与世界共享、能用自己的文化软实力促进世界共荣共进的民族傲然屹立于世界民族之林。

再次,人民幸福之梦是根本出发点和落脚点。马克思主义的理论主体、价值取向和历史使命总结起来,可以理解为:为了人、解放人、发展人、实现人的自由幸福全面的发展。而民族复兴的中国梦归根到底是人民的梦,实现中国梦必须紧紧依靠人民、始终为了人民、不断造福人民。习近平也指出:"我们要随时随刻倾听人民

---

① 习近平:《在参观〈复兴之路〉展览时的讲话》,《人民日报》2012年11月30日。

呼声、回应人民期待，保证人民平等参与、平等发展权利，维护社会公平正义，在学有所教、劳有所得、病有所医、老有所养、住有所居上持续取得新进展，不断实现好、维护好、发展好最广大人民的根本利益，使发展成果更多惠及全体人民，在经济社会不断发展的基础上，朝着共同富裕方向稳步前进。"①

（二）中国梦的意义

习近平同志在阐发中国梦的初衷时说道："在新的历史起点上，激发全党全国人民的精神力量，调动一切积极因素，为实现中华民族的伟大复兴而努力奋斗。"② 所以在学习贯彻十八大精神过程中，习近平向全党全国人民发出了为实现中国梦而奋斗的伟大号召。这一梦想对于经济、政治、文化、社会、生态"五位一体"的全面改革，以及对于今后我国全面建成小康社会具有决定性意义。

首先，中国梦点燃民族梦想。中国梦不仅从精神层面上抚平了社会两极分化的危机，而且切切实实督促中国经济发展从追求经济快速增长转变到更加关注民生上来。因为中国梦这幅宏图跨越了时空和地域界限，它要求建成小康社会，实现国家富强、民族复兴和人民幸福，建成民主文明和谐富强的社会主义现代化国家，这不仅可以保障更多的人共享国家发展的成果，更能够最大限度地团结全国各族人民，激发他们心中的中华魂。

其次，中国梦是连接党和人民的桥梁。当前，我党高层执政理念的民众认同感很强，但基层执政水平普遍不高，仍存在着相当大的提升空间。正如十八大会后必须精心研究和认真解决的重大课题是如何把这样一个具有划时代意义的会议精神内化为全国各族人民共同的追求和精神力量。这不仅是一个党怎样反映人民诉求的问题，还是一个怎样把党的意志上升到国家意志和转化为人民行动的问题。毛泽东曾就如何贯彻好党代会精神时说过："使广大人民群

---

① 习近平：《在第十二届全国人民代表大会第一次会议上的讲话》，《人民日报》2013年3月18日。

② 吴波：《中国道路论述透露的政治信号》，《人民论坛》2013年第5期。

众觉悟，甘心情愿和我们一起奋斗，去争取胜利。"① 习近平同志也在十八大后不失时机地提出："实现中华民族的伟大复兴，就是中华民族近代最伟大的中国梦。" 借由中国梦这一概念，我党想通过民族复兴的梦想来达到凝聚民心的政治意图。

再次，中国梦的提出是马克思主义中国化理论新的成果。党的十八大提出用中国特色社会主义理论体系武装全党、教育人民的战略任务。单纯的理论是生硬的，我党只有通过多讲、常讲人民群众听得懂、记得住的中国化了的马克思主义理论，真正让马克思主义理论与中国的实际国情相结合，才能发挥悦人民群众之耳目，益人民群众之心智，鼓人民群众之干劲的作用。新加坡《联合早报》发表的一篇文章认为，"习近平的中国梦，竟然捉住了这些殿堂级的西方主流媒体的想象力，这是之前的'三个代表'、'和谐社会'所没有做到的，可谓中国重金打造'软实力'以来最为成功之案例"②。

（三）中国梦的实现路径

习近平指明在实现中国梦的路径时运用了"三个必须"，即实现中国梦必须走中国道路、实现中国梦必须弘扬中国精神、实现中国梦必须凝聚中国力量。

首先，以经济建设为中心，坚定地走中国特色社会主义道路。中国特色社会主义道路是中国共产党领导人民群众探索出来的，符合中国实际情况和人民根本利益的发展道路。党的十八大提出了"三个自信"，"其中，道路自信是'三个自信'的首要方面，决定了其他两个方面。换言之，没有道路自信，就谈不上理论自信和制度自信"。③ 当然，坚持中国道路自信，需要清醒和理性地直面现实问题，并以广大人民特别是劳动阶级利益的捍卫和实现为检验标准。随着改革开放大潮的不断向前，中国梦的实现需要坚实的物质基础，而这种物质基础的夯实，需要以经济建设为中心，走科学发

---

① 《毛泽东选集》第3卷，人民出版社1991年版，第1101页。
② 吴波：《中国梦的内涵、意义及实现》，《宁夏社会科学》2015年第5期。
③ 吴波：《中国道路论述透露的政治信号》，《人民论坛》2013年第5期。

展之路。正如习近平所指出的："要坚持发展是硬道理的战略思想，坚持以经济建设为中心，全面推进社会主义经济建设、政治建设、文化建设、社会建设、生态文明建设，深化改革开放，推动科学发展，不断夯实实现中国梦的物质文化基础。"①

其次，团结全国各族人民，弘扬以爱国主义为核心的民族精神。历史和现实证明，民族团结友爱，则政通人和、百业兴旺；民族纷争，则社会大动荡、人民遭殃。② 而文化认同是维系一个民族的重要纽带，是实现国家认同的基础，也是一个国家凝聚力和向心力的文化基础，中华文化最厚重的传统就是爱国主义，爱国主义始终是把中华民族坚强团结在一起、饱经磨难而不衰的精神力量。要想实现中国梦必须弘扬以爱国主义为核心的民族精神，这是一种凝心聚力的精神。同时，马克思主义作为国家的指导思想，要想发挥其指导作用，要想实现中国化，就必须结合并融入中国传统文化的精髓，就必须依靠民族精神的支撑与凝聚力量。因此，弘扬以爱国主义为核心的民族精神，能够化解当代社会很多的迷惘，提高对中华民族文化的认同感。

再次，凝聚世界力量，让中国梦成为世界梦。中国梦不仅是属于中国的，也是属于世界的。中国梦的实现绝对不是以牺牲他国的正当利益为代价，相反，中国梦的实现恰恰为世界各国的发展提供了机会，为人类追求和平与发展的梦想加分。西方著名诗人们早在20世纪就出于对神秘东方的向往，怀揣着"中国梦"，商业资本主义也在追逐着中国市场的"淘金梦"，一些外国人在中国工作与生活，他们在中国的经历也属于"中国梦"的逐梦历程，可以预见中国梦将在很长时期内持续释放正能量。诚如毛泽东所言，"中国应当这样，因为中国是一个具有九百六十万平方公里土地和六万万人口的国家，中国应当对人类有较大的贡献，而这种贡献，在过去一个长时期内，则是太少了，这使我们感到惭愧"。邓小平在20世纪80年代，就强调指出到21世纪达到中等发达国家的水平，为人类

---

① 习近平：《在十二届全国人民代表大会第一次会议上的讲话》，《人民日报》2013年3月18日。

② 冯国权、任立亚：《美丽中国梦》，人民出版社2013年版，第245页。

做更多的事情,"我们就是有这么一个雄心壮志"①,习近平提出的中国梦是对中国共产党已有伟大成就的接力。

(四) 中国梦的动力源泉

中国梦的主要动力有三个来源:第一,追求经济腾飞,生活改善,物质进步,环境提升;第二,追求公平正义,民主法制,公民成长,文化繁荣,教育进步,科技创新;第三,追求富国强兵,民族尊严,主权完整,国家统一,世界和平。在三大动力来源的基础之上,中国有远见、有胆识、有智慧,具有爱国情操的公民、团体及领导人,应该及时准确地找到整合协调这三大动力源的共同支点,形成发展进步的兼容合力,造就众志成城的中国梦。②

一方面,中国精神是实现中国梦的动力源泉。伟大的梦想,需要伟大的精神做支撑,中国梦的实现需要凝聚中国精神、中国力量。历史告诉我们:当人民群众处在一盘散沙时,是没有力量的,只能任人宰割与奴役;只有人民组织起来、团结起来才有力量,才能在争取自身利益的斗争中取得胜利。实现中国梦的过程中,既为个人价值的实现搭建了广袤的舞台,也创造了很多的机会。只要我们坚持一切为了群众,调动广大人民的生产积极性,团结一切可以团结的力量,"不积跬步,无以至千里,不积小流,无以成江海",这股中国精神必将托举起实现中华民族伟大复兴的中国梦。

另一方面,创新是实现中国梦的不竭动力。李克强总理说:"我们生活在一个飞速变革的时代,变革呼唤创新,创新推动进步。中国政府所采取的一系列政策,都贯穿着改革创新的理念和精神,创新是我们永远高扬的旗帜。"③中国梦把宏大的国家梦、民族梦与每个人的个人价值联系起来,科技创新有利于决胜国际产业价值链的制高点,为国家富强、人民安居乐业以及中国梦的最终实现打下坚实的基础。而文化创新有利于凝聚社会积极力量,驱动社会经济

---

① 朱春奎:《中国梦的科学内涵与实现途径》,《人民论坛》2013年第5期。
② 伟达:《"中国梦"的动力源》,《人民日报海外版》2013年2月1日。
③ 李克强:《以改革创新驱动中国经济的发展》,《光明日报》2013年9月13日。

的发展。正如习总书记在孔子诞辰2565周年大会上讲的:"不忘历史才能开辟未来,善于继承才能善于创新,优秀传统文化是一个国家、一个民族传承和发展的根本,如果丢掉了,就割断了精神命脉,我们要善于把弘扬优秀传统文化和发展现实文化有机统一起来,紧密结合起来,在继承中发展,在发展中继承。"① 所以,中国梦的实现是协调了经济、政治、社会、文化和生态环境全方位的复兴,也只有这样,整个社会才能更加健康、有序、和谐地发展,才能真正实现繁荣富强。

四 社会主义核心价值观的培育与实践

价值观是人的信念系统,"决定着人的思想取向和行为选择,确立什么样的核心价值观,直接关系着一个国家、一个政党、一个团体的精神旗帜和发展道路,深刻影响着一个国家、一个政党、一个团体的凝聚力和感召力"②。社会主义核心价值观是民族精神最深层的思想内核,直接反映社会价值的本质和特性,全面涵盖人民群众普遍认同的价值观念。

(一) 社会主义核心价值观凝聚中国精神

中共中央办公厅印发的《关于培育和践行社会主义核心价值观的意见》中,将社会主义核心价值观概括为国家、社会、个人三个层面24个字的基本内容,并明确指出,用社会主义核心价值观引领社会思潮、凝聚社会主义意识形态。而国家精神作为意识形态建设的内在向度和重要内容,既是意识形态构筑发展的精神基础,也是支撑民族国家凝心聚力、发展进步的强大精神力量。学者李忠军认为中华民族在长期历史发展和时代改革开放过程中形成了表征自己文化血脉与时代镜像的国家精神,即中国精神。

---

① 吴朝气:《创新是实现中国梦的不竭动力源泉》,《湖北省社会主义学院学报》2015年第2期。

② 王月红:《社会主义核心价值观与中国软实力》,中国经济出版社2014年版,第36页。

社会主义核心价值观是凝聚中国力量的精神纽带：首先，社会主义核心价值观具有凝聚中国精神的必然性。"以商品交换为基础的市场社会是一种异质性社会，它肯定独立的个人对特殊利益的追求，同时要求以多元利益和多元价值并存为前提的社会和谐。"① 因而，一种社会价值要想真正凝聚共识就必须兼顾个人价值和他人价值。虽然因利益主体不同导致利益诉求在利益产生和利益分配这两方面上各有不同，但社会主义核心价值观将国家价值、社会价值、个人价值有机统一起来，既反映了国家和社会的利益要求，也为个人利益的追求提供了广阔的空间和平台，具有最大的利益兼容性和包容性，是人民群众价值诉求的"最大公约数"。

其次，社会主义核心价值观凝聚中国精神具有经验上的科学性。社会主义核心价值观倡导富强、民主、文明、和谐，这是国家层面的追求。中华民族的历史是一部几千年的文明史，在这历史长河中，中国曾独领风骚，是世界各国向往的东方明珠，这是人民群众对于富强国家的追求造就的；近代以后中国遭受列强的压迫，辛亥革命和新文化运动在"民主"的旗帜下，吸引和凝聚了无数进步力量，这是民族对于富强独立民主梦的渴望，使得人民群众奋发图强、不畏艰难，不断反抗帝国主义、封建主义和官僚资本主义的专制压迫；但中华民族一直是一个追求和平共处、和谐发展的民族，"和"文化本身就是中华民族的一种民族特质和价值核心。社会主义核心价值观还倡导自由、平等、公正、法治，这是社会层面的价值追求。法治思想在中国历史上源远流长，战国时期的法家思想盛极一时，秦国则以其治国而终能王霸天下，习近平总书记曾援引法家韩非子的名言"奉法者强则国强，奉法者弱则国弱"来强调法治的重要性。社会主义核心价值观倡导爱国、敬业、诚信、友善，这是个人层面的价值诉求。这反映了中国人民勤劳踏实的民族性格，是人民群众对理性生活的正确选择，也是中华文化滋润哺育的必然结果。

总之，培育和践行社会主义核心价值观有助于增强社会各界坚

---

① 王新生：《市场社会中的价值共识》，《南开学报》2005年第3期。

持走中国道路的自信和共识，有助于弘扬以爱国主义和改革创新为核心的中国精神，有助于团结全国人民，凝聚起为实现中国梦而共同奋斗的中国力量。

（二）社会主义核心价值观的传播与认同

1. 社会主义核心价值观的传播

人类无法离开传播，"我们利用它作为个人的雷达，既寻找新鲜事物，也寻求保证和指引，借以了解我们与社会的关系；凭借传播，我们向他人确认自己的身份，确定我们对社会关系的了解。我们将传播当作自己的管理工具，用传播做决定，用传播说服他人"①。传播和价值观之间有着密切的联系，传播证实和加强了价值观的合法性和认同性，而价值观对传播进行方向性的保障。对于社会主义核心价值观来说，运用行之有效的传播方式，能够让更多的群众理解、掌握、认同社会主义核心价值观，这不仅是培育和践行社会主义核心价值观的现实需要，也是构建社会主义和谐社会，实现中国梦的价值诉求。

首先，认知层面是社会主义核心价值观传播效果的初始阶段。认知层面的传播效果主要是指将社会主义核心价值观的基本内涵和外延、特点和意义等概念转化成具体形象的语句，让大众获得对社会主义核心价值观的初步认识。了解社会主义核心价值体系与社会主义核心价值观的区别及联系，了解社会主义核心价值观三个层次的逻辑结构，不断强化人们对社会主义核心价值观的认同。

其次，情感层面是社会主义核心价值观传播效果的上升阶段。在初始阶段对社会主义核心价值观的认知基础上，通过作用于受众的观念或价值体系，引起人们情感上的变化，从被动接受到主动将社会主义核心价值观融入自己的日常生活、学习、工作中，用社会主义核心价值观的尺度和准则要求自己，坚定对马克思主义意识形态的信仰。这是增加大众凝聚力的必然要求，是社会主义道德建设

---

① ［美］威尔伯·施拉姆：《传播学概论》，何道宽译，中国人民大学出版社2010年版，第36页。

的最高境界。

再次，实践层面是社会主义核心价值观传播效果的最终目的。"一切价值观都要通过规范，诸如风俗习惯、伦理道德、法律等，引申为在一定具体情景中如何行动的规则，才能具体指导人们的活动。"① 传播社会主义核心价值观，从认知到情感，最终成为影响人们行为的实践行动，并在具体实践活动中进一步丰富和发展社会主义核心价值观，这是传播的目标阶段。

2. 社会主义核心价值观的认同与培育

认同有两层意蕴：（1）认为跟自己有共同之处而感到亲切；（2）承认，认可。认同的生成离不开具有相似性或一致性的价值判断，认同的核心命题是价值认同。价值认同是指主体对外在的价值规范所采取的认同、接受、效仿、遵循的态度和倾向，价值认同在价值心理中占有重要地位，它调节着价值认同和价值行为，是从价值观点转向价值行为的关键环节。② 对社会主义核心价值观的认同本质上是个体对于社会主导价值观的认同，即个人对社会意识的认同。那么，如何增进社会主义核心价值观的认同？

第一，立足现实个体，进行社会分类，构建认知群体，社会主义核心价值观的认同属于群体活动，以现实的个体作为认同的逻辑起点，将受众归为一个群体，这是实现社会认同的第一步。第二，围绕实际情形，通过积极的比较和区分，在认知层面和情感层面上实现社会认同，将主导的价值系统和意识形态强化为受众群体的内在价值标准，帮助群体内化社会主义核心价值观。第三，厘清认同逻辑，实现社会主义核心价值观力量指导的有序化，直面现实存在的思维偏见，完善社会主义核心价值观认同的理论研究，借助相关科学知识，实现理论指导的立体化，从而增强社会主义核心价值观的向心力。

（三）以中华优秀传统文化涵养社会主义核心价值观

中华文化源远流长，经历了数千年的积淀与酝酿，有着深厚的

---

① 吴向东：《论价值观的形成与选择》，《哲学研究》2008 年第 5 期。
② 潘玉腾：《推进社会主义核心体系大众化研究》，社会科学文献出版社 2012 年版，第 153 页。

历史根基，积淀了中华民族最深层的精神追求。习近平同志说道："培育和弘扬社会主义核心价值观必须立足中华优秀传统文化，牢固的核心价值观，都有其固有的根本，抛弃传统、丢掉根本，就等于割断了自己的精神命脉，博大精深的中华优秀传统文化是我们在世界文化激荡中站稳脚跟的根基。"① 一方面，社会主义核心价值观根源于中国传统文化，"三个倡导"二十四字的思想精华，皆能从传统文化中找到源远流长的精神传承；另一方面，社会主义核心价值观又是在马克思主义的指导下，在全面结合当下社会实际的基础上，对中国传统文化有所扬弃。而在新的时代条件下，只有协同推进社会主义核心价值观的培育和践行以及中华优秀传统文化的传承与弘扬，才能早日实现中华民族的伟大复兴。

具体来看：第一，中国优秀传统文化是社会主义核心价值观形成的基础。习近平总书记指出："中华文化源远流长，博大精深，积淀着中华民族最深层的精神追求，代表着中华民族独特的精神标识，为中华民族生生不息、发展壮大提供了丰厚滋养。"② 中华传统文化内涵十分丰富，极重视人生和入世的人文思想，重视伦理纲常的教导指引，重视中庸和谐的精神境界，正是这些一脉相承的价值追求，让我们在面对世界多极化、经济全球化深入发展，科技日新月异的今天，依然屹立于世界民族之林。文化不能臆造，历史不能割断，经济建设如此，文化建设更要立足于中华优秀传统文化。

第二，社会主义核心价值观是对中国优秀传统文化的创造性转化和创新性发展。正如习近平总书记强调的："对历史文化特别是先人传承下来的价值理念和道德规范，要坚持古为今用、推陈出新，有鉴别地加以对待，有扬弃地继承，努力用中华民族创造的一切精神财富来以文化人、以文育人。"③ 一方面，我们应该正视，在中华传统文化的形成和发展过程中，不可避免会存在一些腐朽落后的东西，比如官僚主义、特权思想、封建迷信等，这就要求我们有

---

① 《习近平谈治国理论》，外文出版社2014年版，第164页。
② 习近平：《把培育和弘扬社会主义核心价值观作为凝魂聚气强基固本的基础工程》，《人民日报》2014年2月26日。
③ 同上。

所甄别，结合新的时代情形和实践需求进行正确的取舍。另一方面，要实现对中华传统文化的创造性转化和发展，需要使中华传统文化与当代文化相适应，赋予传统文化新的时代内涵，并以人们喜闻乐见、具有广泛参与性的方式，让中华传统文化为中国特色社会主义建设服务。同时，也要让中华优秀传统文化"走出去"，面向世界，吸收借鉴世界文化优秀成果，形成面向未来、面向世界的民族的、科学的、大众的社会主义文化。

（四）红色文化是培育社会主义核心价值观的优质资源

红色文化是在革命战争年代，由中国共产党人、先进分子和人民群众共同创造并极具中国特色的先进文化，蕴含着丰富的革命精神和厚重的历史文化内涵，它是物质文化、制度文化和精神文化三者的有机统一体。物质文化一般包括革命战争遗址、纪念地、博物馆、展览馆等实物；制度文化是指革命时期形成的理论、纲领、路线、方针、政策等革命文献作品；精神文化即革命时期形成的革命精神、革命道德传统等，它包括战争年代形成的井冈山精神、长征精神、延安精神、西柏坡精神、沂蒙精神等。[①] 红色文化是中华民族宝贵的精神财富，承载着中国革命的崇高理想，是中国先进文化建设重要的阶段性成果，它既有一定的历史内涵，又具有与时俱进的普遍意义。为此，依托和利用红色文化，建设社会主义核心价值体系，完善社会主义核心价值观，夯实红色文化与价值观的思想道德基础和精神纽带，就显得尤为必要。

一方面，加大对红色文化资源的宣传力度，建设"红色"阵地。一是遵从历史事实，深度挖掘红色文化，开发红色资源。利用新型媒体平台，比如微信、微博等宣传红色文化的精神内涵，创办一系列的红色文化的电子报纸、电子杂志、网络传播等，结合当代社会的发展，及时更新内容。二是积极策划红色活动，增加普通群众体验、参与的机会。比如，利用年轻人喜欢打游戏的心理，将革

---

① 王中强：《社会主义核心价值体系建设视域中的红色文化传承与创新》，《山东社会科学》2010年第10期。

命战争中的经典战役开发成"红色游戏",让青年人在享受趣味性的同时,进一步了解红色文化深层的东西,增加对来之不易的幸福生活的珍惜;利用群众喜闻乐见的方式,开展实地"红色旅游",打造"红色"城市,还原战争年代的景物,让人们真实地体验"红色",增加与"红色文化"之间的互动性;利用电视、电脑等平台,放映红色题材的影片,用形象的表演感动受众,以多样化的主题扩大红色文化的影响,引导社会阵地的红色化。

另一方面,对年青一代施行红色教育,提升红色文化的感染力,培养主流意识形态接班人。要想真正实现红色文化大众化,就必须将红色文化所蕴含的基本理论渗透到大众的个人文化生活领域,使相关的文化成果对受众有吸引力和感染力。积极引导人们接受并认可红色文化的精神实质,潜移默化地成为自觉行动。针对年青一代开展红色文化教育,需要注重研究和把握青年人特有的心理活动和话语特点,了解他们的真实诉求,对接青年人的心理特征和价值诉求,共建红色话语体系,寻求思想共鸣。改变传统的传播方式,改进旧有的工作方式,运用青年人喜闻乐见的表达方式,拉近与他们的情感距离,提升红色文化的传播力、影响力和公信力,确保当代红色文化教育工作的针对性和有效性。

五 提升意识形态的网络安全屏障

不管中国网络媒介的主流意识形态,还是现实社会的主流意识形态,都是以马克思主义理论为指导,中国的主流意识形态本身具有坚实的科学基础,面对开放、自由和互动的网络媒介,中国的主流意识形态建设更应打破封闭、单一的建设方式,以更加包容、开放和自信的姿态在网络媒介和其他意识形态中不断进行对话。"真理越辩越明,马克思主义就是通过与非马克思主义、反马克思主义思潮的对话和交锋发展起来的,中国网络媒介的主流意识形态建设应通过强化和其他意识形态的对话能力,突破西方意识形态的主导和霸权现状，不断提升中国网络媒介主流意识形态的自身吸引力。"①

（一）社会主义核心价值观引领社会思潮

所谓社会思潮，是指在特定时期，以社会存在以及社会心理为基础的，反映某一阶级利益和要求的，能够广泛传播并且对人民的生活产生影响的思想潮流。② 社会思潮是意识形态领域的"晴雨表"，千姿百态的社会意识往往通过社会思潮表现出来，特别是当今中国正处在社会转型时期，各种思潮层出不穷，一些错误的、落后的社会思潮对社会和群众的工作生活带来了很大的消极影响，"一方面，民众意见表达的渠道更为畅通，空间更为宽阔；另一方面，一些别有用心的杂音、噪音也泥沙俱下、蛊惑人心。它们不仅干扰主流思想舆论的传播，更重要的是扰乱了广大干部群众的思想，对巩固全国各族人民团结奋斗的思想基础、实现中华民族伟大复兴的中国梦带来消极影响"③。因此，面对错综复杂、多变的实际形势，就必须坚持用社会主义核心价值观引领社会思潮。正如学者陈秉公所言："我国社会主义核心价值观之所以能够引领社会思潮，关键在于它不论从人类历史的角度还是从当代世界的角度看，都达到了高势位价值观念的标准，充分具备了高势位价值观念的理论品格。"④

第一，正确对待各种社会思潮，辩证扬弃。随着改革开放的深化和经济的不断繁荣，主要存在七种社会思潮，即新自由主义思潮、新左派、民主社会主义、历史虚无主义、文化守成主义、民主主义思潮、"全球主义"思潮。如果对这些思潮放任自流，国家会失去社会主义意识形态的统治地位，社会就会失去共同的理想和精神支柱，全党会失去最根本的思想准则，个人就会失去最基本的道

---

① 王爱玲：《中国网络媒介的主流意识形态建设研究》，人民出版社2014年版，第220页。
② 孙海涛：《社会思潮对大学生社会主义核心价值观培育的影响及对策》，《黑龙江高教研究》2014年第1期。
③ 陈信凌：《在增强主动性上做文章》，《求是》2013年第20期。
④ 陈秉公：《论社会主义核心价值观引领社会思潮的基本形式》，《新长征》2014年第4期。

德规范，必然会造成思想大混乱。所以我们应当客观理性地对各种社会思潮进行分析和评价，在坚持科学发展观的基础上，力求尊重差异，包容多样。理性地批判和抵制错误、偏激的思想，吸纳正确、先进的思想为我所用，以中国特色社会主义核心价值观引领整合多样化的社会思潮。

第二，加大培育力度，提升社会主义核心价值观自身的理论魅力。所谓"理论魅力"，是指核心价值观引领社会思潮不能靠强迫，而必须靠理论魅力，也就是靠它相对于其他价值观念系统而言，是一种"高势位"的价值观念系统。学者陈秉公认为这种高势位的理论品格有五方面的表现：一是具有真理性品格，所谓真理性品格，是指社会主义核心价值观具有科学的世界观和方法论，能够正确反映客观事物及其发展变化的规律，具有鲜明的科学性、合理性和人民性品格，为国家和公民提供认识世界和改造世界、进行正确选择的强大思想武器。二是具有民族性品格，其表现是核心价值观必须符合国情，能够完满地回答和解决国家生存发展的基本实践课题。核心价值观是最重要的国家"软实力"，它的首要任务就是面对生存环境的压力，回答和解决国家面临的全局性生存发展课题，为国家提供迎接挑战、走向胜利的思想理论和对策，这是判断核心价值观是否"高势位"的首要标准和根本标准。三是具有时代品格，其表现是核心价值观走在时代的前列，正确地把握和涵盖先进的时代精神，提倡先进的理想、价值、品德、思维方式和行为方式。人类文明史告诉我们，核心价值观先进还是落后，往往是国家先进还是落后、强大还是衰落的根本原因。四是具有包容性品格，其表现是核心价值观以人类文明为基础，以海纳百川的气度，积极吸收和包容人类文明的一切优秀成果，并在实践的基础上综合创新，成为千百年来人类文明继承、发展和创新的文明成果和价值导向。五是具有开放性品格，其表现是核心价值观保持开放性和高度的理论自觉，不断反省和超越自身，做到与时俱进，反对僵化和教条。而社会主义核心价值观是马克思主义中国化的最新成果，具有这样的理论魅力。

第三，以社会主义核心价值观为旗帜，创新工作方式。随着经济的迅速发展,我国意识形态领域也出现了新情况,要应对这些问题,就必须创新工作方法,探寻有效的传播平台来引领社会思潮。如前所述,社会思潮本质上反映的是人们一般的思想状态和基本的利益诉求。在效率优先的基础上更加注重公平,调整人们的利益分配,缩小差距,坚持改革发展的成果由人民共享,让广大人民获得实实在在的利益和实惠,着力解决就业、教育、医疗、社保以及住房等民生问题。同时,要顺应意识形态发展的新趋势和传播手段的新发展,拓展社会主义核心价值观传播的手段和途径,"在沿用传统工作方法的同时,还要积极探索有利于破解工作难题的新举措新办法,特别是要适应社会信息化持续推进的新情况,加快传统媒体和新媒体融合发展。同时,还应当根据具体对象多采用春风化雨、润物无声的宣传形态,使主题隐藏在具体的事实或者情境中,含而不露,让受众自己感知体认,从而实现潜移默化的宣传效果"[1]。在实践中自觉地转化传媒传播的方式和方法,增强主流意识形态在各种文化载体中的社会表达力和感染力。

(二) 网络舆论与社会主义意识形态领导权建设

1. 网络舆论与意识形态领导权

"舆论是公众关于现实社会以及社会的各种现象、问题所表达的信念、态度、意见和情绪表现的总和,具有相对的一致性、强烈程度和持续性,对社会发展及有关事态的发展产生影响,其中混杂着理智和非理智的成分。"[2] 舆论的存在形式是面对社会公开表达出来的内心想法,"网络舆论是网民对于自己所关心话题(包括公共事务、公众人物、价值观念、意识形态和历史评析等),以网络媒体为载体,通过以网络论坛为主阵地的网络公共空间,公开表达的具有强烈冲击力和影响力的意见"。而意识形态领导权的概念最早出现于意大利共产党创始人葛兰西的《狱中札记》一书中,他认为意识形态的领导权不应该是一种单向度的高压性的统治关系,而应

---

[1] 陈信凌:《在增强主动性上做文章》,《求是》2013年第20期。
[2] 陈力丹:《舆论学——舆论导向研究》,中国广播电视出版社1999年版,第11页。

该采取民主的方式，依靠被统治者某种自愿的赞同，通过统治阶级和被统治阶级的对话协商和各自妥协，实现相应的平衡。也有学者从行为动力学和行为形态学的角度分析，"在严格的层次等级结构中，实现领导的主要杠杆是'权力'；在等价交换的市场经济结构中，实现领导的主要杠杆是'权利'；在以心理感应、情感皈依和理性印证为基础的意识形态领域，实现领导的主要杠杆是'权威'。党的领导越来越体现在思想政治领导，其形态表现为'权威'，意识形态领导主要靠'权威'的认同，充分利用网络互动式参与的大众媒体空间，将主流价值观与群体的感情共鸣、文化归属凝聚起来，就有利于权威认同的形成，巩固党的意识形态领导权"①。

2. 合理利用网络环境，提升对意识形态阵地的掌控

首先，发挥网络"导师"的作用，为网上舆论发展提供"榜样"，增强对网络舆论的引导力。随着网络时代的来临，社会出现一系列前所未有的改变，也是意识形态出现的变化，曾经的政治性逐渐减弱，而内在的文化引导本质在更深层次上表现出来，同时，网络环境纷繁复杂，当一些不实言论出现，人们不能很好地辨别真假时，需要一些网络"大V"的出现，用权威的专业的声音引导网络舆论，使群体意见避免极端化。这也需要社会加大舆论引导力度，坚持把体现党的主张与反映人们心声统一起来，认真对待群众需求，及时回应群众普遍关注的热点难点问题，完善对突发事件的应急机制和新闻报道速度，创新舆情分析和研判机制，掌握舆论引导主动权，不断壮大主流思想舆论，立足于正确引导舆论，做到有利于党和政府开展工作，有利于人民群众自我保护，有利于保持社会稳定。

其次，利用网络开展跨区域、跨国家之间的交流与合作，促进马克思主义意识形态的传播和发展。"历史地看，党的意识形态领导方式在烽火连天的战争年代中萌芽，在高度集中的计划经济体制中成型，在锐意进取的改革开放中不断调整，但人不可避免地带有

---

① 中共中央党校"党的领导与意识形态建设"课题组：《网络文化革命与意识形态领导权》，《理论月刊》2009年第8期。

单向强制灌输和直接宣传鼓动等旧的烙印。"① 网络的出现，打破了以往简单的交流模式，多元文化的并存和发展，使得各个民族的社会意识形态的发展也经历了从封闭到开放，从排斥到吸纳的过程，这正是互联网为多元文化的交流提供了一个沟通的平台。马克思主义意识形态应该牢牢抓住这一机遇，加大对社会主义意识形态观念的宣传，以其唯物辩证的立场去启迪世界人民，以包容的态度和革命的精神去接受其他意识形态合理性的思想和原则，以自身的优越性和进步性巩固世界意识形态阵地。

最后，净化网络环境，全方位打造马克思主义意识形态领导权的地位。网络技术是一把"双刃剑"，在给意识形态领域带来诸多益处的同时也产生了相应的负面效应，尤其是对主流意识形态的基本内容造成了一定的冲击。因此，应遵循我国网络意识形态安全的基本原则，净化网络环境，保障主流意识形态的领导地位。因为意识形态领导权是政治领导权的基础，维护好意识形态领导权才能确保党的政治领导权，这需要党和政府以及各级行政单位、组织的共同努力，它在政府部门的主持下，团结一切可以团结的力量，从全局进行筹划。一是从中央开始，下至省市县，协调配合，逐级衔接意识形态工作网站；二是与时俱进，不断运用新的传媒技术，引导网络文化产业联盟的发展，更进一步提高国家意识形态的防范意识和防御水平。正如学者所说："要高度重视网络的负面作用，切实加强网络载体建设，牢牢把握网络思想政治教育主动权，主动占领网络思想政治教育制高点。"②

---

① 梁刚:《论网络时代的意识形态领导权问题》,《当代世界与社会主义》2012 年第 3 期。
② 张耀灿:《现代思想政治教育学》,人民出版社 2006 年版,第 408 页。

第六章

中国特色社会主义的创新

"什么是社会主义，怎样建设社会主义"是中国共产党探索中国特色社会主义事业进程中需要解答的一个首要的基本问题。统一于中国特色社会主义伟大实践，中国特色社会主义道路，中国特色社会主义理论体系，中国特色社会主义制度，是党和人民九十多年奋斗、创造、积累的根本成就，党的十八大对三者关系做出了重要阐释："中国特色社会主义道路是实现途径，中国特色社会主义理论体系是行动指南，中国特色社会主义制度是根本保障。"[1] 十八大以来，习近平同志着眼于中国特色社会主义的总布局、总依据、总任务对"中国特色社会主义"做了新的阐释，强调在新的历史条件下，要协调推进"四个全面"战略布局，创新和发展中国特色社会主义，使科学社会主义焕发出了更大活力。创新的理论对实践中遇到的问题解答得越明确，就越能转化成巨大的精神力量，只有不断推进实践基础上的理论创新，才能永葆中国特色社会主义事业的勃勃生机。

一 中国特色社会主义的内涵

中国特色社会主义的发展，关键在于始终坚持、不断发展中国特色社会主义道路、中国特色社会主义理论体系和中国特色社会主

---

[1] 胡锦涛：《坚定不移沿着中国特色社会主义道路前进 为全面建成小康社会而奋斗》，人民出版社2012年版，第13页。

义制度。坚持中国特色社会主义，坚持马克思主义，用发展的眼光看待中国特色社会主义，就要求在实践中不断丰富和发展其内涵。

（一）中国特色社会主义道路的新概括

中国特色社会主义道路作为一个理论概念，近年来被学术界给予多种理解。有学者将其理解为中国特色社会主义现代化建设道路，有学者将其理解为建设有中国特色的社会主义道路，还有学者将其理解为十六大以来党探索的社会主义道路。党的十八大对这条道路的内涵做了明确的阐释："中国特色社会主义道路，就是在中国共产党领导下，立足基本国情，以经济建设为中心，坚持四项基本原则，坚持改革开放，解放和发展社会生产力，建设社会主义市场经济、社会主义民主政治、社会主义先进文化、社会主义和谐社会、社会主义生态文明，促进人的全面发展，逐步实现全体人民共同富裕，建设富强民主文明和谐的社会主义现代化国家。"提出了中国特色社会主义道路的本质要求，一是立足基本国情，二是坚持党的基本路线，而且也揭示了中国特色社会主义道路的价值目标表现在三个方面：一是促进人的全面发展，二是逐步实现全体人民共同富裕，三是建设富强民主文明和谐的社会主义现代化国家。① 通过理解中国特色社会主义道路形成发展、中国特色社会主义道路基本规律的新阐释，强调中国特色社会主义道路的重要性。

1. 中国特色社会主义道路的形成发展

一条适合本国国情的道路，都有一个反复探索的过程。毛泽东曾指出："认清中国的国情，乃是认清一切革命问题的基本的根据。"② 从中国的实际出发，中国共产党领导中国社会主义革命和建设不断取得胜利和成就，在重大决策面前都充分强调全面、准确了解当前国情的重要性，并对其做出正确判断。从毛泽东领导全党和全国人民探索适合中国国情的社会主义建设道路取得的成绩、经历的挫折以及成功开创正确道路之长，说明在中国这样经济文化比较

---

① 张雷声：《论中国特色社会主义道路、理论体系、制度的统一》，《高校理论战线》2013年第1期。

② 《毛泽东选集》第2卷，人民出版社1991年版，第633页。

落后的国家探索一条社会主义发展道路并不比探索一条革命道路更容易,甚至更为艰难。

从十一届三中全会到六中全会,然后从十二大到十六大及每一届代表大会所召开的中央全会,我们党不断研究新情况、解决新问题,及时总结从实践得来的新经验,使之条理化、系统化,最终在十七大报告中明确提出了中国特色社会主义理论体系,提出一条属于中国特色的社会主义道路。第一次对"中国特色社会主义道路"的内涵做出科学概括。

在此基础上,党的十八大报告对"中国特色社会主义道路"又做出了新的概括,使其内涵有了新的拓展。主要体现在三个方面:一是在"建设社会主义市场经济、社会主义民主政治、社会主义先进文化、社会主义和谐社会"之后,增加了建设"社会主义生态文明"的内容,这就与中国特色社会主义"五位一体"的战略布局相统一了;二是增加了"促进人的全面发展"的内容,这既体现了实现人的解放和人的自由全面发展这一马克思主义关于人类社会进步的最高价值追求,又体现了全面建设小康社会要关注人的价值、权益、自由和关注人的生活质量、发展潜能、幸福指数等现实要求;三是增加了"逐步实现全体人民共同富裕"的内容,这既是社会主义的本质要求,也是全面建成小康社会新要求的体现。

此外,明确提出"中国特色社会主义制度"的概念,科学阐明了"中国特色社会主义制度"的内涵,并将其与"中国特色社会主义道路"、"中国特色社会主义理论体系"并列,作为中国特色社会主义内涵的三个重要方面之一,这也反映了中国特色社会主义道路内涵的新变化。①

党的十八大报告关于不走老路、不走邪路的铿锵回答,表明了我们坚定不移地走中国特色社会主义道路的坚强决心。党的十八大一个非常重要的理论创新,就是第一次系统地、深刻地阐述了中国特色社会主义体系的内涵与外延,并且把我们党对中国特色社会主义的最新概括载入了党章。

---

① 邱乘光:《中国特色社会主义内涵的新概括》,《前进》2013年第2期。

2. 中国特色社会主义道路的发展规律

科学社会主义基本原则为中国特色社会主义道路奠定了理论基础。党的十七大报告指出:"中国特色社会主义道路之所以完全正确、之所以能够引领中国发展进步,关键在于我们既坚持了科学社会主义的基本原则,又根据我国实际和时代特征赋予其鲜明的中国特色。"① 科学社会主义理论"是马克思主义经典作家在分析资本主义基本矛盾和人类历史发展一般规律的基础上创立的,是符合人类社会发展规律、顺应社会历史发展趋势的科学理论。科学社会主义基本原则是科学社会主义理论中体现社会主义本质的最基本的、普遍性的原理,是认识和实践社会主义所依据的基本准则"②。坚持走社会主义道路,这是历史的选择,符合人类社会发展的基本规律,坚持和发展中国特色社会主义道路,必须要坚持科学社会主义的基本原则。

正确认识和把握基本国情,是中国特色社会主义道路的首要问题。"把马克思主义的普遍真理同我国的具体实际结合起来,走自己的道路,建设有中国特色的社会主义,这就是我们总结长期历史经验得出的基本结论。"③ 这一科学结论的鲜明特点,就是强调建设社会主义要从中国实际出发,从中国社会主义初级阶段的基本国情出发。党的十八大从中国仍处于社会主义初级阶段这个最大的实际出发,对过去五年工作从正反两方面进行了总结,既看到我们所取得的新的重大成就,也清醒地认识到存在的不足,反映了对我国当前国情的客观把握。报告指出,改革开放以来我们取得一切成绩和进步的根本原因,归结起来就是:开辟了中国特色社会主义道路,形成了中国特色社会主义理论体系。在当代中国,坚持中国特色社会主义道路,就是真正坚持社会主义。

中国特色社会主义道路是在实践中不断向前发展的。中国特色

---

① 《中国共产党第十七次全国代表大会文件汇编》,人民出版社 2007 年版,第 11 页。
② 桑学成:《中国特色社会主义道路的形成发展和基本经验》,《南京大学学报》 2011 年第 4 期。
③ 《邓小平文选》第 3 卷,人民出版社 1993 年版,第 3 页。

社会主义道路，是在以毛泽东为核心的党的第一代中央领导集体对社会主义建设进行艰辛探索的基础上，由以邓小平为核心的党的第二代中央领导集体在改革开放的伟大实践中所开创，以江泽民为核心的党的第三代中央领导集体推进到 21 世纪，以胡锦涛为总书记的中央领导集体在新世纪继续坚持和发展的，在中国建设、巩固和发展社会主义的唯一正确的道路。从实践上考察，创办四个经济特区和实行家庭联产承包责任制是开辟中国特色社会主义道路、创立中国特色社会主义理论的起点。探索中国特色社会主义的这两个起点，是实践的起点，因此深刻影响了建设中国特色社会主义的全过程，形成了中国特色社会主义在自身发展过程中的两个历史特点：一是从实际出发推进经济体制和其他各方面体制改革，建设中国特色社会主义。二是同经济全球化相联系的进程中，独立自主地走和平崛起的发展道路。[①] 可以说，这是中国特色社会主义形成和发展中的一个极其重要的历史特点，即深入分析我国经济社会发展呈现出来的阶段性特征，认真总结我国发展实践中的经验和存在问题，并借鉴国外发展经验，进一步深化对中国特色社会主义道路的认识。正如胡锦涛所指出的："我们党能够在新时期开创出中国特色社会主义道路，其理论基础是对马克思列宁主义、毛泽东思想的科学继承，其时代背景是对国际形势和时代特征的科学把握，其历史根据是对国内外建设社会主义正反两方面经验的科学总结，其现实根据是对我国改革开放和社会主义现代化建设的生动实践、对最广大人民共同愿望的科学认识。"[②] 在新的历史起点上，只有把改革开放作为拓展中国特色社会主义道路的强大动力，在新的更高的层次上推动经济社会又好又快发展，使中国特色社会主义始终充满生机和活力，才能使中国特色社会主义道路越走越宽广。

3. 以"四个关乎"强调道路的重要性

党的十八大报告指出："道路关乎党的命脉，关乎国家前途、

---

① 李君如：《中国特色社会主义道路的开辟、坚持和发展》，《党的文献》2012 年第 6 期。

② 《十七大以来重要文献选编》（上），中央文献出版社 2009 年版，第 97 页。

民族命运、人民幸福。"① 这"四个关乎"明确指出道路问题是关系中国共产党领导中国革命和建设事业兴衰成败的第一位问题,正如国家主席习近平所说:"国家好,民族好,大家才会好。"而国家前途、民族命运、人民生活如何,又取决于走什么样的道路。②

中国共产党团结和带领人民前进的根本方向是中国特色社会主义。我们都知道,旗帜问题之所以那么重要,是因为旗帜问题展示党的形象,而且决定着党将把中国引领到什么方向去。十八大报告明确指出,中国特色社会主义是当代中国发展进步的根本方向,在党的旗帜上郑重地写上"中国特色社会主义",昭示着我们党在今天是一个坚持中国特色社会主义的党,昭示着我们党今天团结和带领人民前进的根本方向是中国特色社会主义。而要实现这一方向和目标,既要有理论指导,又要有制度保证,而这样的理论和制度都只能在中国特色社会主义道路的探索中去总结、创新并逐步完善,与此同时,在体制变革中探索符合中国特点的经济、政治、文化等各个方面的制度完善。

只有在中国特色社会主义道路上才能实现国家现代化。中国共产党在改革开放伟大实践中,开辟了中国特色社会主义道路。"我们要全面建成小康社会,要实现的现代化,有许多经济的乃至于技术性的指标,但是相对于这些指标而言,道路更为重要。实践已经反复告诉我们,中国的现代化不是资本主义的现代化,也不是传统社会主义意义上的现代化,而是中国特色社会主义的现代化。"③"全面小康"同样如此,"全面小康"是作为开创中国特色社会主义事业新局面的重要历史任务提出来的,必须也只能在中国特色社会主义道路上建成。中国共产党将继续高举在改革开放中树立起来的中国特色社会主义伟大旗帜,坚持中国特色社会主义这一

---

① 张静如:《道路关乎党的命脉——学习中共十八大报告体会之一》,《党史研究与教学》2013年第4期。

② 李玉滑:《国家好 民族好 大家才会好——学习贯彻总书记重要讲话系列述评之三》,《光明日报》2012年12月4日。

③ 李君如:《中国特色社会主义道路:十八大的新境界》,《科学社会主义》2013年第1期。

根本方向,而中国特色社会主义道路则是实现这一根本方向的"实现途径"。

坚持和发展中国特色社会主义是让人民过上幸福美好生活的根本路径。人民幸福,从来都是同国家前途、民族命运紧密联系在一起的。中国特色社会主义是亿万人民自己的事业,只有充分发挥人民的主人翁精神,坚持人民主体地位,保证人民当家做主,才能使人民通过自己的辛勤劳动创造幸福生活;解放和发展社会生产力是中国特色社会主义的根本任务,只有以经济建设为中心,以科学发展为主题,实现以人为本、全面协调可持续的发展,才能夯实人民幸福所需要的雄厚基础;改革开放是坚持和发展中国特色社会主义的必由之路,只有通过改革开放不断推进社会主义制度自我完善和发展,才能激发和保护人民创造幸福生活的主动性和积极性;公平正义是中国特色社会主义的内在要求,只有在全体人民不断推动经济社会发展的奋斗进程中,建立社会公平保障体系,造就公平正义的社会环境,才能使广大人民群众过上幸福生活;共同富裕是中国特色社会主义的根本原则,只有使发展成果更多更公平惠及全体人民,使全体人民都过上富裕美好的生活,才能称得上人民幸福的真正实现;社会和谐是中国特色社会主义的本质属性,只有确保人民安居乐业、社会安定有序、国家长治久安,才能使人民群众在安宁中享受幸福生活;和平发展是中国特色社会主义的必然选择,只有坚持开放的发展、合作的发展、共赢的发展,推动建设持久和平、共同繁荣的和谐世界,才能使中国人民在和平发展的国际环境中创造幸福美好的明天;中国共产党是中国特色社会主义事业的领导核心,只有坚持党的领导,不断提高党的执政能力,加强党同人民的血肉联系,才能保证民族的伟大复兴、国家的繁荣发展、社会的稳定和谐,也才能保证人民生活不断改善,开创更加幸福美好的未来。[①]

[①] 高建生:《坚持人民主体地位是中国特色社会主义事业发展的首要要求》,《前进论坛》2013年第1期。

实践充分证明，只有中国特色社会主义道路才能发展中国，使中国人民在国家繁荣富强、民族走向复兴中享受更加幸福美好的生活。习近平指出："道路问题是关系党的事业兴衰成败第一位的问题，道路问题就是党的生命。"① 在开创未来的征程中，我们要更加坚定中国特色社会主义的道路自信、理论自信、制度自信，在这条道路上不懈努力奋斗。全面建成小康社会是确保人民幸福的现实目标。②

（二）中国特色社会主义理论体系的新整合

在我们党的重要文献中，第一次明确提出"中国特色社会主义理论体系"科学概念并对其内涵做出整合概括的是党的十七大报告。十七大报告指出中国特色社会主义理论体系，"就是包括邓小平理论、'三个代表'重要思想以及科学发展观等重大战略思想在内的科学理论体系"③。这个界定，指明了中国特色社会主义理论体系的时间和空间范围。从时间上讲，这个理论体系是中国共产党人在改革开放以来继续推进马克思主义中国化的最新理论成果的统称；从空间上讲，是对邓小平理论、"三个代表"重要思想和科学发展观等重大理论成果的整合。三大理论成果既然同属于中国特色社会主义理论体系，那就必然具有其一脉相承、与时俱进的内在逻辑联系。按照其内在逻辑对中国特色社会主义理论体系的基本理论观点进行梳理，是非常必要和很有意义的。④

党的十七大报告强调指出中国特色社会主义理论体系，"坚持和发展了马克思列宁主义、毛泽东思想，凝结了几代中国共产党人带领人民不懈探索实践的智慧和心血，是党最可宝贵的政治和精神财富，是全国各族人民团结奋斗的共同思想基础"⑤。党的十八大报

---

① 《习近平谈治国理政》，外文出版社2014年版，第21页。
② 石平：《国家好 民族好 大家才会好》，《求是》2013年第6期。
③ 习近平：《深入学习中国特色社会主义理论体系 努力掌握马克思主义立场观点方法》，《学习时报》2010年3月8日。
④ 王晓林：《中国特色社会主义的理论主题及其历史展开》，《学习时报》2008年1月17日。
⑤ 《中国共产党第十七次全国代表大会文件汇编》，人民出版社2007年版，第11页。

告进一步明确强调"中国特色社会主义理论体系"的新概括。中国特色社会主义理论体系,是在马克思主义指导下,在中国社会主义的建设实践中形成的适合中国国情的,具有中国特色的关于社会主义改革、建设和发展的理论。

1. 中国特色社会主义理论体系的实践基础

恩格斯曾经指出:"我们只能在我们时代的条件下去认识,而且这些条件达到什么程度,我们就认识到什么程度。"① 毛泽东在《实践论》中也说过:"客观现实世界的变化运动永远没有完结,人民在实践中对于真理的认识也就永远没有完结。马克思列宁主义并没有结束真理,而是在实践中不断开辟认识真理的道路。"② 同样,中国特色社会主义理论体系也是历史性的、同具体历史条件下的中国特色社会主义的具体实践相统一。

"理论在一个国家实现的程度,总是取决于理论满足这个国家的需要的程度。"③ 社会实践和社会需要决定了一种理论或理论体系的地位和价值,是其产生根源、检验标准和发展动力。十六大以来,在全面建设小康社会、开创中国特色社会主义事业新局面的新阶段,面对经济体制深刻变革,社会结构深刻变动,利益格局深刻调整,思想观念深刻变化,以及我们面临的发展机遇前所未有,面对的挑战也前所未有地呈现阶段性特征,抓住重要战略机遇期,在全面建设小康社会实践中坚定不移地把中国特色社会主义伟大事业继续推向前进。在我国改革开放和现代化建设的实践中,在总结我国社会主义胜利和挫折的历史经验,并借鉴其他社会主义国家兴衰成败历史经验的基础上,邓小平理论、"三个代表"重要思想、科学发展观等,统称为中国特色社会主义理论体系。④ 只有全面、深刻地把握中国特色社会主义理论体系的实践基础,才能从理论与实践的矛盾运动中理解和研究这一理论体系的丰富内涵和重大意义,掌握其在当代中国创新和发展马克思主义的奥秘,从而能够更加自

---

① 《马克思恩格斯文集》第9卷,人民出版社2009年版,第494页。
② 《毛泽东选集》第1卷,人民出版社1991年版,第292—298页。
③ 《马克思恩格斯文集》第1卷,人民出版社2009年版,第12页。
④ 张锡恩:《论"中国特色社会主义理论体系"》,《理论导刊》2008年第3期。

觉地以中国特色社会主义理论体系为指导,继续开创中国特色社会主义事业新局面。

2. 中国特色社会主义理论体系与人类文明成果的关系

中国特色社会主义以承接人类一切优秀文明成果为必要前提条件,需要从人类优秀文明成果出发,并在共享共用人类优秀文明成果基础上不断推进。建设中国特色社会主义决不能偏离人类文明发展大道,当前要特别警惕有人借拒斥"普世价值",反对借鉴和吸取人类的文明成果,借强调"中国特色",否认经济社会发展的普遍性规律。[1]

人类历史发展的连续性,内在地规定了落后国家要进行社会主义现代化建设,要逐步摆脱不发达状态,只能是在社会主义条件下努力承接人类既有文明成果,遵循世界现代化的共同规律,积极探索和寻找人的解放的具体方式和途径,最终使人从对抗性的社会关系下解放出来,实现人的经济自由与政治自由。中国特色社会主义"置于现实的基础之上",就不能撇开人类过去各个历史阶段创造的既有成果,就必须与包括物质文明、精神文明和政治文明在内的人类一切文明成果实现内在有机的结合统一。[2]

3. 中国特色社会主义理论体系的内在逻辑

中国特色社会主义理论体系是马克思主义科学社会主义基本原理同当代中国实际有机结合的必然产物,是与马克思列宁主义、毛泽东思想一脉相承的,中国特色社会主义的旗帜、道路与理论体系三者是有机结合的,各个具体理论方面与整体是不可分割的,各项理论之间又是紧密联系的。

首先,中国特色社会主义理论体系是对"什么是社会主义、怎样建设社会主义"这一基本问题的探索。其次,中国特色社会主义理论体系是对"建设怎样的党、怎样建设党"这一基本问题的探索。最后,中国特色社会主义理论体系是对"实现什么样的发展、怎样发展"这一基本问题的探索和回答。总而言之,中国特色社会

---

[1] 李少斐:《人类文明成果与中国特色社会主义》,《长江论坛》2011年第3期。

[2] 温海英:《把社会主义置于现实的基础之上——浅谈中国走中国特色社会主义道路的意义》,《剑南文学:经典阅读》2011年第4期。

主义理论体系对上述三个基本问题的科学探索和回答，进一步深化和丰富了我们党对社会主义建设规律、共产党执政规律和人类社会发展规律的认识，标志着我们党对发展问题的认识达到了一个新的更高的境界。①

作为一个科学完整的理论体系，它不是三个理论成果基本内容的简单叠加，而是理论观点的有机整合。"就中国特色社会主义理论体系而言，其逻辑结构不是现成地存在和已经呈现出来的，而是以一种自然的形态分别存在于邓小平理论、'三个代表'重要思想和科学发展观这三个现有的具体理论形态或理论的文本形态中。这就需要在理论上对三个理论成果形态的主要理论观点、重要论断进行系统梳理，使之成为一个逻辑严谨、结构合理的理论体系。"② 目前，关于这一理论体系逻辑结构的探讨，有学者提出了按基本理论观点、理论内容来建构，也有学者提出按基本范畴和理论板块结构，有的主张按理论的不同层次构建，等等。这些探讨包含许多创造性的见解。

4. 中国特色社会主义理论体系的方法论

中国特色社会主义理论体系坚持马克思主义基本原理与中国实际相结合，体现了许多人们认识世界、改造世界的科学方法，具有丰富的方法论价值。

第一，马克思主义认识论认为，认识来源于实践，又反过来指导实践，并在实践中得到检验。毛泽东曾指出："通过实践而发现真理，又通过实践而证实真理和发展真理。从感性认识而能动地发展到理性认识，又从理性认识而能动地指导革命实践，改造主观世界和客观世界。"③ 理论是认识的成果，所以，理论与实践的关系，是认识与实践关系的具体表现。一方面，理论对实践具有指导作用，实践不能离开理论的指导。理论之所以能指导实践，是因为理

---

① 习近平：《关于中国特色社会主义理论体系的几点学习体会和认识》，《求是》2008年第7期。

② 张琳：《深化中国特色社会主义理论体系研究的几点思考》，《马克思主义研究》2012年第2期。

③ 《毛泽东选集》第1卷，人民出版社1991年版，第292—298页。

论来源于实践又高于实践，它是对实践的高度抽象和概括，它反映了实践中具有普遍性、规律性的内容。正因为如此，马克思主义经典作家都非常重视理论对实践的指导作用。列宁指出："没有革命的理论，就不会有革命的运动。"① 另一方面，理论也不能脱离实践。理论一旦与实践相脱离，它就成为无源之水，就会变成僵死的教条，没有任何实际意义。所以，列宁强调，只有把革命理论与革命实践结合起来，才会有真正的革命运动。理论与实践的关系实际上是共性与个性、普遍性与特殊性的关系。任何一种科学理论一经形成，就相对成为一种具有指导意义的普遍性的理论，而它所指导的对象——实践则是由诸多个别、特殊构成的多样性事物。中国特色社会主义理论体系贯彻矛盾普遍性与特殊性、世界统一性与多样性、认识与实践辩证统一关系的原理，就是要处理好理论认识与实践的关系，就是要把坚持马克思主义基本原理的主导性与当代中国实践发展的多样性相结合。这是中国特色社会主义理论体系的方法论。

第二，研究中国特色社会主义理论体系，"要树立整体意识和总体性方法"②。中国特色社会主义理论体系是一个整体，但正如有的学者所指出，目前我们只是在结构上认识到它是三个具体理论形态的统一，而对这种统一的具体状况并不清楚。我们可能对这一体系的现有三个具体理论形态分别有较为深刻的认识，但这又不能代替对该体系的整体的认识。因而，深入认识这一理论体系，不仅要研究组成其中的每一个科学体系的理论成果，更为重要的是还要具有整体意识和总体性方法。"总体性方法坚持事物的整体决定其部分、总体决定个体的观点，主张从事物、对象的整体来认识组成该整体的部分、个体的本质。总体性方法是具有更高认识意义的方法。"③ 加强对中国特色社会主义理论体系的整体性研究，更加深化

---

① 《列宁专题文集·论无产阶级政党》，人民出版社2009年版，第70页。
② 张琳：《深化中国特色社会主义理论体系研究的几点思考》，《马克思主义研究》2012年第2期。
③ 梁树发：《深化中国特色社会主义理论体系研究路径的思考》，载《马克思主义哲学前沿问题2008卷》，中国社会科学出版社2009年版，第147页。

对每一具体理论形态的本质和特征的认识,进一步加深对这一理论体系的三大理论的理论意义和历史地位的认识。

(三) 中国特色社会主义制度的新概念

较之于"中国特色社会主义道路"和"中国特色社会主义理论体系","中国特色社会主义制度"这一科学概念的提出及对其内涵的科学概括则要迟一些。在我们党的重要文献中,第一次明确提出"中国特色社会主义制度"科学概念并对其内涵做出科学概括的是胡锦涛的"七·一"讲话,并指出:"中国特色社会主义制度,是当代中国发展进步的根本制度保障,集中体现了中国特色社会主义的特点和优势。"① 明确"中国特色社会主义制度"就是"我们推进社会主义制度自我完善和发展,在经济、政治、文化、社会等各个领域形成一整套相互衔接、相互联系的制度体系"。②

在此基础上,党的十八大报告对"中国特色社会主义制度"做出了新的概括和表述,不仅使其句式与对"中国特色社会主义道路"和"中国特色社会主义理论体系"的概括和表述统一了起来,而且文字更精练,内涵有了新拓展。这主要体现在:将"建立在根本政治制度、基本政治制度、基本经济制度基础上的经济体制、政治体制、文化体制、社会体制等各项具体制度",改为"建立在这些制度基础上的经济体制、政治体制、文化体制、社会体制等各项具体制度"。③

中国特色社会主义制度是当代中国发展和进步的根本保障。"新中国成立60多年,尤其是改革开放以来取得的伟大成就,充分彰显了中国特色社会主义制度的优势,一个经济发展、政治民主、文化繁荣、社会和谐、生态良好的中国正在崛起。"④ 人民代表大会

---

① 胡锦涛:《在庆祝中国共产党成立90周年大会上的讲话》,《人民日报》2011年7月2日。
② 石仲泉:《回顾党的历程瞻望未来发展的马克思主义文献》,《新视野》2012年第1期。
③ 张贺福:《中国特色社会主义的新内涵、新要求》,《党的文献》2013年第21期。
④ 肖贵清:《中国特色社会主义制度自信的学理分析》,《马克思主义与现实》2013年第4期。

制度是中国特色社会主义制度的根本保障。对于发扬社会主义民主，健全社会主义法制，维护国家统一和民族团结，保证国家机关高速协调运转具有根本保障作用。"我们要进一步加深对人民代表大会制度的理解，充分认识坚持和完善人民代表大会制度在社会主义民主法制建设中的重要作用，自觉地把人民代表大会制度坚持好、完善好。"① 中国共产党领导的多党合作和政治协商制度是中国特色社会主义制度的重要组成部分，调动了广大人民群众和社会各方面参政议政的积极性、主动性、创造性，在长期的民主实践中得到检验，充分体现了基于中国现实国情的民主。中国特色社会主义政治制度还包括民族区域自治制度、基层群众自治制度等，它们是中国特色社会主义制度不可或缺的组成部分。总之，中国特色社会主义制度"救得了危难，促得了发展"，这不仅是世界各国对中国特色社会主义制度的评价，也成为亿万中国人在展望未来时的信心所系。②

中国特色社会主义制度从根本上得到了广大人民群众广泛的价值认同。价值认同是主体在社会实践中调整自身以适应社会价值规范的过程，表现为主体对社会价值观念和价值规范的接受、遵守、维护的自觉性与自律性。社会主义的本质特征和目标指向决定了中国特色社会主义制度的价值取向是为了人民、发展成果由人民共享，衡量一切工作的价值标准是"必须以合乎最广大人民群众的最大利益，为最广大人民群众所拥护为最高标准"③。中国特色社会主义制度只有得到广大人民群众的认同和接受，才能调动广大人民群众的积极性，更好地发挥社会主义的制度优势，促进中国特色社会主义事业的发展。广大人民群众在分享社会进步和改革开放带来的物质财富和精神财富的过程中，逐步认识到中国特色社会主义的制度优势，从内心提升对社会主义国家、社会主义事业以及中国特色社会主义制度的价值认同，并内化为对制度的

---

① 《十六大以来重要文献选编》（中），中央文献出版社2011年版，第262页。
② 周龙：《坚定社会主义制度自信——学习贯彻党的十八大精神系列述评之四》，《光明日报》2012年11月22日。
③ 《毛泽东选集》第3卷，人民出版社1991年版，第1096页。

自觉接受和行为自律，积极投身于中国特色社会主义建设的伟大事业中。①

二 中国特色社会主义"四大特色"

党的十八大提出，一定要毫不动摇坚持、与时俱进发展中国特色社会主义，不断丰富中国特色社会主义的实践特色、理论特色、民族特色、时代特色。有学者认为，"中国特色社会主义'四大特色'的提出，丰富和深化了中国特色社会主义的科学内涵，充分展示了中国特色社会主义的独特风貌。对中国特色社会主义'四大特色'进行理论诠释，不仅有利于更加坚定党团结和带领全国各族人民坚持和发展中国特色社会主义的决心和信心，也是在新的历史特点的伟大斗争中，不断发展中国特色社会主义的理论前提和实践呼唤"②。

（一）实践特色

实践特色是中国共产党实事求是这一思想路线在中国革命、建设和改革开放进程中的集中体现。实践标准的确立为中国特色社会主义确立了衡量的标准。中国特色社会主义的实践是一项前无古人的事业。中国特殊的国情决定了中国的现代化道路与欧美发达国家和很多第三世界国家的现代化模式迥然不同。中国特色社会主义的实践特色就是通过塑造中国现代化独特的动力机制、结构形态、制度安排和价值取向得以体现的。以上要素构成了中国特色社会主义道路独特的实践过程和实践成果。如果脱离了实事求是的思想路线，就是对中国实践特色的背离。因此，中国特色社会主义道路的实践特色只有在中国革命和发展成果的巩固与共享中才能一以贯之

---

① 朱颖原：《中国特色社会主义制度的价值认同》，《科学社会主义》2012年第5期。

② 王国敏：《对中国特色社会主义"四大特色"的理论诠释》，《云南社会科学》2013年第1期。

得以体现。①

邓小平在论及中国这样一个经济文化比较落后的国家如何建设社会主义、如何巩固和发展社会主义的问题时，提出：就是尊重实践，从实际中提出问题；尊重人民群众，从亿万群众的伟大实践中去找解决问题的办法。明确指出：解决中国发展问题，"不是靠本本，而是靠实践，靠实事求是"②。我国的社会主义建设，必须从我国的国情出发，走中国特色社会主义道路。在现阶段，我国社会主义社会的主要矛盾是人民日益增长的物质文化需要同落后的社会生产之间的矛盾。这就决定了社会主义的根本任务是解放和发展社会生产力，不断改善人民生活。我国社会主义建设的根本任务是进一步解放生产力，发展生产力，逐步实现社会主义现代化，并且为此而改革生产关系和上层建筑中不适应生产力发展的方面和环节。③

（二）理论特色

理论特色是中国共产党摆脱教条主义、勇于创新在中国革命、建设和改革开放进程中的集中体现。中国特色社会主义道路成功的奥秘之一就是摆脱了对传统社会主义的教条式理解，从毛泽东思想到邓小平理论、"三个代表"重要思想和科学发展观，再到十八大，指导中国特色社会主义道路的理论成果处于不断完善、不断发展的进程之中。④ 指导理论的每一次发展都蕴含着对现代化动力的新一轮开发、对现代化道路的新一轮探索以及对现代化目标的新一轮提升。中国共产党在坚持指导思想连贯性和创新性相统一的进程中，既保持了社会主义价值取向的连贯性，又保证了中国特色社会主义道路的创新性。中国特色社会主义道路的理论特色使得中国拥有了

---

① 王国敏：《对中国特色社会主义"四大特色"的理论诠释》，《云南社会科学》2013年第1期。
② 《邓小平文选》第3卷，人民出版社1993年版，第382页。
③ 李捷：《中国特色社会主义是对科学社会主义的遵循和发展》，《教学与研究》2013年第12期。
④ 陈澜：《马克思主义中国化进程中的四次转变和理论创新》，《长春工业大学学报》（社会科学版）2013年第25期。

指导中国现代化进程的价值资源和思想资源。

中国特色社会主义的命题一经提出，马上成为学术界关注的热点问题。就研究的成果而言，主要集中在中国特色社会主义形成、发展、主要内容、历史地位等方面，思考的视域也扩展到解读作为中国特色社会主义重要内涵的中国特色社会主义道路、中国特色社会主义理论体系、中国特色社会主义制度的内在逻辑关系。应该是先有实践上道路的开辟，然后是实践中理论观点的形成、发展，再往后才是理论体系的建构。"如果说，我们可以把十一届三中全会作为中国特色社会主义道路的起点；那么，党的十二大，邓小平提出了'建设有中国特色社会主义'的崭新命题，则可以说是中国特色社会主义理论体系形成的起点。"①

1987年党的十三大提出社会主义初级阶段理论以及党在社会主义初级阶段的基本路线，为坚持中国特色社会主义理论和实践提供了一个总框架。党的十七大把科学发展、社会和谐与基本路线的内容紧密联系起来，对中国特色社会主义道路的科学内涵做出完整概括，则不仅赋予了这条道路以基本的理论形态，而且为坚持中国特色社会主义道路提供了可操作的强大思想武器。中国特色社会主义"以当代中国社会主义的发展为主题，以马克思主义中国化为主线，其理论框架应包括：理论基石、基本路线、战略布局、实践主体"②。这为人们深入研究中国特色社会主义的形成发展、内容结构以及基本特征提供了更为广阔的思维空间，为更好地坚持和发展中国特色社会主义提供了理论依据。

理论特色告诉我们：中国特色社会主义是有科学理论指导的社会主义，是有规划、有设计、有制度的社会主义，鲜明地体现了科学社会主义基本原则，是科学社会主义理论逻辑和中国社会发展历史逻辑的辩证统一，是根植于中国大地、反映中国人民意愿、适应中国和时代发展进步要求的科学社会主义，是在回答"建设什么样的社会主义、怎样建设社会主义"这一问题的过程中产生和发展

---

① 田克勤：《深入研究中国特色社会主义理论体系的几点思考》，《马克思主义研究》2008年第6期。

② 同上。

的。"中国特色社会主义的实践、民族、时代特色都包含着理论诉求,系统地勾画了中国清晰的未来图景,为我们指出了中国未来的走向:一个创新的中国、一个开放的中国、一个民主法治的中国、一个政治清明的中国、一个资源节约的中国、一个环境优美的中国、一个全民学习的中国、一个幸福宜居的中国。"①

(三) 民族特色

民族特色是中国共产党继承中华民族文化之精华、致力于中华民族伟大复兴在中国革命、建设和改革开放进程中的集中体现。首先,中华文明源远流长,表明她包含着坚强的生命力。中国特色社会主义道路与中华文明具有内在的契合性与一致性。任何国家的现代化道路都不能完全摆脱传统的规约,也不能以彻底否定其赖以存在的文明传统作为代价。中国特色社会主义道路所秉承的共同富裕、社会和谐就是对传统文明之积极因素的开掘和发展。其次,中国共产党开辟的社会主义道路以民族利益为基石,以民族复兴为依归,使民族利益和国家利益在现代化进程中得以彰显与捍卫,这是中国共产党现代使命赖以存在的文化之根和民族之根。②

源远流长、博大精深的中华文化,为中华民族发展壮大提供了强大精神力量,为人类文明进步做出了不可磨灭的重大贡献。十八大报告指出,大力弘扬民族精神和时代精神,深入开展爱国主义、集体主义、社会主义教育。"无论是核心价值体系中的民族精神还是核心价值观中的富强、民主、文明、和谐,自由、平等、公正、法治,爱国、敬业、诚信、友善都包含着丰富的优秀传统文化。几千年来,中华文明得以不断传承和光大,一个重要原因就是我们的先人懂得从总结历史中不断开拓前进。我国的历史源远流长,蕴含着丰富的治国安邦的历史经验,也记载了先人们在追求社会进步中遭遇的种种曲折和苦痛。对这个历史宝库,我们应该运用历史唯物主义的观点不断加以发掘,在前人研究的基础上不断做出新的总

---

① 辛向阳:《中国特色社会主义的理论特色》,《学习论坛》2014年第3期。
② 王国敏:《对中国特色社会主义"四大特色"的理论诠释》,《云南社会科学》2013年第1期。

结。中国特色社会主义是当代中国发展进步的根本方向，只有中国特色社会主义才能发展中国。我们也可以说，只有中华民族灿烂的优秀文化才能使中国特色社会主义之树结出丰富的成果。"①

（四）时代特色

中国特色社会主义始终顺应着时代的潮流，反映着时代特征。时代特色是中国共产党与时俱进，在中国革命、建设和改革开放进程中的集中体现。中国特色社会主义道路不是一劳永逸的，也不是在一个封闭体系中推进的。在面对各种挑战和机遇的历史态势中，中国共产党审时度势，在一种开放性的观念体系和思维体系中，正确把握历史的基本走向，通过吸收人类文明的先进成果，在不断推进改革开放和积极参与全球化的进程中，顺应时代潮流，在一种面向全球的大格局中不断巩固和发展中国特色社会主义道路的时代特色。② 中国特色社会主义强调，适应经济全球化新形势，必须实行更加积极主动的开放战略，完善互利共赢、多元平衡、安全高效的开放型经济体系；加快转变对外经济发展方式，推动开放朝着优化结构、拓展深度、提高效益方向转变。中国特色社会主义的"中国特色"是体现国际规律、世界价值的时代特色，不是离开世界文明进程的故步自封。

中国特色社会主义顺应了时代本质的要求。列宁指出："首先考虑到各个'时代'的不同的基本特征（而不是个别国家的个别历史事件），我们才能够正确地制定自己的策略；只有了解了某一时代的基本特征，才能在这一基础上去考虑这个国家或那个国家的更具体的特点。"③ 显然，只有科学认识清楚时代的本质，才能把握时代的内容、时代的基本特点以及发展方向。从本质上讲，"我们的时代既不是所谓信息时代或者微博时代，也不是什么后社会主义或者后资本主义时代，而是社会主义代替资本主义的时代，是资本

---

① 辛向阳：《中国特色社会主义的民族特色》，《理论探讨》2013 年第 1 期。
② 李保忠：《对中国特色社会主义"特色"认识的新飞跃》，《西安政治学院学报》2012 年第 25 期。
③ 《列宁专题文集·论资本主义》，人民出版社 2009 年版，第 91—92 页。

主义逐步走向灭亡、社会主义走向胜利的时代。离开了时代本质要求，就没有中国特色社会主义存在的基础"①。中国特色社会主义始终把自身的发展置于社会主义代替资本主义的伟大历史进程中，其产生、发展以及成长、壮大都是与这一本质紧密相连的，它的强大生命力就来自于对时代本质的始终坚持和坚定维护。

三 中国特色社会主义"三总"实践

党的十八大报告指出："建设中国特色社会主义，总依据是社会主义初级阶段，总布局是五位一体，总任务是实现社会主义现代化和中华民族伟大复兴。"② 这一重要论断，为中国特色社会主义的全面进步与继续发展指明了奋斗方向、明确了努力目标，规划了整体布局，规定了基本任务，对于夺取中国特色社会主义新胜利具有重要意义。③ 中国特色社会主义事业总体布局，是不断丰富和发展的。党的十二届六中全会确立了以经济建设为中心，坚定不移地进行经济体制改革，坚定不移地进行政治体制改革，坚定不移地加强精神文明建设的总体布局。党的十五大、十六大明确和重申了我国经济建设、政治建设、文化建设三位一体的总体布局。党的十六大以后我们党提出了构建社会主义和谐社会的重大任务，使总体布局由三位一体扩展为包括社会建设在内的四位一体。随着我国经济社会发展不断深入，生态文明建设地位和作用日益凸显，把生态文明建设提到与经济建设、政治建设、文化建设、社会建设并列的位置，从而把总体布局进一步扩展为五位一体，有利于把生态文明建设融入经济建设、政治建设、文化建设、社会建设各方面和全过

---

① 辛向阳：《中国特色社会主义的时代特色》，《中国特色社会主义研究》2013年第2期。
② 胡锦涛：《坚定不移沿着中国特色社会主义道路前进 为全面建成小康社会而奋斗》，人民出版社2012年版，第13页。
③ 雷云：《中国特色社会主义的真谛与要义的新概括——试论"总依据、总布局、总任务"的深刻内涵和重大意义》，《中国特色社会主义研究》2013年第1期。

程，使中国特色社会主义事业总体布局更加完善。这反映了我们党对社会主义建设规律在实践和认识上的深化，反映了我们党对实现什么样的发展、怎样发展这一科学发展重大战略问题认识的深化，对于实现中华民族永续发展具有重大现实意义和长远指导意义。①

（一）总依据

正确认识我国当今社会所处的历史阶段，是建设中国特色社会主义的首要问题，是我们制定和执行正确的路线方针政策的总依据。要看到，我国经济实力虽然大大提升，但生产力水平总体上还不高，生产率较低，自主创新能力不足，在社会主义发展中还存在着一系列的矛盾和问题。我国仍处于并将长期处于社会主义初级阶段这一基本国情没有变，人民日益增长的物质文化需要同落后的社会生产之间的矛盾这一社会主要矛盾没有变，我国是世界上最大发展中国家的国际地位没有变。我们想问题、办事情、定政策，推进任何领域任何方面的改革发展，都要牢牢把握社会主义初级阶段这个最大国情，做到立足于社会主义初级阶段这个最大实际。② 这对于当前建设中国特色社会主义具有特别重要的意义，而且表明我们党关于中国特色社会主义建设规律的认识比以往更加深刻。

"总依据"是总结中国特色社会主义建设经验的高度概括，是站在新的历史起点上把握基本国情的认识深化，是推进中国特色社会主义理论与实践的思想基石，是完成中国特色社会主义建设总任务的根本保证。回顾改革开放以来的新时期，我们可以看到，正是以社会主义初级阶段的基本国情为依据，我们党制定了以"一个中心、两个基本点"为核心内容的党在社会主义初级阶段的基本路线，明确了解放和发展生产力是社会主义的根本任务，确立了实现社会主义现代化是国家建设和发展的目标，实施了"三步走"的发展战略，建立了社会主义市场经济体制，等等。所以，"我国的发

---

① 邱乘光：《十八大报告：中国特色社会主义认识的新高度》，《武汉科技大学学报》（社会科学版）2013年第2期。
② 侯德泉：《论"三个没有变"与建设中国特色社会主义》，《云南社会科学》2013年第5期。

展既坚持而没有背离社会主义，又从实际出发而没有超越发展阶段。事实告诉我们，没有社会主义初级阶段科学论断，就不可能开辟中国特色社会主义道路，就不可能有30多年举世瞩目的发展成就；准确把握社会主义初级阶段国情，坚决立足社会主义初级阶段实际，是中国特色社会主义建设取得成功的最大经验"[①]。

（二）总任务

党的十八大明确提出，建设中国特色社会主义的"总任务是实现社会主义现代化和中华民族伟大复兴"。这在党的历史上是第一次，充分表明了中国共产党对实现国家和民族兴旺发达、人民富裕幸福的历史自觉、坚定信心和责任担当。实现中华民族的伟大复兴，是沦为半殖民地半封建国家以来，中华民族一切有志之士的共同理想和矢志不渝追求的目标。实现社会主义现代化和实现中华民族伟大复兴是辩证统一的，实现中华民族的伟大复兴的途径是实现社会主义现代化，而实现社会主义现代化的目的就是实现中华民族伟大复兴。

对于当代全体中国人民来说，这一"总任务"体现了最根本的利益，代表了最伟大的梦想。然而，不言而喻，就一个拥有十几亿人口、经济文化发展总体上仍属于发展中国家水平的大国来说，这一"总任务"又是一个十分浩大的系统工程，是一个异常艰巨的历史任务。要完成这样一项"总任务"，正确的指导思想、切实的阶段性目标、合理的发展布局等，无疑是不可或缺的条件。

中国共产党自诞生以来就肩负着实现中华民族伟大复兴的历史使命。21世纪以来，党实现民族复兴的追求和信念更加强烈。正是这种强烈的使命感，十八大报告将实现中华民族伟大复兴明确为建设中国特色社会主义的总任务。十八大闭幕后，习近平在参观"复兴之路"展览时讲话指出：实现中华民族伟大复兴，就是中华民族近代以来最伟大的梦想。这段讲话说出了无数中国人共同的心声，

---

① 张森林：《深刻领会建设中国特色社会主义的"总依据"》，《思想理论教育导刊》2013年第10期。

也进一步明确了中国共产党未来的奋斗目标。"中国特色社会主义道路，是创造人民美好生活的必由之路，是全面建成小康社会、实现社会主义现代化和中华民族伟大复兴的必由之路；中国特色社会主义理论体系，是指导党和人民沿着中国特色社会主义道路前进的正确理论，是不断取得经济社会全面发展新成就的行动指南，是当代中国发展进步的根本制度保障。"① 有了现实条件、思想指南和根本保障，我们就有了坚定的信心和坚强的决心。

（三）总布局

党的十八大指出，建设中国特色社会主义，总布局是经济建设、政治建设、文化建设、社会建设、生态文明建设五位一体。以往的提法主要是"经济现代化"，十六大报告提的是"三位一体"，到了十七大提出了"四位一体"，这次进一步创造性地提出了"五位一体"，大大丰富了"现代化"的理论体系，体现了中国共产党对"实现什么样的发展，怎样发展"有了更深刻的认识。五位一体总布局与社会主义初级阶段总依据、实现社会主义现代化和中华民族伟大复兴总任务有机统一，进一步明确了中国特色社会主义发展方向，使得中国特色社会主义发展目的更加明确、发展道路更加广阔。"生态文明建设是十八大理论创新的一大亮点，在以往的发展过程中，为了发展经济、为了加快工业化发展的步伐从而忽略了环境的保护。传统工业化虽然给人民创造了巨大的物质财富，但同时对环境也造成了极大的破坏。为了实现中华民族的永续发展，为了顺应世界的发展潮流，我们必须要深入贯彻落实科学发展观，把五位一体有机结合起来，最终实现人与自然的协调发展。"②

"五位一体"总布局标志着我国社会主义现代化建设进入新的历史阶段，体现了我们党对于中国特色社会主义的认识达到了新境

---

① 姜淑萍：《为了实现中华民族的伟大梦想——对建设中国特色社会主义总任务的认识》，《毛泽东思想研究》2013年第4期。
② 陈金清：《论生态文明建设与五位一体总体布局》，《学校党建与思想教育》2014年第6期。

界，是我们党对社会主义建设规律在实践和认识上不断深化的重要成果。五位一体的总体布局，坚持以经济建设为中心，全面推进经济建设、政治建设、文化建设、社会建设、生态文明建设，是坚持和发展中国特色社会主义的必然要求。"以经济建设为中心是兴国之要，发展是解决我国所有问题的关键，只有推动经济持续健康发展，才能筑牢国家繁荣富强、人民幸福安康、社会和谐稳定的物质基础。人民民主是社会主义的生命，是我们党始终高扬的光辉旗帜，只有发展社会主义民主政治，建设社会主义法治国家，保证人民当家作主，才能使我国社会主义民主政治展现出更加旺盛的生命力。文化是民族的血脉，是人民的精神家园，只有推动社会主义文化大发展大繁荣，提高国家文化软实力，才能发挥文化引领风尚、教育人民、服务社会、推动发展的作用。加强社会建设是社会和谐稳定的重要保证，只有在改善民生和创新管理中加强社会建设，才能开创社会和谐人人有责、和谐社会人人共享的生动局面，为改革开放和社会主义现代化建设营造良好社会环境。生态文明建设关系人民福祉、关乎民族未来，只有尊重自然、顺应自然、保护自然，才能实现中华民族永续这个总体布局。"① 中国特色社会主义"五位一体"总布局体现了科学发展观的要求，有利于促进现代化建设各方面相协调，促进生产关系与生产力、上层建筑与经济基础相协调，形成经济富裕、政治民主、文化繁荣、社会公平、生态良好的发展格局，推动当代中国全面发展进步，从而把我国建设成为富强、民主、文明、和谐的社会主义现代化国家。

四 中国特色社会主义话语体系构建和对外传播

把中国特色社会主义置于话语体系的角度进行深入研究和深度

---

① 本刊评论员：《全面把握中国特色社会主义事业总体布局》，《求是》2013年第3期。

分析，有着重要的理论意义与现实价值。中国特色社会主义话语体系是中国特色社会主义的丰富内容的语言表达形式，"中国特色社会主义丰富的内容实质必须采用具有中国特色、中国风格、中国气派的话语体系来表达，着力于增强中国特色社会主义意识形态的吸引力，着力于及时总结党领导人民创造的新鲜经验，着力于解答中国经济社会发展的重大问题，着力于培育和践行社会主义核心价值观，着力于提高中国的国际话语权"①。

（一）中国特色社会主义话语体系的内涵

面对和平与发展的国际大环境，中国近年来在经济、文化、政治乃至国际地位方面有了极大的发展，但必须清醒地认识到中国是发展中国家，"西强我弱"仍然是国际话语格局的特征，西方仍然拥有重要国际问题、国际政治价值观的话语霸权。因此，我国理论界非常重视中国特色社会主义话语体系构建的研究。

所谓话语体系就是系统化、理论化了的话语群，话语群构成了完整的话语体系。中国特色社会主义话语体系"就是系统化、理论化了的中国特色社会主义的话语群，包括探索历程话语群、道路话语群、理论体系话语群、制度话语群、总依据总布局总任务话语群、基本要求话语群、发展中国特色社会主义话语群等话语群，在每个话语群当中都包涵了许多富有创新思想的话语"②。梅荣政教授指出，对于话语体系及其话语权，我们绝不可轻视，它关系中国实践能否得到科学解读，关系到我们能否抵制错误思想，筑牢思想防线，关系到"削中国实践之足、适西方理论之履"错误的纠正，关系到扩大中华文化的国际影响力。③

在西方话语仍然主宰国际话语体系的大背景之下，推进社会主

---

① 卢国琪：《中国特色社会主义话语体系研究》，《科学社会主义》2015 年第 6 期。
② 同上。
③ 梅荣政：《构建马克思主义理论研究学术话语体系》，《湖北日报》2013 年 5 月 23 日。

义话语体系建设,一是必须面向世界,站好中国立场。① 中国特色的话语体系,在面向世界讲述中国故事时,应以中国的国际政治观念、国家利益认知和外交哲学理念为表达重点,不断提升话语体系的严谨性、说服力;应增强国际视野和时代眼光,融合经济全球化和信息化的国际背景和时代要求,提升对国际现实问题的解释力,更好地服务于人类社会的持久和平和共同发展。二是必须搞好"两个对接"。一方面搞好与世界话语体系的对接,在借鉴国际社会进步思想和经验的基础上,立足中国实际,进行创造性的转化和发展,增强中国话语在道义上的国际感召力,避免误解,增信释疑;另一方面搞好与国外学术前沿的对接,在推进马克思主义中国化的同时,推进西方学术话语体系的中国化,切实防止"非意识形态化"和"泛意识形态化"两个错误倾向。三是必须给予西方话语有力的学术回应。敢于批驳和回应,是讲好中国故事的重要途径。纵观历史终结、文明冲突、民主自由、中国威胁等西方话语的主流,大多以学术言说的形式出现。对于学术言说,进行道德审判和价值谴责往往难以达到效果,最好的办法就是进行扎实有力的学术回应,把话语引导建立在理论研究和学术思考之上,积极设置国际议题。总之,中国社会主义意识形态话语体系要体现"中国立场",要善于"世界表达",促进中国话语走向世界、融入世界,让中国特色社会主义理论体系为世界所了解、理解和包容,提高"向世界说明中国"的能力。②

(二) 构建中国特色的话语体系

话语体系是思想理论体系和知识体系表达的形式,是话语权确立的内在前提和基础。习近平总书记在全国宣传思想工作会议上提出了"加强话语体系建设,着力打造融通中外的新概念、新范畴、新表述,增强在国际上的话语权"的时代课题。回答好这一课题,

---

① 姬德强:《探索中国国际传播的话语创新与能力建设》,《现代传播(中国传媒大学学报)》2014年第10期。
② 李安增:《中国特色社会主义理论体系的创新性探析》,《当代世界与社会主义》2013年第4期。

最重要的是大力推进我国主流意识形态话语体系建设，构建具有中国特色的社会主义意识形态话语体系。①

对于"中国特色社会主义"的认识，国外学者基于不同的立场而持有不同的观点，由于缺乏"感同身受"的实际体验，有些观点存在着不少模糊、混乱甚至错误的认识。②当前，迫切需要对中国特色社会主义做出中国自己的解读，这不仅是"因为我们对于中国特色社会主义的认识更有发言权，更为重要的是通过构建中国特色社会主义的话语体系，不仅可以减少或者消除国际社会对中国特色社会主义的质疑和误读，而且可以增强中国特色社会主义的道路自信、理论自信、制度自信"③。

我国话语体系构建的主题是中国特色社会主义。中国特色社会主义是当代中国最鲜明的主题，这也必然是社会主义意识形态及其话语创新的主题。中国特色社会主义为建构社会主义意识形态话语体系提供了深厚的实践基石话语的逻辑从来就不是凭空想象的，而是来源于丰富的实践。当前，社会主义话语体系创新，已经有了相当的实践基础。一方面，中国特色社会主义伟大实践为建构社会主义意识形态话语体系提供了肥沃土壤。改革开放30多年来，中国取得了举世瞩目的伟大成就，对世界的影响越来越大。世界对中国的关注、正视和聚焦前所未有，国际社会对中国声音的期盼更加热切，更加希望倾听中国的声音，更加倚重和加强与中国的合作。与以往任何时候相比，与其他任何国家相比，当代中国都更有条件、更有可能不断产生新的理论和话语创造。随着全面建成小康社会、全面推进依法治国、全面深化改革和全面从严治党战略布局的实施，中国特色社会主义实践将更加深入和丰富。建构与中国特色社会主义实践相适应的社会主义话语体系，不仅是实践的呼唤，而且

---

① 韩庆祥：《全球化背景下"中国话语体系"建设与"中国话语权"》，《党政干部参考》2012年第4期。

② 肖贵清：《论中国模式研究的马克思主义话语体系》，《南京大学学报》2011年第1期。

③ 陈东琼：《马克思主义大众化与中国特色社会主义话语体系的构建》，《思想教育研究》2016年第2期。

是水到渠成的历史必然。从这个角度看,中国特色社会主义实践发展的过程,也就是社会主义意识形态话语创新的过程。另一方面,中国特色社会主义伟大实践,为中国元素进入国际学术话语体系提供了机遇和动力。

话语体系的建构是一个系统工程。"一方面,需要对原有话语体系中不适应解释或指导现实生活的旧概念、旧范畴进行调整。另一方面,要根据社会生活的新变化,将一系列反映中国社会进步的概念、范畴进行创造和加工,赋予其新的时代内涵,提高话语体系的科学化、大众化、国际化水平。"[①] 中国特色社会主义话语体系构建需要着力解决好内外两个问题:"内要努力打造当代中国马克思主义的学术概念和学术语言,既重视提高中国特色社会主义话语体系的学理水平,又重视提高中国特色社会主义话语体系的大众化水平,外要提高中国特色社会主义话语体系的国际化水平,以发挥对内统一思想、对外提高中国话语权的作用。"[②]

党的十八大以来,以习近平为总书记的党中央,紧密联系实践,推动中国特色、中国风格、中国气派话语体系创新,取得了丰富的成果。首先,用"中国梦"来描绘中华民族伟大复兴的理想,解读中国特色社会主义事业的发展前景,这是对社会主义意识形态的重要话语创新成果。"中国梦归根到底是人民的梦"、"中国梦是国家的、民族的,也是每一个中国人的"、"空谈误国,实干兴邦"、"真抓才能攻坚克难,实干才能梦想成真"、"实现中国梦给世界带来的是和平,不是动荡;是机遇,不是威胁"[③] 等,借助这些新概念、新论断,"中国梦"不仅保持了中国特色社会主义的精神实质和科学价值,而且对其进行了话语体系上的创造性转换,用最通俗易懂、最形象化的语言进行大众表达,向当代中国社会和中国人民清晰传达了一个既充满憧憬又能超越的、能看得见摸得着的

[①] 李忠杰:《提高中国话语体系的科学化大众化国际化水平》,《人民论坛》2012年第12期。

[②] 罗会德:《中国特色社会主义话语体系的当代构建》,《中共天津市委党校学报》2013年第5期。

[③] 习近平:《在全国宣传思想工作会议的讲话》,《人民日报》2013年8月21日。

目标，一个既科学崇高又喜闻乐见的理想，让中国特色社会主义更加亲和、更加清晰、更加具体，赢得了中国社会的高度认同。

（三）向世界传播中国声音

十八大以来，随着习近平同志的脚步遍布世界，中国声音也传遍了世界。在国际交流日益增多的情况下，加强中国话语的国际传播，提高舆论引导能力和国际传播能力，自主掌握中国发展的国际话语权，以世界能听得懂的话，将中国声音传递给每个国家，成为一项非常重要的任务。

第一，坚持平等民主、合作共赢。2013年3月27日，在与金砖国家领导人第五次会晤时，习总书记提出，不管国际风云如何变幻，我们都要始终坚持和平发展、合作共赢，要和平不要战争，要合作不要对抗，在追求本国利益时兼顾别国合理关切。不管国际格局如何变化，我们都要始终坚持平等民主、兼容并蓄，尊重各国自主选择社会制度和发展道路的权利，尊重文明多样性，做到国家不分大小、强弱、贫富都是国际社会的平等成员，一国的事情由本国人民做主，国际上的事情由各国商量着办。不管全球治理体系如何变革，我们都要积极参与，发挥建设性作用，推动国际秩序朝着更加公正合理的方向发展，为世界和平稳定提供制度保障。①

第二，绝不损人利己，以邻为壑。在2014年3月28日，在德国科尔伯基金会演讲中，习总书记提出中国的发展绝不以牺牲别国利益为代价，我们绝不做损人利己、以邻为壑的事情。我们将从世界和平与发展的大义出发，贡献处理当代国际关系的中国智慧，贡献完善全球治理的中国方案，为人类社会应对21世纪的各种挑战做出自己的贡献。

第三，推动国际关系的民主化、法治化及合理化。2014年6月28日，在和平共处五项原则发表60周年纪念大会上的讲话中，习总书记提出了我们应该共同推动国际关系民主化。世界的命运必须

---

① 习近平：《在金砖国家领导人第五次会晤时的主旨讲话》，《人民日报》2013年3月27日。

由各国人民共同掌握,世界上的事情应该由各国政府和人民共同商量来办。垄断国际事务的想法是落后于时代的,垄断国际事务的行动也肯定是不能成功的。我们应该共同推动国际关系法治化。推动各方在国际关系中遵守国际法和公认的国际关系基本原则,用统一适用的规则来明是非、促和平、谋发展。"法者,天下之准绳也。"在国际社会中,法律应该是共同的准绳,没有只适用他人、不适用自己的法律,也没有只适用自己、不适用他人的法律。适用法律不能有双重标准。我们应该共同维护国际法和国际秩序的权威性和严肃性,各国都应该依法行使权利,反对歪曲国际法,反对以"法治"之名行侵害他国正当权益、破坏和平稳定之实。我们应该共同推动国际关系合理化。适应国际力量对比新变化,推进全球治理体系改革,体现各方关切和诉求,更好维护广大发展中国家正当权益。

第四,谈国强未必霸。强国只能追求霸权的主张不适用于中国,中国没有实施这种行动的基因。我们要把一个更加美好的中美关系留给子孙后代。这是中美双方应该长期为之努力的目标。中美作为世界最大发展中国家和最大发达国家,两国关系如何发展,是摆在我们面前的重大历史课题。中美关系发展要拓展合作、管控分歧,使两国关系发展成果更多惠及两国人民和世界人民。中美共同利益只会扩大、不会减少,合作领域只会拓宽、不会变窄。要正确看待中美之间存在的分歧,并以建设性方式妥善处理。除此之外,习近平总书记代表中国人民发声:全世界人民是一个命运共同体应该同舟共济、荣辱与共。① 当今世界,相互联系、相互依存是大潮流。随着商品、资金、信息、人才的高度流动,无论近邻还是远交,无论大国还是小国,无论发达国家还是发展中国家,正日益形成利益交融、安危与共的利益共同体和命运共同体。冷战思维、阵营对抗已不符合时代要求。② 其次提出了中国未来的奋斗目标。新中国成立60多年来特别是改革开放30多年来,中国走出了一条成

---

① 习近平:《上海合作组织成员国元首理事会第十四次会议上的讲话》,《人民日报》2014年9月12日。

② 习近平:《伦敦金融城市长晚宴上的演讲》,《人民日报》2015年10月21日。

功的发展道路，取得了举世瞩目的发展成就。中国对未来发展做出了战略部署，明确了奋斗目标，即到 2020 年实现国内生产总值和城乡居民人均收入比 2010 年翻一番，全面建成小康社会；到 21 世纪中叶建成富强民主文明和谐的社会主义现代化国家，实现中华民族伟大复兴。这是中华民族和中国人民的百年夙愿，也是中国为人类做出更大贡献的必要条件。①

加强话语体系建设，打造融通中外的新概念新范畴新表述，应当立足中国，放眼世界，"在交流的方式上注意研究外国人的思维方式和习惯爱好，让外国人能够听得懂、听得进。充分吸收人类社会在发展中创造的一切优秀文明成果，讲述中国故事，介绍中国实际，解释中国原因，展示中国形象，消除一些国家对中国的误解，赢得国际社会对中国特色社会主义道路、理论、制度的理解、赞同和尊重，使中国理念在世界得到更好传播，使中国形象在国际上更加亲和"②。

五　历史唯物主义视域下的中国特色社会主义

马克思主义以革命的方式为中国带来了创造历史的主体性精神，开创了民族国家发展的新局面。承担中华民族伟大复兴的历史使命，面对人类的生存困境和挑战，中国今天的建设实践仍然需要发扬这种精神，树立担当意识，将历史唯物主义从革命的发生学转变成支持后革命建设的思想动力，以实现中华民族的伟大复兴，并通过这种复兴开创人类文明的新纪元。

（一）实践性和历史性的根本原则

历史唯物主义的创始人从来不将自己的理论看成是绝对的真理

---

① 习近平：《印度尼西亚国会的演讲》，《人民日报》2013 年 10 月 3 日。
② 陈东琼：《马克思主义大众化与中国特色社会主义话语体系的构建》，《思想教育研究》2016 年第 2 期。

和抽象的教条，而是向实践开放并且向未来开放的存在真理，实践性和历史性成为其自我理解的根本原则。历史唯物主义具有启蒙主体性的根源，马克思将这样一种理性的主体性精神转化为创造历史和改变现实的实践主体性。在这条思想路线上，革命被提升为政治哲学和历史哲学的核心范畴。这一转化，既克服了理想主义哲学观念主体内部的自我旋转，同时也克服了面对现实的非批判的实证主义。历史唯物主义将被唯心主义抽象地、观念地发展了的能动性引进现实，现实不再是纯粹客观的外在性和消极存在。这种实践意识消解了命定论和唯意志论的历史概念。其实，历史并不按照抽象的原则进行，而是现实的生成，是多种因素交织的实践领域。历史中各种因素作用的大小并不是一个恒定的常数，而是以时间、地点和条件为转移的，因此不能将某一抽象的极端作为解释原则。通过实践思维，历史唯物主义将历史概念建立在现代主体性原则的基础之上。历史唯物主义作为一种革命的发生学，它关注的是思想与现实之间辩证的实践关联，以期通过主体性的实践促成现实的改变。[1] 具有历史意义的理论和思想不仅产生在特定的历史处境中，而且在历史的发展中不断地生长，因为它本身包含了在历史中不断生长的潜在可能。思想只有向实践开放，因此向特定的时间和空间开放，才能获得自己的历史性，并且获得生机。在实践思维开创的后形而上学思想视域中，立足于当代人类生存处境和中国实践对历史唯物主义的阐释，实际上就是这一理论的当代化和中国化尝试。[2]

　　历史唯物主义运用于中国特色社会主义，靠的是真理的力量。在这里，历史唯物主义的革命动员功能必须转化为超越现代的建构性意识，对现代资本原则的批判与反思同优秀的中国传统精神的相遇，有利于克服传统文化的消极因素，将中华文明的伟大复兴与超越现代资本之限度这一重任历史性地结合起来。由此，"中国特色社会主义便展现出了四个方面的历史性向度：第一，对中国'前现

---

[1] 罗骞：《历史唯物主义的存在论阐释》，《马克思主义哲学论丛》2014年第4期。
[2] 阎孟伟：《历史唯物主义与中国特色社会主义政治发展道路》，《高校理论战线》2012年第1期。

代'因素的适度承认;第二,对资本主义消极因素的高度警惕;第三,对资本主义积极文明成果的开放态度;第四,树立了超越资本主义的长远发展目标"①。在中国特色社会主义建设实践中,只有坚持创造历史的实践性才能获得开启未来的动力。

(二) 开创历史的主体性精神

历史唯物主义要求以革命改造现实,创造历史,实现人的自由解放,体现了一种昂扬的开创历史的主体性精神。在这个充满各种不确定性因素的时代,人类社会面临巨大的困境和挑战,它需要一种坚强的实践意志和主体性精神,才可能维系人类的生存并导向一种更加美好的文明状态。

按照历史唯物主义的基本观点,人类社会是按照内在规律分阶段从低级向高级不断发展进步的历史,其基本规律生产力决定生产关系、经济基础决定上层建筑的决定作用和反作用及其矛盾运动,决定着人类社会发展的基本方向。这一理论揭示出一个真理:社会主义制度的发展和完善是一个长期的历史过程。从大的历史背景看,"资本主义文明发展对人的解放作用始终有两重性:一方面,个性的觉醒,个人的独立,可以说是对当代人类文明发展的一个破题,指向了'每一个人的自由全面发展'这一主题;另一方面,资本主义文明囿于其生产关系和经济形态,资本支配下的个性解放变成了欲望的无度释放,个人的独立变成了自我封闭和自我中心"②。因此,社会主义社会本质上就是发展的,是改革的。如今,在改革开放基本国策的强有力推动下,中国特色社会主义道路越走越宽广,其优越性和有效性正在为越来越多的人所公认。"在社会主义条件下,剥削现象的消亡,形式上的公平平等与事实上的不公平不平等的矛盾的消除,也是一个长期的历史过程。企图一蹴而就,只能是欲速则不达,反而会招致更严重的挫折。但因此放弃公平正义

---

① 郗戈:《历史唯物主义中国化与中国现代性建构》,《江海学刊》2012年第1期。
② 侯惠勤:《历史唯物主义研究要为中国特色社会主义服务》,《高校理论战线》2009年第10期。

和共同富裕原则,同样是错误的。"① 要加紧建设对保障社会公平正义具有重大作用的制度,加大再分配调节力度,着力解决收入分配差距较大问题,使发展成果更多更公平地惠及全体人民。"以人为本"作为科学发展观的核心和实质,就要求更好地体现人民群众的主体地位,体现我国改革和发展依靠人民、为了人民、使人民共享改革和发展成果的根本出发点和价值目标,体现历史唯物主义的真谛。

(三) 中国特色社会主义的重要理论支柱

当年,马克思正是因为有了唯物史观和剩余价值理论这"两大发现",才使社会主义由空想发展为科学。当我们党把科学社会主义的基本原则同我国具体实践和时代特征相结合,实行改革开放,建设中国特色社会主义的时候,同样离不开历史唯物主义的理论支撑和哲学指导。在当代,要创造性地运用历史唯物主义,使中国特色社会主义既具有现实的实践根据,又具有坚实的哲学理论基础。

在改革开放30多年的伟大历史进程中,我们党创造性地运用历史唯物主义,并在实践运用中深化和发展了历史唯物主义。在中国特色社会主义理论体系所体现的历史唯物论中,其所指的生产力是现实的、与一定的生产关系及其经济体制相结合的社会生产力,因此它对与我国现阶段生产力发展状况相适应的生产关系、经济体制和利益结构的选择、改革和调整,同样是在创造性运用历史唯物论。中国特色社会主义的伟大实践,是历史唯物主义展示其科学性和生命力的最大历史舞台,也是历史唯物主义得到不断丰富、发展、深化和创新的最深厚的社会实践基础。

历史唯物主义作为中国特色社会主义最基本的理论支柱,随着我国改革开放和社会主义现代化建设的继续推进,历史唯物主义的进一步发展和深化,甚至是理论形态上的发展和创新,是一个必然的发展趋势。中国社会科学院李崇富教授指出,"我国学界关于历

---

① 李捷:《中国特色社会主义是对科学社会主义的遵循和发展》,《教学与研究》2013年第12期。

史唯物主义的系统理论表述，基本上还是经典的理论形态。也就是说，基本上还是在沿用马克思、恩格斯和列宁所作出的系统和经典的表述。应该说，历史唯物主义的经典表述，依然是在理论形态上进一步现代化的理论基础和理论根据。但是，如果我们仅仅拘泥于历史唯物主义的已有的系统表述，那样就会落后于其他学科的发展"。经过反复思考，他认为，历史唯物主义在理论形态上需要而且可能进一步现代化，可以把经典的历史唯物主义在理论形态上展开为三个基本的组成部分或三个基本的理论层次，这就是历史唯物主义的社会本体论、社会认识论和社会价值论。①

中国特色社会主义的发展，同时也是历史唯物主义中国化和中国现代性建构的双重进展。中国特色社会主义是历史唯物主义中国化与中国现代性建构相互结合的当代典范，既能继承历史唯物主义基本原理，又能适应新的实践要求，从而丰富、发展历史唯物主义基本原理。应当从更高的历史视野出发探讨历史唯物主义问题，自觉认识到历史唯物主义中国化与中国现代性建构之间的契合关系，"历史唯物主义"与"现代中国"之间持续发生着"相互建构"与"双向生成"的动态过程，使得历史唯物主义能够"融入"现代中国的自我建构，"内在于"现代中国。中国化的历史唯物主义与中国现代性的"相互形塑"与"双向生成"，主要体现在现代中国的历史意识、时代定位与发展方向这三个方面：历史唯物主义将进步的历史意识植入现代中国的文化核心；历史唯物主义引导着现代中国的时代定位与时代规划；历史唯物主义为现代中国的发展提供历史向导，塑造着现代中国的发展方向。②

---

① 李崇富：《历史唯物主义在改革开放伟大实践中的创造性运用和发展深化》，《马克思主义研究》2008年第11期。
② 郗戈：《历史唯物主义中国化与中国现代性建构》，《江海学刊》2012年第1期。

第七章

习近平总书记系列重要讲话的理论贡献

十八大以来,面对世情、国情、党情的深刻变化,习近平总书记把握时代和实践的新特点和新要求,结合自身多年从事党政工作的实践总结和理论思考,围绕改革开放前后30年问题、中国特色社会主义"四个全面"战略布局、中国特色社会主义发展的五个理念和中国特色社会主义经济发展"新常态"等发表了一系列重要讲话。这些讲话极具战略性和完整性,坚持和发展了马克思主义,继承和创新了科学社会主义,为马克思主义理论注入了新的时代精神,丰富与完善了中国特色社会主义理论体系,推动了中华民族伟大复兴的实践。

一 "两个不能否定":正确认识社会主义建设探索的价值

新中国的成立使中华民族的历史翻开了新的壮丽篇章,中国共产党带领中国人民取得了革命的胜利,走上了社会主义的道路,这只是万里长征的第一步,如何进行社会主义建设才是后续的难题。经过改革开放三十多年的发展,人民生活水平显著提高,很大程度上满足了人民对提高物质生活水平的要求,缓解了我国的主要矛盾。是改革开放为社会主义经济注入了新鲜的血液,插上了腾飞的翅膀,习近平总书记高度评价了改革开放,指出:"没有改革开放,就没有中国的今天，也就没有中国的明天。"①

在我们享有改革开放带来的巨大成果时，在对待改革开放前后两个三十年的问题上，出现了不同的意见和分歧。如何评价改革开放前后两个三十年问题，不仅是一个理论上的问题，同时还是一个政治问题，在如何看待历史问题上，要放在当时当地的具体历史条件下去分析，如果在对比改革开放前后两个三十年时，用今时今日的成就与发展水平去衡量当时的建设与发展，无疑得出的结论是错误的，对改革开放前三十年如果是全盘否定，这在思想上和实践中的危害是极大的。2013年年初，习近平总书记在新进中央委员会学习十八大精神研讨班上的讲话中提出：不能用改革开放后的历史时期否定改革开放前的历史时期，也不能用改革开放前的历史时期否定改革开放后的历史时期。② 这就要求我们从"两个不能否定"的观点和立场出发，正确认识社会主义建设探索时期的经验与成就。

（一）改革开放前三十年在挫折中积累经验

马克思认为：人们自己创造自己的历史，并不是在他们自己选定的条件下创造，而是直接碰到的、既定的、从过去继承下来的条件下创造。新中国成立初期，在外交政策上，实行了"一边倒"的外交策略，自然而然地在选择新中国发展道路的问题上，基本上是移植了"苏联模式"，也就是苏联在长期的社会主义实践中形成的制度、体制以及建设社会主义的方针、政策。新中国之所以选择"苏联模式"，是有其历史原因与现实基础的，苏联建立了最大的社会主义国家，取得了社会主义建设的成就，起到了成功的示范作用。因此，毛泽东认为：必须诚心诚意地向苏联学习。

新中国成立初期，以毛泽东为代表的第一代中央领导集体，带领中国人民对社会主义发展道路进行了初步探索。有人认为改革开放前三十年，经济没有取得巨大成就，社会也没有明显的进步与发

---

① 人民日报社评论部编著：《"四个全面"学习读本》，人民出版社2015年版，第116页。
② 《正确看待改革开放前后两个历史时期——学习习近平总书记关于"两个不能否定"的重要论述》，《人民日报》2013年11月8日。

展，人民的物质生活水平没有大幅度提高，这些都是制度的束缚与一些政策的失误所导致的。在对待改革开放前后两个三十年的问题上，有些人片面割裂两个时期，用静止的观点分析这个问题，认为改革开放前三十年和改革开放后三十年是各自独立的两个时期，没有发展性与继承性可言。这些观点之所以错误，是因为忽略了事物发展的普遍联系。

在新中国成立初期，我们面对的是一个经历了多年的侵略与战争的土地，留给党和人民的是一个一穷二白的中国，经济落后、人民困苦、百废待兴、处于资本主义国家的封锁中，在很多方面都要从零开始，要从基础建设开始，社会主义建设的难度可想而知。而在这当中，我们更应该肯定的是毛泽东带领的中国第一代领导集体，在这样困难的情况下，带领中国人民把一个百废待兴的中国建设了起来，走上了社会主义道路，其历史功绩不可抹杀。早在"大跃进"之前的1957年3月，毛泽东在南京召开的干部会议上就较明确地提出分步实现经济发展目标的战略构想。他认为，在我国建设起强大的社会主义经济要一百年，而这一百年要分几步来走，大概十几年会稍微好一点，二三十年会更好一点，有个五十年可以勉强像个样子，有一百年才会真正有大成就。在"大跃进"之后，党中央关于国民经济发展分步走的设想被具体化到工业发展的"两步走"安排上，这个"两步走"的战略设想在1964年12月召开的三届全国人大一次会议上由周恩来总理在政府工作报告中做了完整准确的表述："从第三个五年计划开始，我国的国民经济发展，可以按两步来考虑：第一步，建立一个独立的、比较完整的工业体系和国民经济体系；第二步，全面实现农业、工业、国防和科学技术的现代化，使我国经济走在世界的前列。"[①] 历史已经证明，这个国民经济发展"两步走"的战略部署，符合中国的基本国情，经过全国人民近三十年的艰苦努力，到20世纪70年代末，我国的经济建设已经基本完成了建立一个独立的、比较完整的工业体系和国民经济

---

① 中央文献研究室：《建国以来重要文献选编》第19册，中央文献出版社1998年版，第483页。

体系的发展目标，具有长远而又伟大的历史意义。①

1992年邓小平在南方谈话中指出："谁也不敢说办什么事情都有百分百把握，万无一失。"② 在取得这些成绩的背后，我们党本着实事求是的态度，从不否认这一时期的政策失误和所造成的各项损失。总结的原因是多方面的，如忽视了客观经济规律的作用；经济重心偏向重工业；照搬照抄苏联模式；领导人的主观臆断等。社会主义建设中的错误已经发生，今天我们在回顾这段历史的时候不是要抓住错误不放，而是要从错误中积累经验、吸取教训，正确看待改革开放前三十年对于中国特色社会主义道路的意义。邓小平同志是这样评价改革开放前三十年的，他认为这期间尽管犯过一些错误，但还是在三十年间取得了旧中国几百年、几千年所没有取得的进步。

（二）改革开放后三十年打下坚实物质基础

改革开放之路敢于挑战教条主义与苏联模式，是马克思主义基本理论与中国具体实际相结合的产物，是正确审视中国国情，并始终坚持科学社会主义基本原则的精神体现。改革开放前三十年是复制和强化了苏联模式，改革开放后三十年就是改革原有的模式，改革中最迫切的就是要解决人民对提高物质生活水平的要求，探索适合发展的途径与体制，农村联产承包制、开创经济特区、引进外资等措施的实施，使中国的改革浩浩荡荡地开展起来。中国找到了自己的发展道路，并取得了初步的成就，这极大地增长了中国人民的信心和对改革开放道路的自信。必须要坚持中国共产党的领导，发挥党的领导核心作用，经济的改革不能是制度的彻底颠覆，但社会主义的具体形式、具体模式、具体制度要结合本国的实践，具体问题具体分析，不能复制照抄，要从本国国情出发，走自己的发展道路。

1978年党的十一届三中全会召开，标志着我国进入了改革开放

---

① 贾国雄：《论改革开放前后两个三十年中国经济发展的内在联系》，《西南民族大学学报》（人文社会科学版）2014年第8期。

② 《邓小平文选》第3卷，人民出版社1993年版，第372页。

的新的历史时期,中国的面貌发生了翻天覆地的变化,中国特色社会主义的建设取得了举世瞩目的成功,对外开放水平提高,综合国力增强,经济总量跃居世界第二,科技、教育、文化、卫生等事业大力发展,外交、国防、军队建设等也取得重大成就,香港、澳门回归祖国,两岸交流不断扩大,这些成就为我们全面建成小康社会和实现中华民族的伟大复兴提供了必要条件。面对复杂多变的国内国际环境,改革开放所取得的巨大成就显而易见,但并不能证明这三十年是没有问题的,显然这也是不符合马克思主义的唯物辩证法的,同样我们必须要辩证地看待后三十年的建设和发展。澳大利亚经济学家阿恩特认为:"经济发展的实质就是通过提高国民收入,使得每个人都能消费的更多。"[1] 这三十年间,经济是取得了成就,人民也获得了更多的消费,然而经济发展速度过快而遗留下了一些问题,经济发展对资源环境破坏太大,没有实现绿色和高效增长;人民生活水平有所提高,但在关系人民群众切身利益的社会保障、劳动就业、收入差距、教育公平、医疗保障等方面问题居多;区域、城乡间发展还有很大的差距;依法治国和法制化建设还有待加强;部分党员干部消极腐化,严重影响了党在群众心目中的地位。这些都是我们值得反思的地方。

(三)两个三十年统一于社会主义伟大实践

历史一脉相承,不能割裂。看待中国特色社会主义道路发展就是要把历史事件置于整个历史发展的时代中去考察,放在当时当地的条件下去分析,社会有其变化发展的客观规律,中国特色社会主义道路同样是要遵循一定的客观规律不断变化、发展的,因此在研究历史的过程中,不能将它看成机械的、静止的,而要用联系和整体的眼光去看待与分析它。有些人割裂地来看待改革开放前后两个历史阶段,将改革开放前说成是搞社会主义,把改革开放后看成是搞资本主义;用当前社会主义市场经济体制的优越性来否定计划经

---

[1] [澳]海因茨·阿恩特:《经济发展思想史》,唐宇华等译,商务印书馆1997年版,第52—53页。

济体制在当时的作用与贡献,这些观点之所以错误,是因为他们否定了前后两个三十年的连续性与整体性。习近平同志用联系的整体观去看待历史,分析当时的实际情况,他多次指出"不能割断历史",并多次系统地阐述了中国历史、党史和国史发展的连续性。改革开放后的三十年,经济腾飞,人民物质生活水平显著提高,这些都是改革开放前三十年打下的物质基础,因此,在人力、物力、财力等方面提供了必要的支持,简而言之,改革开放后三十年是在前三十年的基础之上发展起来的,改革开放前三十年就是改革开放之路的实践基础。

之所以说两个时期具有连续性的特点,是因为它们相互承接。改革开放是在前三十年社会主义建设的基础之上进行的,是社会主义制度的发展和自我完善,前三十年中,是社会主义建设探索的三十年,没有现成的模板可以让我们参照,没有成功的经验可以让我们借鉴,中国有自己的历史文化传统,有具体的、实际的国情。在改革开放前三十年建设社会主义的探索中,伴随着一些失误一路艰难地走过来,但仍在社会主义建设的各个方面取得了伟大的成就,人民物质文化生活水平有了显著的提高,这是因为我们注重调整生产力和生产关系,改变生产关系和上层建筑中不适应生产力发展的因素。恩格斯认为:"在现代历史中,国家意志总的来说是由市民社会不断变化的需要,归根到底,是由生产力和交换关系决定的。"① 我国改革开放以来取得的巨大成就已经证明,将两个时期相互联系,作为一个整体去看待是正确的。新中国成立以来,第一代党中央领导集体一直在致力社会建设的探索,构筑了社会建设的政治、经济和文化基础,明确了建设目标,采取了统筹兼顾和适当安排的建设布局,取得了伟大的成就。"前三十年"既为"后三十年"打下了基础又为"后三十年"留下了问题。② 两个"三十年"的建设是继承与发展的关系,"后三十年"克服了以往过多军事化的政治动员模式,坚持经济建设的中心地位,允许一部分人和一部

---

① 《马克思恩格斯选集》第 3 卷,人民出版社 1995 年第 2 版,第 776 页。
② 郑杭生:《改革开放三十年:社会发展理论和社会转型理论》,《中国社会科学》2009 年第 2 期。

分地区先富起来，将经济发展的成果反哺社会建设，更加注重民生，尽量惠及民众，使中国社会充满生机与活力。对进一步加强社会建设、妥善协调利益关系、维护社会公正、化解社会矛盾、促进社会稳定具有重要意义。① 正如 2015 年年初，习近平同志在中共中央政治局第二十次集体学习时所说的："坚持发展地而不是静止地、全面地而不是片面地、系统地而不是零散地、普遍联系地而不是单一孤立地观察事物，准确把握客观实际，真正掌握规律，妥善处理各种重大关系。"②

改革开放前后两个三十年，归根到底都是统一于中国特色社会主义伟大实践。中国特色社会主义道路是中国共产党从十一届三中全会以来在实践中探索形成的，"是建立在自身的历史和文化基础之上，与西方经历的道路完全不一样的"③，更是根据中国的实际国情，走出的一条自主发展的道路，这条道路还在向前延伸、不断完善。习近平同志指出："我们党领导人民进行社会主义建设，有改革开放前和改革开放后两个历史时期，这是两个相互联系又有重大区别的时期，但本质上都是我们党领导人民进行社会主义建设的实践探索。"④ 改革开放前后两个三十年实质都是在坚持社会主义基本制度、坚持社会主义发展方向、坚持解放和发展生产力的根本任务、坚持实现全面建成小康社会和实现中华民族的伟大复兴。

二 "四个全面"：治国理政的战略布局

马克思认为：实践是理论的基础，理论对实践具有反作用。恩

---

① 徐德刚：《论新中国成立后三十年社会建设及与当今社会建设的关系》，《湖南师范大学社会科学学报》2016 年第 1 期。

② 习近平：《坚持运用辩证唯物主义世界观方法论，提高解决我国改革发展基本问题本领》，《人民日报》2015 年 1 月 25 日。

③ 谭扬芳：《中国特色道路昭示光明未来——国外学者论"中国发展模式"》，《红旗文稿》2012 年第 14 期。

④ 习近平：《毫不动摇坚持和发展中国特色社会主义 在实践中不断有所发现有所创造有所前进》，《人民日报》2013 年 1 月 6 日。

格斯说过:"理论是发展着的理论,而不是必须背得烂熟并机械地加以重复的教条。"①"四个全面"的战略思想和战略布局就是马克思主义基本原理与中国具体实践相结合的新飞跃,同时也是十八大以来党的治国理论的重要成果创新。"四个全面"战略思想具有实践性和连续性的特点,是中国共产党对社会主义建设道路的探索和发展,旨在建成全面小康社会和社会主义现代化,体现出了习近平总书记对新时期治国理政方略的全新思考和智慧结晶。

"四个全面"战略思想和战略布局不是凭空想象而产生的,它的形成有其理论根基和实践基础,是中国共产党对中国特色社会主义理论体系的丰富和发展,经历了一个从逐步探索到理论飞跃的过程,在新的历史条件下,它更是党和国家领导人最新智慧的凝结。1987年党的十三大正式提出了"三步走"战略,在基本实现小康后,面对新的挑战,习近平总书记提出了全面建成小康社会新的战略部署。2014年12月,习近平总书记在江苏调研时强调,要协调推进全面建成小康社会、全面深化改革、全面推进依法治国、全面从严治党,"四个全面"战略布局是党中央治国理政的总方略,是实现"两个一百年"奋斗目标和走向中华民族伟大复兴中国梦的"路线图"。

(一) 全面建成小康社会激荡"中国梦"

1. 全面建成小康社会的内涵

美国学者托达罗认为:有些国家的发展追求的是取得经济总量和人均国民总值的增长,贫困、失业和收入分配等问题都是第二位的。②我国是社会主义国家,断然不能在经济发展的同时,忽视了一些社会问题。因此,党的十八大适时提出的"全面建成小康社会"的概念,包含了经济小康、政治小康、社会小康、文化小康、生态文明小康在内的五个方面结合起来的小康社会,"全面建成小康社会"是实现中华民族伟大复兴的重要组成部分。习近平总书记

---

① 《马克思恩格斯文集》第10卷,人民出版社2009年版,第562页。
② [美] 迈克尔·P. 托达罗:《发展的含义》,载《发展经济学经典论著选》,中国经济出版社1998年版,第4页。

说过:"中国已经进入全面建成小康社会的决定性阶段,实现这个目标是实现中华民族伟大复兴中国梦的关键一步。"从提出"小康社会"到"总体达到小康水平"再到建成"全面小康","小康"的含义也随着改革开放 30 多年的建设发生着变化,它的内涵也得到了不断的完善和发展,党的十八大后,进入全面建成小康社会新的里程碑时代,这就对新时期的任务提出了更高的要求,包括了经济持续健康发展、人民民主不断扩大、文化软实力显著增强、人民生活水平显著提高、资源节约型环境友好型社会建设取得重大进展,让人民看到一个更加清晰和具体的全面小康社会的蓝图。我国学者东方治认为:全面建成小康社会反映出百年来中国人民渴求小康的共同愿望。①

2. 发展才是硬道理

生产力是社会存在和发展的一般条件,也是推动人类发展和进步的决定性力量,这是马克思主义的基本观点。邓小平提出了整个社会主义历史阶段的中心任务是发展生产力,当前我国的发展还存在发展方式粗放、发展程度不充分、区域发展不均衡等问题,我国东西部地区、城乡之间的生活水平差距过大,社会的不同阶层特别是工农之间收入水平差距、人民的物质精神水平差距较大,贫富差距的拉大,也越来越成为实现全面建成小康社会的阻碍,要实现全面建成小康社会,任重而道远,还需要靠发展。坚持发展是第一要务,以科学发展为主题,加快转变经济发展方式为主线,统筹城乡、区域发展,加快城乡一体化建设,优化经济发展格局,推动经济持续健康的发展,着力改善人民热切关注的民生问题。有学者认为:国家应把民生建设放在国家战略考虑的优先位置。②

3. 全面建成小康社会的措施

在改革开放后的 30 多年间,我国经济取得巨大成就,连续多年经济增长率接近百分之十,在当前经济下行的压力下,我们应持续扩大经济总量,在成为经济大国的同时,力争成为经济强国,要努

---

① 东方治:《新常态 新战略》,国家行政学院出版社 2015 年版,第 33 页。
② 陆卫明等编:《当代中国发展理论与实践》,社会科学文献出版社 2014 年版,第 188 页。

力推动经济持续健康发展，完成全面建成小康社会的基础建设，我国虽然已在经济总量上居于世界第二，但我国是人口大国，开始步入老龄化社会后，人口的红利逐步消失，在未来的发展中，仍需牢牢坚持以经济建设为中心不动摇，解放和发展生产力，在经济新常态下，持有客观冷静的态度，合理看待经济发展的速度，保持经济平稳健康增长，推动产业结构升级，大力扶持新兴产业，发展经济的同时，关注对生态文明的建设，建设资源节约型、环境友好型社会。美国学者丹尼尔·贝尔认为：社会的经济中心应由产品制造业转向服务业，① 美国学者詹明信认为：消费主导生产，主权在买方市场，② 正因如此，我国要大力推动服务业发展壮大，出台有利于服务业发展的有效措施，为服务业开拓发展的新空间。提高经济发展的质量，兼顾经济发展的速度，坚持协调发展，坚持扩大内需，以消费促增长，提高生产质量，打造有影响力的品牌，实现经济发展的良性循环。

（二）全面深化改革让中国道路宽广平坦

全面深化改革是全面建成小康社会的第一个重大战略举措，是"四个全面"战略思想与布局的重要组成部分。随着改革开放后30多年的发展，中国的改革已经进入攻坚期和深水区，党的十八届三中全会确立的全面深化改革，是对改革开放的更深层次的要求，是应对当今时代变迁的新举措。十八届三中全会指出："坚持把完善和发展中国特色社会主义制度，推进国家治理体系和治理能力现代化作为全面深化改革的总目标"③，我们的改革是社会主义制度的自我完善和发展。

1. 治理能力现代化

在十八届三中全会《中共中央关于全面深化改革若干重大问题

---

① ［美］丹尼尔·贝尔：《后工业社会》，彭强译，科学普及出版社1985年简明版，第34页。

② ［美］詹明信：《晚期资本主义的文化逻辑》，陈清侨等译，生活·读书·新知三联书店1997年版，第399页。

③ 习近平：《切实把思想统一到党的十八届三中全会精神上来》，《求是》2014年第1期。

的决定》中提出，全面深化改革的总目标是完善和发展中国特色社会主义制度，推进国家治理体系和治理能力现代化。这是首次在全面深化改革的总目标中提出推进国家治理体系和治理能力的现代化，考验着新一届中央领导集体带领中国人民管理国家事务的能力。中共中央委员、全国政协文史和学习委员会副主任魏礼群认为：实现国家治理体系和治理能力的现代化，就要下定决心，全面深化改革。[①]

2. 改变城乡二元结构

在城市化建设中，我们看到了城市的繁荣和城市的巨大变化，而农村在快速城市化发展过程中，越来越多的农村年轻人趋向于在城市生活，而离开了自己的家乡，剩余劳动力大量流入城市，造成农村劳动力匮乏，土地资源闲置。劳动力向城市的转移，逐渐形成一个新的群体——农民工，他们生活在城市，干的是工人的活儿，为社会建设奉献着自己的力量，却在户籍、社保、子女受教育等问题上，无法享有同等的机会与权利。另外，在城市中，随着经济的发展、城市的建设、新城的扩建、旧城的改造，使得越来越多的拆迁户走向了城市的边缘。党的十八届三中全会要求改变城乡二元结构，党的十八届五中全会再次强调要重点促进城乡区域协调发展，健全城乡发展一体化体制机制，健全农村基础设施投资长效机制，推动城镇公共服务向农村延伸，提高社会主义新农村建设水平。

3. 以增进人民福祉为出发点和落脚点

党的十八届三中全会指出：坚持社会主义市场经济改革方向，以促进公平正义，增进人民福祉为出发点和落脚点。改革是通向中华民族伟大复兴的必经之路，改革中更要坚持以人为本，促进经济社会和人的全面发展，应突出人民在改革和发展中的主体性地位与重要作用，在全面深化改革的过程中，在促进经济发展的同时，更要把尊重人、理解人、关心人作为社会改革的出发点和落脚点。我们就是要让人民共享改革的成果，发展为了人民、造福人民，促进每个人的全面发展，在社会财富增长的同时，将更多的财富注入每

---

① 魏礼群：《四个全面：新布局 新境界》，人民出版社2015年版，第143页。

个个体之中，让改革的成果惠及每一位中国人，唯有此，改革才能大有作为。

（三）中国共产党领导的全面依法治国

我国的法律是人民意志的体现，是人民利益得以保障的有效措施。早在十五大上就明确了，"党领导人民制定宪法和法律，并在宪法和法律的范围内活动"①，当今，我们更要坚持在中国共产党的领导下，将依法治国与人民当家做主有机统一，实现科学立法、严格执法、司法公正、全民守法。

1. 国家治理现代化的需要

邓小平认为："制度和法律不能因领导人的改变而改变，不能因领导人的看法和注意力的改变而改变。"② 国家治理现代化是"坚持走中国特色新型工业化、信息化、城镇化、农业现代化道路"③的延伸，是第五个"现代化"的目标，是对中国特色社会主义制度的完善和发展。法制化更是成为国家治理现代化的应有之义，正如习近平同志指出的，人类社会发展的事实证明，依法治理是最可靠的、最稳定的治理。

2. 实现全面深化改革的保障

在法治下推进改革，将全面深化改革运行在法治的轨道上。法律具有规范性和稳定性的特点，能够保障改革顺利地实施，改革是一种变革，也是社会主义制度的完善，改革具有风险，在改革中难免遇到一些不确定因素的影响，这就需要用法律去规避，来保障全面深化改革在预定的轨道上运行。党的十八届四中全会提出：一体部署、一体落实、一体督办，就体现出了在法治下进行改革的思路。

3. 维护国家长治久安的必要条件

全面依法治国，是中国共产党带领中国人民在革命、建设和改

---

① 《中国共产党十五次全国代表大会文件汇编》，人民出版社1997年版，第32页。
② 《邓小平文选》第2卷，人民出版社1994年版，第146页。
③ 胡锦涛：《坚定不移沿着中国特色社会主义道路前进，为全面建成小康社会而奋斗——在中国共产党第十八次全国代表大会上的报告》，人民出版社2012年版，第20页。

革中总结出来的重要结论，纵观中国历史，"法存则国安，法亡则国危"，在实现中华民族伟大复兴的道路上，法治的推动力量只能前进不能倒退，维护法律地位，法治能使国家的各项事务井然有序，全面依法治国能够保障民主机制有序运行，让法治成为人们日常生活中不可或缺的一部分。坚持中国特色社会主义道路，推进全面依法治国的实施，对党的发展与国家的长治久安具有深远意义，为党和国家事业的前进提供了根本性、制度性、长久性的保障。

（四）全面从严治党铸造党的强大生命力

全面从严治党，不断加强党的自身建设，永葆党的强大生命力，为中华民族的伟大复兴提供有力的政治保障。习近平总书记指出："我们党是一个拥有8600多万党员，在一个13亿多人口的大国长期执政的党，党的形象和威望，党的创造力和凝聚力直接关系到党的命运、人民的命运、民族的命运。"①

1. 加强党自身建设的需要

当前国内外形势复杂多变，中国共产党承担着带领中国人民实现中华民族伟大复兴的重任，经历着前所未有的执政的考验，对党的领导能力、执政水平都有了更高的要求，相应的，对党员干部的素质、能力、作风就有了更高的要求，加强党的自身建设就更加具有紧迫性。治国必须治党，治党必须从严，中国共产党作为中国特色社会主义事业的领导核心，必须提高党员干部队伍整体能力，只有严，才能遏制腐败、转变作风，切实增强党的战斗力与凝聚力，全面从严治党，加强党的自我净化、自我完善、自我创新能力，永葆党的生机与活力。

2. 实现中华民族伟大复兴的政治保障

中国共产党是中国特色社会主义事业的领导核心，在新的历史条件下，只有中国共产党才能带领中国人民实现中华民族伟大复兴的"中国梦"，面对复杂多变的内外部环境，对我党的纯洁性要求

---

① 习近平：《在党的群众路线教育实践活动总结大会上的讲话》，《人民日报》2014年10月9日。

就更高，干部队伍的纯洁性影响着人民群众对党和政府的信任程度，对于执政党来说，只有懂纪律、守规矩，才能使全党上下团结一致，这样更能凝聚起广大人民群众的信心。全面从严治党，是全面建成小康社会、全面依法治国、全面深化改革的政治保障。同时也是中华民族伟大复兴道路的方向所在和力量之源。当今，我们比任何时期都更接近实现中华民族的伟大复兴，比任何时候都更有能力实现中华民族的伟大复兴，越是在关键时期，中国共产党就越不能懈怠。

三 "五大发展理念"：引领发展思路和方向

创新发展、协调发展、绿色发展、开放发展、共享发展的五大发展理念，是我国"十三五"规划的发展思路和发展方向。无论怎样发展，生产力的发展仍然是最根本和最基础的，坚持五大发展理念，要注重六个原则的运用，即坚持人民主体地位，坚持科学发展，坚持深化改革，坚持依法治国，坚持统筹国内国际两个大局，坚持党的领导。

（一）发展是中国特色社会主义的第一要务

经过改革开放30年的飞速发展，我们在经济建设方面取得了巨大的成就，但当前我国社会的主要矛盾和基本国情没有改变，我国仍处于并将长期处于社会主义的初期阶段，人民日益增长的物质文化需求同落后的社会生产力之间的矛盾没有改变，因此，发展仍是建设中国特色社会主义的第一要务。只有经济、社会、环境等方面的发展进步了，才能满足人民日益增长的物质文化需求，解决好基本矛盾，让人民共享发展的成果。发展的成果，不能单单强调GDP的高低，但也并不是说GDP发展指标不重要，经济发展是基础，没有经济发展的铺垫其他的发展举步维艰。在强调经济增长的同时，经济的质量和文化繁荣发展必不可少，德国学者塞曼·杜林认为：

"一个国家和民族的价值观念、思想意识、行为方式只有通过大规模的文化产业,才能渗透到千万人的生活中去。"①

坚持发展是第一要务,我们也应客观地看到,当前我国在发展中面临的困难可能会更多、压力会更大。这就需要全面深化改革,改革已进入深水区和攻坚区,我国产业结构调整的压力不断加大,国际形势复杂多变,对外贸易面临许多不确定因素,科技创新能力不足,研发投入和成果转化水平较低,新技术、新产品仍不多,动力转换还需一个过程。在这种情况下,我们更要坚持发展第一要务不动摇,以提高经济发展质量和效益为中心,一心一意谋发展、抓发展、促发展。坚持发展第一要务不动摇,还需贯彻十八届五中全会精神,统一于中国发展新理念,提高发展的质量和速度;坚持发展第一要务不动摇,更要发扬艰苦奋斗的精神,真抓实干,推动科技创新发展,发挥科技化和信息化的带动作用,调节资源配置,优化产业结构,构建产业新体系,培育发展新动力,完善发展新机制,推进国企改革,建立企业效益机制,建立现代企业制度,发挥政府职能,完善宏观调控,解决制约发展的问题,进一步激发经济发展活力;坚持发展第一要务不动摇,也要更加注重发展的协调性,缩小地区和城乡间的差距,调节过高收入,保障低收入者,完善社会保障制度,改善人民生活水平,实现国强民富,增强改革和发展后劲。

《中共中央关于制定国民经济和社会发展第十三个五年规划的建议》(以下简称《建议》)中强调:"加大结构性改革力度,加快转变经济发展方式,实现更高质量、更有效率、更加公平、更可持续的发展。"发展的目的是为了人民,科学发展是为了让人民有更好的生活。② 社会主义制度的优越性在于我们不止步于生产力的发展,而在于实现全面建成小康社会的奋斗目标,推动经济社会健康持续发展。我们必须坚持科学发展,坚持以人为本,立足我国现

---

① [德]塞曼·杜林:《全球化与后殖民主义》,王宁、薛晓源译,中央编译出版社1998年版,第31页。
② 本书编写组:《中国发展新理念——学习贯彻党的十八届五中全会精神》,新华出版社2015年版,第23页。

阶段的基本国情和发展的新特征，坚持符合经济规律的科学发展，积聚放大经济社会发展的新亮点、新动力，努力做好"分好蛋糕"的任务，实现共同富裕，让发展高质量、有效率、更公平、更持续化。

（二）创新发展

改革和发展是当今中国的时代主题之一，发展离不开创新，改革更离不开创新。正如习近平总书记强调的，创新是发展的第一动力。十八大报告指出要实施创新驱动发展战略，十八届五中全会提出了创新、协调、绿色、开放、共享五个发展理念，创新摆在首位，进一步强调了创新的重要性，"把创新摆在国家发展全局的核心位置，让创新贯穿党和国家一切工作，让创新在全社会蔚然成风"①，丰富了创新发展的内涵，明确了创新发展的道路，这为改革与发展的大局提供了思想保障和行动指南。

要实现中华民族的伟大复兴，走中国特色社会主义道路，我们有必要吸取和借鉴西方发达国家在经济发展中的经验教训，将科学技术与创新发展提升到国家战略的层面上来。恩格斯曾说过："在中世纪的黑夜之后，科学以意想不到的力量一下子重新兴起，并且以神奇的速度发展起来"②，而这个奇迹应当归功于生产，还指出："社会一旦有技术上的需要，这种需要就会比十所大学更能把科学推向前进"③。纵观世界历史发展，一些西方资本主义国家的发展，都是抓住了在科技革命中的生产力发展的机会，从而极大地促进了经济的发展。邓小平强调："马克思讲过科学技术是生产力，这是非常正确的，现在看来这样说可能不够，恐怕是第一生产力。"④ 在经济全球化的时代，科技变革日新月异，我国已进入经济改革的深水区和攻坚区，科技创新势在必行。要坚持科技创新，大力发展先进生产力，培育经济发展的新动力。

---

① 《中国共产党第十八届中央委员会第五次全体会议公报》，人民出版社 2015 年版，第 7 页。
② 《马克思恩格斯文集》第 9 卷，人民出版社 2009 年版，第 427 页。
③ 《马克思恩格斯文集》第 10 卷，人民出版社 2009 年版，第 668 页。
④ 《邓小平文选》第 3 卷，人民出版社 1993 年版，第 275 页。

(三) 协调发展

发展是当今时代的主题，改革是当代中国鲜明的特征，我国正踏着改革与发展的步伐大步前进，改革开放 30 年来的经济高速发展，成就的背后也隐藏着许多问题，在实现中华民族伟大复兴的道路上，在全面建成小康社会的重要关头，要着力解决发展中暴露出的发展不平衡、不协调、不可持续等问题，以达到更高水平的小康。

正确处理发展中的重大关系，重点促进城乡区域协调发展，促进经济社会协调发展，促进新型工业化、信息化、城镇化、农业现代化同步发展，在增强国家硬实力的同时注重提升国家软实力，不断增强发展整体性。增强发展协调性，必须在协调发展中拓宽发展空间，在薄弱领域中增强发展后劲。《建议》指出了要把坚持协调发展贯彻落实到四个方面即"四个推动"：推动区域协调发展，推动城乡协调发展，推动物质文明和精神文明协调发展以及推动经济建设和国防建设融合发展。协调发展注重的是解决发展不平衡问题。①

(四) 绿色发展

生态文明是以人（社会）与自然和谐共生为核心的价值观，②生态环境问题已经成为发展中必须要解决的问题，美国学者卡逊认为："等待的时间越多，要面对的危险就越多。"③ 在过去几十年间，环境资源和生态空间的承载度相对较大，我国为了追求经济的发展，忽视了对环境的破坏，甚至在引进外资的过程中，发达国家将高污染行业的生产引入我国，这些对生态环境造成了严重破坏。恩格斯告诫我们："不要过分陶醉于我们人类对自然界的胜利"，因为"对于每一次这样的胜利，自然界都对我们进行报复"。④ 2015 年

---

① 严书翰：《中国共产党发展理念的演进与创新》，《人民论坛·学术前沿》2016 年第 3 期。
② 潘岳：《生态文明知识读本》，中国环境出版社 2013 年版，第 6 页。
③ ［美］蕾切尔·卡逊：《寂静的春天》，吕瑞兰等译，吉林人民出版社 1997 年版，第 14 页。
④ 《马克思恩格斯选集》第 9 卷，人民出版社 2009 年版，第 559—560 页。

12月8日北京首次启动红色雾霾预警就是最好的例证,这就是"起初确实取得了我们预期的结果,但是往后和再往后却发生完全不同的、出乎预料的影响,常常把最初的结果又消除了"。① 基于当前迫切需要解决的经济发展与资源环境间的矛盾,党的十八届五中全会提出了绿色发展的理念。《建议》指出了要把坚持绿色发展贯彻到六个方面:促进人与自然和谐共生,加快建设主体功能区,推动低碳循环发展,全面节约和高效利用资源,加大环境治理力度和筑牢生态安全屏障。绿色发展注重的是解决人与自然和谐共生问题。

要解决当前的环境问题,绿色发展就是我们必须长期坚持的发展理念,体现出党对我国未来发展的深思熟虑和对人类长远文明进步的深邃思考。恩格斯指出:"我们连同我们的肉、血和头脑都是属于自然界和存在于自然界之中的。"② 我们和自然的关系如此密切,在全面建成小康社会的关键阶段,小康全面不全面,生态环境是关键,绿色发展是符合我国全面建成小康社会"五位一体"战略总布局的要求,是解决人与自然的和谐相处的最佳选择。

(五) 开放发展

当今世界,没有任何一个国家可以离开世界舞台独立发展,改革开放为我们带来了经济的巨大飞跃,取得了举世瞩目的成就,经济全球化时代,中国与世界的发展深入融合,中国是世界舞台不可或缺的力量,要取得更多的成就,当前就要坚持开放发展,实现合作共赢。回望改革道路,远瞻未来发展道路,必须坚持开放发展,正如习近平总书记所言:"不断扩大对外开放、提高对外开放水平,以开放促改革、促发展,是我国发展不断取得新成就的重要法宝"③,也就是必须顺应我国经济深度融入世界经济的趋势,奉行互利共赢的开放战略,发展更高层次的开放型经济,积极参与全球经济治理和公共产品供给,提高我国在全球经济治理中的制度性话语

---

① 《马克思恩格斯文集》第9卷,人民出版社2009年版,第560页。
② 同上。
③ 习近平:《加快实施自由贸易区战略 加快构建开放型经济新体制》,《人民日报》2014年12月7日第1版。

权，构建广泛的利益共同体。

开创对外开放新局面，必须丰富对外开放内涵，协同推进战略互信、经贸合作、人文交流，努力形成深度融合的互利合作格局。《建议》对坚持开放发展做了五个方面的部署：完善对外开放战略布局，形成对外开放新体制，推进"一带一路"建设，深化内地和港澳、大陆和台湾地区的合作发展并积极参与全球经济治理。

开放发展注重的是解决发展内外联动问题。坚持全面对外开放战略，就要统筹协调国内国际两个大局。把握政策和环境的变化，立足国内市场，拉动内需，充分利用有利的外部资源，抓住"转型升级发展"的时机，注重国内和国际经济的联系，运用好联动效应。诚如美国学者杰里米·里夫金所言："传统的系统的思维与整体的观念，有助于中国理解、融入和推进第三次工业革命。"① 发展我国经济，同时发挥好大国的作用，维护区域内经济利益，为推动全球经济共同发展做出自己的贡献。

（六）共享发展

共享发展的意义在于促进公平正义，增进人民福祉，让改革的成果惠及十三亿国人，进一步实现人的自由全面发展。当前已进入全面建成小康社会的决胜阶段，要让人民共享发展与改革成果，要让人民享有教育公平，享有社会保障，享有高水平的医疗卫生条件，拥有舒适的住房，生活在绿色健康的环境中，这些都是十八届五中全会重点安排和部署的问题，为人民共享发展成果、共享人生出彩的机会、共享梦想实现的时刻提供了广阔的平台。在《中共中央关于制定国民经济和社会发展第十三个五年规划的建议》中指出："发展人民民主，维护社会公平正义，保障人民平等参与、平等发展的权利，充分调动人民积极性、主动性、创造性。"② 提出要把坚持共享发展落实到七个方面：增加公共服务供给，实施脱贫攻

---

① ［美］杰里米·里夫金：《第三次工业革命：传统文化精神大有可为》，《中国社会科学报》2014年4月4日。

② 本书编写组：《中国发展新理念——学习贯彻党的十八届五中全会精神》，新华出版社2015年版，第23页。

坚工程，提高教育质量，促进就业创业，缩小收入差距，建立更加公平、更可持续的社会保障制度和推进健康中国建设。共享发展注重的是解决社会公平正义问题。

唯物史观认为：人民群众是历史的创造者。当前我国的发展为了人民，发展依靠人民，人民群众是推动发展的根本力量，把实现好、维护好、发展好最广大人民的根本利益作为发展出发点和落脚点。坚持人民主体地位和以人民为中心的思想，解决好人民热切关心的问题，努力增进人民福祉，实现人的全面发展。我国在坚持人民民主的同时，更凸显出了人民的主体地位，这是更高水平民主的体现。恩格斯认为在一切人的共同特性所及的范围内，他们是平等的，"一切人，或至少是一个国家的一切公民，或一个社会的一切成员，都应当有平等的政治地位和社会地位"[1]。基于此，十八届五中全会提出共享是中国特色社会主义的本质要求，实际是以共享作为所有发展方式的着眼点和落脚点，作为五大发展理念的归宿。"按照共享发展的理念着力发展和改善民生，切实让人民享有更多的发展权利和发展机会，切实让人民更多分享改革和发展红利、提升获得感，切实维护社会公平正义，能有效强化中国特色社会主义本质属性。"[2]

坚持这五大发展理念是我们党对发展的新认识、新飞跃，是"十三五"乃至更长时期我国发展思路、发展方向、发展着力点的集中体现。习近平总书记指出："坚持创新发展、协调发展、绿色发展、开放发展、共享发展，是关系我国发展全局的一场深刻变革。这五大发展理念相互贯通、相互促进，是具有内在联系的集合体，要统一贯彻，不能顾此失彼，也不能相互替代。哪一个发展理念贯彻不到位，发展进程都会受到影响。"[3]

---

[1] 《马克思恩格斯文集》第9卷，人民出版社2009年版，第109页。
[2] 熊晓琳：《五大发展理念与中国特色社会主义》，《思想理论教育导刊》2016年第1期。
[3] 《习近平在党的十八届五中全会第二次全体会议上的讲话（节选）》，《求是》2016年第1期。

四 适应经济发展"新常态"

"新常态"最早是由美国太平洋基金管理公司总裁埃里安提出,意指国际金融危机后世界经济缓慢而低增长的过程。伴随着改革与发展的步伐,我国经济取得了举世瞩目的成就,在经济高速增长的背后,也隐藏着一些风险,产业结构失衡、贸易增长伴随着高污染,对外开放中存在的问题、政府对市场的干预过多等问题逐步暴露出来。中央从当前我国经济发展的阶段性特征出发,对其进行了新的定义,意指我国经济发展在新阶段呈现的一种崭新的而且将持续一段时间的发展态势,即从高速增长转为中高速增长,经济结构优化升级,从要素驱动、投资驱动转向创新驱动。2014年年底中央经济工作会议强调指出:要认识新常态,适应新常态,引领新常态,是当前和今后一个时期我国经济发展的大逻辑。由此可见,习近平主席提出的新常态事实上反映了中国经济进入了一个新的发展阶段。

(一) 经济发展新常态的基本构成

1. 消费需求

我国是人口大国,更是消费大国,无疑是具有巨大潜力的消费市场,是跨国公司的必争之地。扩大内需能有效地拉动经济增长,随着贸易的国际化,人民生活水平的提高,人们对产品质量和安全的要求也越来越高,个性化、多样化消费渐成主流。通过创新供给激活需求的重要性显著上升,要激发出消费的潜力,必须采取正确的消费政策,使消费继续在推动经济发展中发挥基础作用。

2. 信息技术

在当今互联网信息化的大数据时代,2015年中国移动支付交易规模超过1.5万亿元,并将以100%的速度增长。在经济全球化的时代,国内巨大的市场份额在我国本土的竞争尤为激烈,更加应该着眼于互联网这个新兴且有无限发展潜力的贸易平台,提高科学技术创新能力,抓住技术变革的机会,实现创新模式的新常态。

3. 国际贸易

中国是世界上的贸易大国，但距离贸易强国还是差距颇大的，要完成这一转变，贸易增长方式就是核心环节。随着我国人口的红利逐步消失，低成本优势逐步减弱，而跨国公司全球范围内的扩张不断加速，我们必须走自主创新道路，要实现高水平引进来、大规模走出去。

4. 产业组织方式

根据2014年经济普查的数据，新兴产业、服务业和创业企业集中的小微企业为我国提供了大量的就业，激发了经济的新活力，也成为就业保障的最大来源。这些企业的生产规模小，但其搭载了高科技的发展平台，凭借其智能化的技术优势，逐步在经济发展中占据了重要地位，同时其专业化的水平为其发展提供了强大的动力。

5. 生产要素

随着人民生活水平的不断提高，一些人不愿再生育更多的孩子，生育率持续下降是必然趋势，这是一个社会问题，也是一个经济问题，这就必然导致了劳动力的匮乏，面对即将消失的人口红利，这就要求我们转变经济增长方式，经济的增长将更多地依靠人力资本的质量和新的科技进步上来。

6. 市场竞争

过去的竞争主要是数量上的竞争和价格战，随着经济发展和对外开放水平提高，统一全国市场、提高资源配置效率是经济发展的内在要求，十八届五中全会强调要坚持开放发展，发展更高层次的开放型经济，因此，必须深化改革开放，加快形成统一透明、有序规范的市场环境。

7. 资源环境

马克思认为："自然界才是人自己的**合乎人性的**存在的**基础**，才是人的现实的生活要素"[①]，美国学者福斯特认为："社会的支配力量不是追逐利润，而是满足人民的真正需求和社会生态可持续发

[①] 《马克思恩格斯文集》第1卷，人民出版社2009年版，第187页。

展的要求。"① 正因如此,我们必须摒弃以前的环境破坏式的经济增长,当今必须顺应人民群众对良好生态环境的期待,推动形成绿色低碳循环发展新方式,完善环境保护的相关法律法规,倡导资源节约型、环境友好型的经济发展"新常态"。

8. 经济风险

随着经济的发展,经济增速逐步下降,经济环境复杂多变,各类风险逐步凸显,经济风险总体是可以控制的,但化解以高杠杆和泡沫化为主要特征的各类风险将持续一段时间,应建立有效的风险预警机制,提早防范,减少各类风险对我国经济的冲击。

9. 资源配置

党的十八届三中全会的《中共中央关于全面深化改革若干重大问题的决定》指出:"经济体制改革是全面深化改革的重点,核心问题是处理好政府与市场的关系,使市场在资源配置中起决定性作用和更好发挥政府的作用。"经过改革开放30多年的发展,传统的计划经济模式已经转变,社会主义市场经济体制初步建立,针对市场体系不健全,市场活力无法激发等问题,当前就是要完善市场体系,构建新的开放性市场经济体制。

(二) 经济发展新常态的运行规律

1. 经济增速逐步放缓,增量依旧可观

当前最重要的就是逐步进入一个较长时期且相对稳定的经济发展状态。十八届五中全会强调:"当前要团结带领全党全军全国各族人民,坚持稳中求进工作总基调,积极引领经济发展新常态,着力推进改革开放,加强和创新宏观调控,有效化解各种风险和挑战,保持经济平稳较快发展和社会和谐稳定。"② 在进入全面改革的深水区和攻坚时期,经济下行的压力势必越来越大,要顶住下行压力,保持经济的持续稳步增长,给经济发展一个修复时期,修复我

---

① [美]约翰·福斯特:《生态危机与资本主义》,耿建新等译,上海译文出版社2006年版,第96页。

② 习近平:《夺取全面建成小康社会决胜阶段伟大胜利》,《人民日报》2015年10月30日。

们在经济高速增长的背后留下的隐患。

2. 经济增长更趋平稳，增长动力更为多元

增长速度降下来后，要实现7%左右的平稳上升，中国本土就是一个巨大的消费市场，更多地应该转向国内市场，主要靠消费拉动内需，实现经济的增量。"要素价格的不断上升会改变中国经济原有的比较优势，弱化我们对传统产业的竞争优势，同时下拉中国经济增长速度。在这种条件下，企业只有依靠技术进步、劳动者素质提高、管理水平提升等生产率和创新驱动因素支撑，才能够达到新的比较优势的均衡，才能够生存和发展，因此预示着中国将进入创新驱动和结构调整的快车道。"①

3. 经济结构优化升级，发展前景更加稳定

党的十八届三中全会的《中共中央关于全面深化改革若干重大问题的决定》指出：混合所有制经济是经济制度的重要实现形式，是对社会主义市场经济制度新的探索，是对社会主义初级阶段基本经济制度内涵的丰富和发展。公有制经济和非公有制经济都是社会主义市场经济不可或缺的重要组成部分。要推动混合所有制经济的发展，首先就要把公有制经济和非公有制经济放在同等重要的位置上，在一些领域，打破竞争的壁垒，逐步减少对公有制经济的特殊保护，引入竞争机制，建立一个公平竞争的环境，消除对非公有制经济的歧视；其次，在发展国有资本控股的混合所有制经济的基础上，也要鼓励发展非公有制资本控股的混合所有制经济，允许非公有制经济入股、参股和控股，参与基础性项目的建设经营和管理等，激发社会主义市场经济的新活力。

4. 政府大力简政放权，市场活力进一步释放

要使市场在资源配置中起决定性作用，处理好政府与市场的关系才能更好地发挥政府的作用，市场有其运行规律，经济有其自发展周期。政府应尊重经济运行规律，最大限度地放权于地方与市场，建立现代企业制度，尊重企业在市场中的主体地位。优化政府

---

① 刘志彪：《政策标准、路径与措施：经济转型升级的进一步思考》，《南京大学学报》2014年第5期。

的审批程序，提高企业的自主决策权，增强企业活力，政府更好地发挥其监管作用，完善相关经济法律法规的制定与实施。政府还应健全宏观调控体系，优化生产力布局和协调经济结构，规避与防范风险，维护市场稳定，促进经济的良性循环与健康发展。

（三）适应经济发展新常态的对策

1. 实现科学宏观调控

郑永年认为：西方的经济危机多发生在"看不见的手"完全主导了经济活动，而政府"看得见的手"不能有效规则市场的时候。[①] 应将稳健的宏观经济政策与具有活力的市场相结合，有效地发挥宏观经济政策的调节作用。了解经济发展周期，把握供求关系变化动态，发挥宏观调控的杠杆作用，完善相关经济法律法规的制定与实施，健全宏观调控体系，实现科学宏观调控，优化生产力布局和协调经济结构，规避与防范风险，维护市场稳定，促进经济的良性循环与健康发展。

2. 提高对外开放水平

对外开放是我国的一项基本国策。我国学者曹立认为："应该将对外开放看作关系到我国经济、政治、社会以及文化等多方面的共同发展的战略不断进行下去。"[②] 面对经济全球化和我国全面深化经济改革的局势，要处理好改革与开放的关系，要以开放促进改革，以改革促进开放。第一，要建立完善的涉外经济法律法规体系，健全管理机制，改变在对外贸易中阻碍发展的因素，让我国的优秀企业顺利走出国门，打造世界级的优秀品牌，更好地发挥市场的决定性作用，同时，要保障市场的公平性与竞争性，健全我国的技术壁垒体系和反倾销、反垄断体系，用全球化的眼光来审视对外开放的大环境。第二，在与一些国家的贸易摩擦中，政府要成为我国贸易利益的维护者，敢于运用法律和行政的手段来保护我国在对外贸易中的正当利益，从而维护好国家利益和企业利益，保障我国

---

① 郑永年：《新形势下的中国模式》，《中国模式经验与挑战》，中信出版社2016年版，修订版序第Ⅺ页。

② 曹立：《中国经济新常态》，新华出版社2015年版，第267页。

经济安全。在国际经济事务中，要发挥大国作用，积极参与国际贸易经济规则的制定，建立区域贸易经济共同体，保护区域贸易利益，维护好公正公平的国际贸易新秩序。建立经济危机预警机制，防范国际经济危机，把我国的受影响程度降到最低。在经济"新常态"下，实现我国贸易的持续稳步增长，就要依靠技术创新，加大自主创新的投入，生产出高质量、高档次的商品，增加商品的附加值，在出口贸易的数量和质量上同时提高，做到以质取胜。

3. 加大公共服务力度

在经济"新常态"下，政府的作用应更加倾向于解决民生问题。学者刘志强认为："民生工程"的其中一层含义就是"意味着发展重心的转移和重视人民幸福"[①]，也就是说，要让人民共享改革发展的红利。具体来说，技术要关注公共服务，增进公共服务的支出，重视居民收入、社会保障与劳动就业等问题，确实解决好与人民切身利益相关的经济问题，在经济发展中，调节过高收入，缩小贫富差距；关注环境保护，优先发展在经济中的环保、民生、高科技项目；重点监督与人民生活息息相关的食品、药品安全问题，把好涉及人民群众身体健康与安全的大关；基础设施的建设和基础性服务的改善，是人民可以切身感受到的发展的成果，人民生活水平的高低是经济发展成果最直接的体现形式。与西部地区相比，在中东部地区，我们感受最深的是更多的城市生活设施、便捷的交通服务、发达的医疗卫生和高质量的教育水平。让改革的成果惠及更多的中国人，最基础的就是要缩小区域间的基础服务设施差距，实现区域间公共服务的均等化，切实提高欠发达地区人民的生活质量。

4. 抓住城镇化发展的新机遇

在破除城乡二元结构的过程中，在城乡居民共享改革发展成果的同时，我们还应看到这个过程中带来的经济发展契机。在城乡一体化的道路上，我国城镇化率从1978年的17.90%发展到2014年

---

① 刘志强：《双重追赶战略下的均衡中国与经济变革：十八大后中国经济的战略取向》，《江海学刊》2013年第2期。

的 54.77%。农民在城市打工，生活在城市，却没办法享受到城市经济发展带来的变化，没办法享受到城市的基础设施，没办法享受和城市户口一样的社会保障福利等。据统计，2014 年中国有近 3 亿的农民工，通过国家的投资，带来的不单是城乡二元结构的改变，还包括农民工享受到了经济变革的成果。尽管经济发展速度放缓，但对城镇化发展的投资，无疑是在质上对我国经济的又一次拉动。农民工的城镇化，另一方面就是在城镇中的消费，毋庸置疑，在未来的几十年内将是经济"新常态"下经济增长的强大推动力。

5. 推动经济可持续协调发展

我国学者韩庆祥认为："可持续"强调的是我国必须走生产、生活和生态相统一的可持续文明发展道路，"协调"强调的是现代化建设的各方面都要协调发展，[①] 经济的可持续协调发展更是经济发展新常态的内在要求。

缩小区域经济发展的差距是全面推动区域间经济发展水平协调的根本之策。现阶段我国区域间的协调发展战略包括：优先推进西部大开发，全面振兴东北等老工业基地，大力促进中部地区崛起，积极支持东部地区率先发展、加大对革命老区、民族地区、贫困地区的扶持力度等内容。改革开放初期，为了让东部沿海地区和特区先富起来，西部地区的丰富资源给予了大力的支持，牺牲了局部地区的经济利益。如今，在全面建设小康社会的重要时刻，要让改革的成果惠及整个中华大地，惠及每一位中国人，就要打破区域间生产要素自由流动的阻碍，有效提高资源配置的效率，建立资源配置与资源流动的公平机制，让市场在资源配置中发挥决定性的作用。

区域间的生产要素和商品实现自由流动和平等交换，同时更要注重环境的保护和资源的节约。发展初期，单单追求经济利益而忽略资源环境代价，经过几十年的发展，环境开始不断恶化。经济增长不能再靠牺牲环境来换取，靠政府的"输血"式的扶贫也是远远

---

① 韩庆祥等编：《中国特色社会主义基本原理——中国话语体系研究》，高等教育出版社 2015 年版，第 164 页。

不够的。落后地区只有经济真正实现绿色可持续发展，相应的配套设施才能跟上，相应的服务才能改善，落后地区的人民生活水平才能真正地提高。大力发展绿色产业，政策上倾向于对绿色产业的扶持，做大做强我国的绿色产业，完善环境保护的相关法律法规，倡导资源节约型、环境友好型经济发展模式，从根本上促进西部地区的经济发展，改善西部地区落后的经济状况。

（四）新常态下的供给侧改革

2015 年 11 月，习近平总书记主持召开中央财经领导小组第十一次会议，首次提出"供给侧改革"，强调在适度扩大总需求的同时，着力加强供给侧结构性改革，着力提高供给体系质量和效率，增强经济持续增长动力，推动我国社会生产力水平实现整体跃升。此后，供给侧改革成为各界关注的热词，学术界围绕这一个概念的研究迅速增多，有的认为所谓供给侧改革，就是从供给、生产端入手，通过解放生产力，提升竞争力，促进经济发展。具体而言，就是要求清理僵尸企业、淘汰落后产能，将发展方向锁定在新兴领域、创新领域，创造新的经济增长点。[①] 也有人认为，供给侧结构性改革就是中央提出的四个方面，具体包括化解产能过剩、降低实体经济企业成本、化解房地产库存和防范化解金融风险等。2015 年中央经济工作会议提出"三去一降一补"，即去产能、去库存、去杠杆、降成本、补短板，"发展知识密集型经济，执行技术追赶和创新驱动将成为未来追赶发达国家的主要方式，同时也是供给侧改革的主要目标"。[②]

"供给侧改革"将作为一条主线贯穿于"十三五"规划的制定和实施之中。"供给侧结构性改革主要是从要素端、生产端改革入手，通过对要素结构、经济结构和产业结构的重新调整和优化，改革不合理的制度障碍，促进要素资源合理配置，推动经济持续健康发展。其政策着眼点是从经济运行的源头入手，更加突出长远的转

---

① 《供给侧改革到底是什么?》，《人民日报》2015 年 12 月 1 日。
② 龚刚：《论新常态下的供给侧改革》，《南开学报》（哲学社会科学版）2016 年第 2 期。

型升级和活力再造。需求侧改革从经济运行的结果入手,主要采取扩大投资、鼓励消费等方式扩大需求,从政策效果看,对经济回暖、就业稳定、社会民生等作用明显,但副作用较大,有时候甚至会延误经济结构调整的战略机遇期。"①

在中央大力倡导"供给侧改革"的同时,重视促进供给与需求的结合。如《国务院关于积极发挥新消费引领作用、加快培育形成新供给新动力的指导意见》就是最好的阐释。为此,在面临供给与需求双下降的背景下,必须供给与需求相结合,供需双侧发力,助推经济平稳转型。在消费端,要重点通过体制改革和政策调整,破除市场壁垒和地方保护,创造新供给、提高供给质量来扩大消费需求。此外,要注重把淘汰落后产能和创新创业结合起来,把原来僵尸企业占用的各种资源,包括土地、信贷等,在政府引导下流向新兴产业,实现除旧立新。② 加大破除制约服务业产业新增长点发展的体制机制障碍,深化社会领域和事业单位改革,鼓励社会资本参与公共服务体系建设,推动金融、医疗、教育等服务业领域产业新增长点发展。③

五 习近平总书记系列重要讲话的理论特点

十八大后,"中国高层的权利交接的意义不在于否定西方模式,而是走出了一条符合自己文化传统和现实的道路来"④。习近平总书记结合当前的世情、国情、党情,带领中国人民走出了一条适合当前中国发展的道路,丰富和发展了马克思主义中国化的新内涵。马克思恩格斯认为,在运用他们的基本原理时,"随时随地都要以当时的历史条件为转移"⑤。列宁也认为,马克思的基本理论不是一成

---

① 《重点领域改革节点研判:供给侧与需求侧》,《改革》2016年第1期。
② 盛朝迅:《新常态下产业新增长点发展的三种路径及培育策略》,《中国发展观察》2015年第12期。
③ 苏波:《着力培育新的工业增长点》,《求是》2015年第6期。
④ 袁静:《中共权力交接班的独特价值》,《人民论坛》2013年第10期。
⑤ 《马克思恩格斯文集》第2卷,人民出版社2009年版,第5页。

不变神圣不可侵犯的东西,提供的是总的指导原理,然而在各国的具体运用是不一样的。① 新时期,习近平总书记运用科学的世界观和方法论,解决了我国当前在发展、改革等方面面临的一些问题,对推动马克思主义中国化进程做出了巨大的贡献,并不断将马克思主义中国化推向新的理论高峰。我国学者秦刚认为这是坚持和发展马克思主义的新典范。②

(一) 21世纪中国化的马克思主义

1. 科学运用了马克思主义基本理论

习近平总书记的一系列重要论述,运用了马克思主义基本理论,结合当代中国具体问题,科学地解决了困扰当前发展和改革的一些难题。马克思主义具有与时俱进的理论品质,正如马克思自己所说的那样:"任何的科学批评的意见我都是欢迎的"③,英国伦敦大学哥德史密斯学院教授戴维·麦克莱伦认为:"马克思主义按其自身原则本身就包含着发展和更新的无限可能。"④ 马克思主义中国化的新境界就是要灵活地运用马克思主义的基本原理来指导当代中国的实际问题。辩证唯物主义认为矛盾是事物发展的动力,解决矛盾才能推动发展,面对人民日益增长的物质文化需求、少数党员干部的腐败、我国法制进程中出现的问题和改革中出现的新情况,习近平总书记适时提出了"四个全面"的发展战略和"五位一体"总布局,是对马克思主义基本理论的科学运用,进一步推动了马克思主义中国化的进程,根据我国的具体实际和时代特征赋予了马克思主义基本理论鲜明的中国特色新内涵。⑤

2. 丰富了马克思主义中国化的新内涵

"中国梦"的提出,是马克思主义基本理论与中国当前具体国

---

① 《列宁选集》第1卷,人民出版社1995年版,第274—275页。
② 秦刚:《中国特色社会主义理论体系》,中共中央党校出版社2013年版,第35页。
③ 《马克思恩格斯文集》第5卷,人民出版社2009年版,第13页。
④ [美]戴维·麦克莱伦:《马克思以后的马克思主义》,李智译,中国人民大学出版社2004年版,第312页。
⑤ 王伟光:《坚定不移沿着中国特色社会主义道路前进》,《人民日报》2013年12月24日。

情结合的最新产物。马克思主义基本理论的实际应用要"随时随地都要以当时的历史条件为转移"①，十八大以来，面对当今国际复杂多变的形式，面对国情党情的深刻变化，习近平总书记以马列主义为指导，结合中国具体国情，把握时代发展趋势，在参观《复兴之路》展览时，首次提出了要实现中华民族伟大复兴的"中国梦"。在随后的讲话中，对中国梦的实质、实现道路、依靠力量等方面做了具体而系统的阐释，揭示出了在最高纲领的指引下，如何实现的道路问题，展现出了习近平总书记领导的新一届中央领导集体的深谋远虑。马克思说过："理论只要彻底，就能说服人［ad hominem］。所谓彻底，就是抓住事物的根本。而人的根本就是人本身"，②"中国梦"的提出同时顺应了人民的呼声和思想感情，极大地提升了13亿中华儿女的凝聚力。

3. 坚持和发展了中国特色社会主义

习近平总书记在坚持理论自信、制度自信和道路自信的基础上，进一步丰富和发展了中国特色社会主义。中国特色社会主义是马克思主义中国化的最新成果，理论、制度和道路构成了中国特色社会主义，这些是中国共产党带领中国人民90多年的奋斗的成就。党的十八大闭幕不久，习近平总书记指出，中国特色社会主义是中国共产党和中国人民团结的旗帜、奋斗的旗帜、胜利的旗帜，要把坚持和发展中国特色社会主义作为学习、贯彻党的十八大精神的聚焦点、着力点、落脚点。③习近平总书记的一系列重要讲话为我们从理论上坚持和发展中国特色社会主义提供了系统的指导，为当前时期马克思主义中国化的实践指明了方向。

（二）对中国共产党执政规律的深化

1. 全面从严治党

纵观历史，历代王朝都经历着兴盛衰退的循环，中国共产党开

---

① 《马克思恩格斯文集》第2卷，人民出版社2009年版，第5页。
② 《马克思恩格斯文集》第1卷，人民出版社2009年版，第11页。
③ 人民日报理论部编：《深入领会习近平总书记重要讲话精神》，人民出版社2014年版，第11页。

创了中国特色社会主义事业，是中国特色社会主义事业的领导核心，要想跳出这个历史周期，就要戒骄戒躁，保持对执政规律的清醒认识。习近平总书记深刻揭示出了一些党员干部腐败的实质，即主观上是一些党员干部的人生观、世界观、价值观没有解决好，客观上是党要管党、从严治党的方针政策没有落到实处。因此，全面从严治党势在必行。2013年7月，习近平总书记在西柏坡强调：在新时期党员干部仍要坚持"两个务必"、反对"四风"，深入开展党的群众路线教育实践活动，保持党的先进性和纯洁性。面对世情、国情、党情的变化，在实现中华民族伟大复兴的关键时刻，我们党更要保持清醒的头脑，发扬西柏坡精神，艰苦奋斗。

2. 坚持群众路线

毛泽东早在1939年的《共产党人（发刊词）》中就指出了：中国共产党是"全国范围的、广大群众性的"[①]。群众路线是党的生命线，是"四个全面"战略布局的重要内容，党的建设离不开对群众路线的继承和发扬，更要将群众路线切实贯彻到各项工作中去，习近平总书记强调：在任何时期和情况下，人民的拥护和支持都是党执政的根基，与人民同呼吸共命运的立场不能变，全心全意为人民服务的宗旨不能忘，群众才是真正的英雄的历史唯物主义观点不能丢。党要始终保持与人民心连心、依靠人民推动历史的前进，推动中华民族伟大复兴的实现，在这个比任何时候都接近实现"中国梦"的关键时刻，中国共产党更要坚持从群众中来到群众中去，与人民同呼吸共命运，实现好、维护好人民的根本利益，唯有如此，才能大有作为。

3. 推进作风建设

当前，我党的整体作风状况是好的，广大党员在社会主义建设中发挥着模范带头作用，但一些党员在工作、思想和生活作风方面，宗旨意识淡薄、私欲膨胀、纵欲享乐，这些都极大地影响了党的作风和在群众心目中的地位。以习近平总书记为核心的党的第五代领导集体高度重视党的作风建设，强调要加强党的作风建设和党

---

① 《毛泽东选集》第2卷，人民出版社1991年版，第641页。

的纪律建设,从 2012 年中央政治局会议通过的关于"改进调查研究、精简会议活动、精简会议简报、规范出访活动、改进警卫工作、改进新闻报道、严格文稿发表、厉行勤俭节约"的改进作风的八项规定,到 2013 年到 2014 年的群众路线教育实践活动,再到 2014 年习近平总书记在第十二届全国人民代表大会第二次会议时所指出的,关于推进作风建设的"三严三实"讲话,这一系列讲话和相关措施的实施,推进了党的作风建设,从而扭转了党内的不正之风,使得整个社会风气也焕然一新。

(三) 对社会主义建设理论的丰富

1. 生态建设

人与自然的关系是辩证统一的,是一种客观的关系,相互依存、相互渗透、相互联系,组成一个有机的统一体。马克思早就说过"人是自然界的一部分"①。随着经济的增长、科技的进步,人们对自然界的索取越来越多,造成了生态环境的严重恶化,2015 年雾霾强势来袭,席卷了我国东部、北部、中部的大部分地区。习近平总书记高度重视环境的保护和生态的建设,他指出:生态建设关系到人类福祉、关乎民族未来,十八大提出的"五位一体"总布局,提出要从源头上扭转生态环境恶化的趋势。生态文明建设是全面小康社会的题中应有之义,实现好、维护好、发展好人民的根本利益,理应给人民一个绿色美好的环境,习近平总书记提出了保护生态环境的策略,他认为:节约资源是保护环境的根本之策,必须从使用这个源头抓起。

2. 法治建设

中共中央政治局就全面推进依法治国进行的第四次学习时,习近平总书记强调:我们要落实十八大精神,以邓小平理论、"三个代表"重要思想、科学发展观为指导,全面推进科学立法、严格执法、公正司法、全民守法,坚持依法治国、依法执政共同推进,坚持法治国家、法治政府、法治社会一体化建设,不断开创依法治国

---

① 《马克思恩格斯文集》第 1 卷,人民出版社 2009 年版,第 161 页。

新局面。这是对依法治国进程的推进与发展，是党的领导和执政方式的重大变革，将执政法治化，使共产党执政更具理性化，不因领导人个人力量而转移，有利于政权的维护和社会的长治久安。自党的十五大提出依法治国的方略以来，十六大、十七大持续推进依法治国进程，十八大报告深入发展了依法治国方略，提出"全面推进依法治国"和"加快建设社会主义法治国家"，这又是一个新层次的提升，使党的执政能力和国家治理能力走向了现代化的进程。

3. 国防军队建设

国富则兵强，兵强才能保家卫国，历史已经证明，落后就要挨打，在发展经济的同时，更要具有强大的军事实力，才能屹立于世界民族之林。富国与强军，是实现中华民族伟大复兴的中国梦的基础，加强国防军队建设是"中国梦"的有力的保障。在《2014领导干部理论学习热点·面对面——深入学习习近平总书记系列讲话精神辅导》一书中，编写组认为："强军梦"是"中国梦"的重要组成部分，但这是与实现世界和平不相冲突的，"中国梦"是与世界各国人民的梦想相通的。① 习近平总书记强调：要建设一支听党指挥、能打胜仗、作风优良的人民军队。习近平总书记高瞻远瞩，就如何打造现代化军队问题上，做出了一系列重要论述，强调要着眼实现强军目标，正确把握国防和军队改革的指导原则。要坚持军队的光荣传统和优良作风，把握现代化的指向，推进指挥体系和政策结构方面的改革，改革应大胆、稳步、扎实、有效。习近平总书记揭示出了国防和军队建设的内在规律，为国防军队的建设和改革指明了方向。

（四）对人类社会发展规律的深化

1. 和平发展

"中国梦"是与世界各国人民的梦想相通的，是和平梦，是发展梦。美国华盛顿特区经济趋势基金会总裁杰里米·里夫金认为：

---

① 本书编写组：《2014领导干部理论学习热点·面对面——深入学习习近平总书记系列讲话精神辅导》，中共中央党校出版社2014年版，第53页。

通过分享梦想的长处,我们或许会处在更有利的位置上。① 我们要和世界分享的就是我国一直所倡导的"和平梦",对我国来说,和平发展道路是中国特色社会主义的必然选择,倡导和平,反对侵略是科学社会主义的基本原则。我国学者公茂虹认为:我国的和平发展"不是简单的大国崛起,而是以中华民族兼济天下的博大情怀和与世界其他民族包容共生的民族文化心理为基础,表达的是中华民族要对人类有较大贡献的雄心壮志"②。新中国成立初期,我国就确立了和平共处五原则,经过几十年的发展,中国的实力已今非昔比,但在今天,习近平总书记向世界做出了永不称霸、永远不搞扩张的庄严承诺,强调中国始终是维护世界和平的坚定力量,这些都是我们要一直坚持下去的,不能动摇。中国的发展离不开世界,中国的发展需要和平发展的大环境,中国在世界舞台上也发挥着越来越重要的位置,只有和平才能让中国与世界都顺利地发展,只有发展才能让中国与世界实现持久的和平。习近平总书记在实现两个一百年奋斗目标的关键时期,顺应时代要求,准确把握了新时期和平发展道路的方向,他还强调:"我们一定要抓住机遇,集中精力把事情办好,使国家更加富强,使人民更加富强,使人民更加富裕,依靠不断发展起来的理论更好地走和平发展道路。"③

2. 开放发展

回首近代 100 多年的历史教训,回顾改革开放 30 多年的发展史,参照西方资本主义强国的发展历史,我们可以总结出一个结论:我国的发展必将是开放的发展,世界和人类发展的规律也必将是开放的发展。习近平总书记科学地总结了这一规律,他认为:"中国坚持改革开放不动摇。中国越发展,就越开放,中国开放的大门不可能关闭。"④ 虽然经过了几十年的发展,我国发生了翻天覆

---

① [美]杰里米·里夫金:《欧洲梦:21 世纪人类发展的新梦想》,杨治宜译,重庆出版社 2006 年版,第 343 页。
② 公茂虹:《读懂中国梦》,人民出版社 2013 年版,第 154 页。
③ 习近平:《更好统筹国内国际两个大局 夯实走和平发展道路的基础》,《人民日报》2013 年 1 月 30 日。
④ 《领航中国,在民族复兴伟大征程上》,《人民日报》2015 年 1 月 4 日。

地的变化，但我国长期处于社会主义初级阶段的基本国情仍然没有改变，因此，中国的发展之路，必将伴随着开放发展之路。在坚持改革开放的基础上，十八届三中全会适时提出了全面深化改革，顺应中国发展需要，党的十八届五中全会又提出了开放发展的理念，这是以习近平总书记为代表的新一代领导集体的智慧结晶，将开放发展提升到了新的层面，为我们实现中华民族伟大复兴提供了强大的理论指导和思想武器。

3. 全面发展

实现人的全面发展是社会发展规律的必然要求，在《共产党宣言》中，马克思、恩格斯认为："每个人的自由发展是一切人的自由发展的条件"①，实现人的自由全面发展是共产主义社会的内在要求，共产党人为了实现这个最高目标而不懈奋斗着。习近平总书记高度重视并多次组织中共中央政治局学习马克思主义基本理论，从宏观到微观层面对人的全面发展做出了不同阐释。习近平总书记提出："生活在我们伟大祖国和伟大时代的中国人民，共同享有人生出彩的机会，共同享有梦想成真的机会，共同享有同祖国和时代一起成长与进步的机会。"② 要实现人的全面发展，首先就要大力开展经济建设，这样才能"保证一切社会成员有富足的和一天比一天充裕的物质生活"，"保证他们的体力和智力获得充分的自由的发展和运用"。③ 习近平总书记审时度势，科学地分析了当前中国的经济状况，适时提出了经济发展"新常态"，引领了中国经济实现持续、健康、稳定的增长，为实现人的全面发展打下基础。

---

① 《马克思恩格斯文集》第 2 卷，人民出版社 2009 年版，第 53 页。
② 《领航中国，在民族复兴伟大征程上》，《人民日报》2015 年 1 月 4 日。
③ 《马克思恩格斯文集》第 3 卷，人民出版社 2009 年版，第 563—564 页。

第八章

中国特色社会主义的世界意义

改革开放以来,中国共产党经过不朽探索,走出了一条中国特色社会主义道路,不但深刻地改变了中国的面貌,解决了中国的实际问题,也为世界历史发展做出了独特贡献。① 中国特色社会主义作为当代社会发展进步的旗帜,既规定了我国发展的目标,又指引了我国发展的道路,在中华民族伟大复兴事业建设的过程中,中国特色社会主义发挥了其独特的优势。

全球化使世界上各个国家之间在政治、经济、文化各个领域的发展越来越紧密,各个国家之间的依赖性越来越强。改革开放以来,我国在政治、经济、文化、社会等领域明显取得了辉煌成就,中国特色社会主义不仅在中国具有深远的历史意义和现实意义,无疑对其他社会主义国家也具有重要的借鉴意义;不仅在世界范围内产生了重大影响,对人类社会多样化的发展道路是一种有益的探索,而且必将对重塑社会主义形象发挥积极作用,从而对社会主义这一世界性事业的振兴产生深远的影响。② "中国特色社会主义"既是一个扎根于中国国情的世纪性课题,又是一个站在时代"制高点"上的历史命题,中国的崛起以及国外学者提出的"中国式发展"及"中国模式"都证明了它的世界意义集中表现在:它是人类追求文明进步的新路,它为第三世界发展经济、摆脱贫困指明了奋

---

① 李红军:《中国特色社会主义道路的世界历史意义》,《学校党建与思想教育》2015 年第 11 期。

② 张爱武:《论中国特色社会主义理论体系的世界意义》,《马克思主义与现实》2009 年第 3 期。

斗方向并将向人类表明社会主义是人类社会发展的必由之路、社会主义优于资本主义。①

一 中国特色社会主义对我国社会发展的意义

中国特色社会主义的理论与实践，使社会主义发展模式发生了根本性的变革。中国特色社会主义始终与中国特色社会主义的伟大实践密切相连，中国特色社会主义理论是我们党最可宝贵的政治和精神财富，是全国各族人民团结奋斗的共同思想基础，是我们实现社会主义现代化和中华民族伟大复兴的光辉旗帜。② 中国特色社会主义道路有其独特的优越性，中国实行改革开放，走中国特色社会主义道路是中国历史发展的必然，中国要在发展中取得突破，唯有这样的道路才是符合我国基本国情的道路。有国外研究指出，中国特色社会主义道路是中国令人印象深刻的长期经济和社会发展的基础，是一种完整的哲学，把既鼓励又控制市场的具体方法与一种源于统治者、官员和老百姓的道德体系的深刻思想结合在了一起。当这个道德体系运转良好的时候，政府解决那些市场不能解决的实际问题的非意识形态行为就完善了这一哲学基础。③

（一）中国特色社会主义的经济意义

改革开放以来我国国民经济发生了历史性变化，人民整体生活水平得到显著提高。取得如此巨大的成就，全部归功于中国特色社会主义理论体系的指导，归功于中国特色社会主义道路的正确。1992年年初南方谈话的精神，明确了建立社会主义市场经济体制的改革目标，从原则上指明了实现这一目标的途径，使我国经济体制

---

① 徐崇温：《中国特色社会主义道路的世界意义》，《红旗文稿》2009年第15期。
② 杨春贵：《中国特色社会主义理论体系的新概括》，《中国社会科学》2008年第1期。
③ ［英］彼得·诺兰：《处在十字路口的中国》，载周艳辉主编《增长的迷思：海外学者论中国经济发展》，中央编译出版社2011年版，第12页。

改革在实践和理论上取得了重大突破。市场经济改革方向的确立，给中国特色社会主义经济发展注入新的活力，最主要的特色体现在中国经济理论上，"在经济领域任何尽量客观的研究背后也难免包含着其特定的价值理念，不同的理念会指向不同的研究方式和分析结果，只要继承社会主义的思想，坚持马克思主义的基本原则，我们的经济理论也完全称得上是社会主义的。而在研究中体现出的从中国实际出发扬弃和传承中国的传统文化和关于社会经济问题的优秀思想，则为我们的经济理论增添了中国特色"①。综合来说，我国在探索中不断前进的经济体制改革，成功实现了从高度集中的计划经济体制转到充满活力的社会主义市场经济体制、从封闭半封闭状态到全方位开放的历史转折，国民经济持续快速稳定增长，经济实力大大增强，国际地位显著提高。

在经济发展方面，党的十五大报告解决了社会经济成分、组织形式、利益分配和就业方式经济体制的转换等问题。报告指出，公有制为主体、多种所有制经济共同发展是我国社会主义初级阶段的一项基本经济制度。大力发展民营经济的同时，要努力确保其与中国特色社会主义兼容的条件。一方面，必须坚定坚持四项基本原则，这是大力发展民营经济的政治保障。另一方面，保持公有制在中国特色社会主义经济中的主体地位，这是大力发展民营经济的物质基础。只有这样，民营经济发展才会受制于社会主义国家的管理、调节和引导，归根到底有利于社会主义。致力于推进生产力的解放和发展，致力于推进社会主义经济制度、分配制度的改革，归根到底，都是为了更好地实现最广大人民群众的根本利益。社会主义的基本任务是满足人民日益增长的物质文化生活需要，这一任务的实现，离不开社会主义经济建设的顺利推进。

科学发展观的统筹、协调、可持续发展理念，转变了以往经济发展的方式。科学发展观"坚持以人为本，树立全面、协调、可持续的发展观，促进经济社会和人的全面发展"。我国在经济建设中

---

① 王诚：《中国特色社会主义经济理论的产生和发展》，《经济研究》2014 年第 6 期。

遇到了一系列难题，如资金不足、资源匮乏、能源紧张、人才匮乏、技术落后及一系列体制问题，科学发展观为解决这些问题提供了理论指导，并且必将继续对全面建成小康社会的进程产生巨大而深远的影响。科学发展观不仅推动了我国经济社会又好又快发展，开辟了中国特色社会主义实践发展的新境界，而且规划了我国经济社会发展的宏伟蓝图，昭示着中国特色社会主义未来发展的美好前景。

（二）中国特色社会主义的政治意义

历史唯物主义告诉我们，"我们自己创造着我们的历史，但是第一，我们是在十分确定的前提和条件下创造的。其中经济的前提和条件归根到底是决定性的。但是政治等等的前提和条件，甚至那些萦回于人们头脑中的传统，也起着一定的作用"①。经济的发展不可避免地会引起政治、文化、社会各个方面的变革。党的十八大报告指出："人民民主是社会主义的生命，坚持国家一切权力属于人民，不断推进政治体制改革，社会主义民主政治建设取得重大进展，成功开辟和坚持了中国特色社会主义政治发展道路，为实现最广泛的人民民主确立了正确方向。"十八届三中全会通过的《中共中央关于全面深化改革若干重大问题的决定》指出，中国的发展"不走封闭僵化的老路，不走改旗易帜的邪路，坚定走中国特色社会主义道路"②。

中国特色社会主义民主政治建设在经济社会变革的大背景下，不断彰显着独特的政治生命力。以邓小平为核心的党的第二代中央领导集体拨乱反正，通过改革党和国家领导制度，突破传统政治体制束缚，不断充实和完善社会主义政治制度。中国特色社会主义在发展中也遇到了一些问题，复杂的国内外形势使社会主义面临着更大的挑战，中国特色社会主义在严峻的世界考验面前捍卫了社会主义，社会主义民主政治建设同步推进，政治文明的提出标志着党对

---

① 《马克思恩格斯文集》第 10 卷，人民出版社 2009 年版，第 592 页。
② 《中共中央关于全面深化改革若干重大问题的决定》，人民出版社 2013 年版，第 6 页。

人类文明的认识有了质的飞跃。党的十六大以来，以胡锦涛为总书记的党中央在新的历史起点上，继续大力发展社会主义民主政治，在中国特色社会主义民主政治道路上迈出了新的步伐，民主政治建设进一步制度化、规范化、程序化。十七大以来，我国实行了城乡按相同人口比例选举人大代表，迈出了平等选举权的重要一步，基层民主得到不断发展，政治体制规范化程度日渐提高。另外，行政体制改革进一步深化，大部门体制改革稳步推行。十八大以来，党中央高举中国特色社会主义伟大旗帜，坚持党的领导、人民当家做主、依法治国有机统一，积极稳妥推进政治体制改革，开辟了中国特色社会主义政治发展的新境界。

人民民主是社会主义的生命。实践充分证明，中国特色社会主义是当代中国政治发展的根本方向，坚持国家一切权力属于人民，不断推进政治体制改革，成功开辟和坚持了中国特色社会主义政治发展道路，为实现人民民主确立了正确方向。"由于共产党所追求的理想和奋斗的目标是和绝大多数人民群众的根本利益一致的，除了人民的利益没有它自己的特殊利益，因此，只要改革成果能更多地公平惠及全体人民，就能获得人民的支持。贫穷不是社会主义，两极分化也不是社会主义，共同富裕才是社会主义，十八大报告把'坚持走共同富裕道路'作为建设中国特色社会主义的基本要求之一，表明了党敢于触动利益格局，着力解决收入分配差距持续扩大问题的信心和决心。十八大也表达了通过改革发展一定能在中国共产党成立一百年时全面建成小康社会，一定能在新中国成立一百年时建成富强民主文明和谐的社会主义现代化国家的政治自信。"[1]

(三) 中国特色社会主义的文化意义

文化是民族的血脉，是人民的精神家园。在我国社会发展的各个时期，党和国家领导人都十分重视文化的建设、继承、发展和创新，善于运用文化引领前进方向、凝聚奋斗力量、推动中国特色社会主义事业的发展。十一届三中全会以来，党和国家积极改进了对

---

[1] 骆郁廷：《坚定中国特色社会主义的政治自信》，《江淮论坛》2013年第4期。

文化事业的领导,在总结历史经验的基础上,在领导新时期文化工作的实践中,及时地调整和发展了文化艺术工作的方针政策,重申了"百花齐放,百家争鸣"的方针,明确提出在不违反政治方向的前提下,不仅文化艺术的不同形式、风格可以自由竞争和争鸣,而且文化艺术作品的思想内容也要百花齐放。另外还制定了繁荣文化艺术创作、发展群众文化活动和加强中外文化交流的许多具体政策和规定,提出了坚持物质文明和精神文明两手抓,实行依法治国和以德治国相结合,促进文化事业和文化产业同发展,推动文化建设不断取得新成就,走出了中国特色社会主义文化发展道路。

从文化意义的视角看,中国特色社会主义的内涵体现了马克思主义普遍原理与中华文化相结合。胡锦涛在十七届六中全会第二次全体会议上的讲话中进一步阐明:"坚持以马克思主义为指导、以社会主义先进文化为引领,是中国特色社会主义文化最鲜明的特征,也是事关文化改革发展全局的根本问题。"[1]"中国特色"就是中国五千年来形成的优秀中华文化的集中体现,具有先进性、民族性、世界性等特点。改革开放30多年来,我们创造了中国道路、中国奇迹,这已充分说明社会主义先进文化是一种有生命力的文化,是一种体现人类文明发展进步方向的文化,"人类文明进步的历史充分表明,没有先进文化的积极引领,没有人民精神世界的极大丰富,没有全民族创造精神的充分发挥,一个国家、一个民族不可能屹立于世界先进民族之林"[2]。可见,中国特色社会主义发展道路的首要之义就是坚持社会主义先进文化的前进方向,高举社会主义先进文化伟大旗帜。

在建党95周年庆祝大会的重要讲话中,习近平指出"文化自信,是更基础、更广泛、更深厚的自信"[3]。文化自信成为继道路自

---

[1] 胡锦涛:《坚定不移走中国特色社会主义文化发展道路 努力建设社会主义文化强国》,《求是》2012年第1期。
[2] 胡锦涛:《在中国文联第八次全国代表大会、中国作协第七次全国代表大会上的讲话》,《人民日报》2006年11月11日。
[3] 习近平:《在庆祝中国共产党成立95周年大会上的讲话》,《人民日报》2016年7月2日。

信、理论自信和制度自信之后，中国特色社会主义的"第四个自信"。文化自信是一个民族、一个国家以及一个政党对自身文化价值的充分肯定和积极践行，并对其文化的生命力持有的坚定信心，"我们要坚定中国特色社会主义道路自信、理论自信、制度自信，说到底是要坚持文化自信"①，这既是文化理念又是指导思想。文化自信，不仅来自于文化的积淀、传承与创新、发展，更来自于当今中国特色社会主义的蓬勃生机，来自于实现中国梦的光明前景，"站立在960万平方公里的广袤土地上，吸吮着中华民族漫长奋斗积累的文化养分，拥有13亿中国人民聚合的磅礴之力，我们走自己的路，具有无比广阔的舞台，具有无比深厚的历史底蕴，具有无比强大的前进定力。中国人民应该有这个信心，每一个中国人都应该有这个信心"②。随着我国经济体制、社会结构、利益关系的深刻变化，新的观念新的意识不断生成，这为社会发展进步注入了活力。同时，一元与多样、传统与现代、先进与落后、本土与外来相互交织、相互影响，社会思想意识更加多元多样多变，社会思潮也更加纷繁复杂。在这样的情况下，中国特色社会主义文化建设作为中国特色社会主义事业不可缺少的基本内容，在中国特色社会主义事业发展中日益发挥更为重要的作用。③

二 中国对其他社会主义国家的示范意义

一个国家发展的成功与失败对其他国家的发展都具有借鉴意义与教训意义，任何一个国家的国情与其他国家既有相似之处也有所不同，其地域、历史、文化、民族、经济状况都有各自的特征，因此一个国家在发展中绝不能盲目照搬其他国家的发展模式，必须从

---

① 习近平:《在哲学社会科学工作座谈会上的讲话》,《人民日报》2016年5月19日。
② 《文化自信——习近平提出的时代课题》,2016年8月5日,新华网。
③ 蒋乾麟:《谱写中国特色社会主义文化大发展大繁荣的时代篇章》,《马克思主义研究》2012年第1期。

本国的国情和实际出发。随着中国改革开放的推进,中国在经济领域得到了明显提高,政治、文化等领域也得到了发展,国际地位随之提升,中国特色社会主义的改革经验对于世界上其他社会主义国家以及发展中国家的改革来说,都具有重要的影响与意义。① 所具有的世界意义"在于人类社会的发展应该是普遍规律和特殊道路、多样性和选择性的辩证统一"②。中国特色社会主义是人类社会发展多样性和选择性的生动体现,它的成功实践受到了世界各国密切关注,尤其是受到朝鲜、越南、老挝、古巴这些社会主义国家的高度关注。这些社会主义国家对中国的发展形成了一种"共识",就是中国社会主义道路的伟大实践,从理论到实践科学地回答了在经济、文化比较落后的国家,如何建设、巩固和发展社会主义的一系列基本问题,中国式道路的成功是对世界社会主义事业的推动。这种共识影响着其他社会主义国家的经济、政治、文化、社会等各方面的发展,使它们更加信心百倍地坚持社会主义方向,并从各自的国情出发不断促进社会主义的发展。

(一) 中国特色社会主义对社会主义国家的政治意义

中国在科学社会主义指导下,克服了种种困难,始终坚持走中国特色社会主义道路。苏联解体、东欧剧变使世界社会主义事业遭受了重大挫折,国际共产主义运动趋于低潮,社会主义的命运处于危险的境地,甚至有些人宣称社会主义在21世纪会彻底消灭。其中代表人物弗朗西斯·福山在其著作《历史之终结与最后之人》中认为:"资本主义的自由民主制度将是人类意识形态发展的终点和人类社会最后的一种统治形式,并因此构成了历史的终结。"③ 在社会主义道路发展的曲折现实和福山历史终结论的影响下,很多社会主义国家对社会主义产生了怀疑,许多国家纷纷改名换姓,放弃

---

① 赵汇:《论中国特色社会主义的世界性意义》,《教学与研究》2005年第5期。
② 叶志坚:《人类社会发展道路的有益探索——中国特色社会主义道路的世界意义》,《中共福建省委党校学报》2011年第3期。
③ [美] 弗朗西斯·福山:《历史终结及最后之人》,黄胜强等译,中国社会科学出版社2003年版,第1页。

了走社会主义道路。在这样的危难困境下,中国共产党坚持了社会主义,在科学社会主义理论的指导下,用行动成功地赋予了社会主义丰富的内容,中国特色社会主义一直保持着稳定、健康、持续的发展状态。

中国化的马克思主义理论为其他社会主义国家的发展提供了理论借鉴,推进了社会主义事业的快速发展。在中国的影响下,朝鲜、越南、古巴、老挝等国家也克服了各种压力,坚持推进了社会主义事业的发展。中国以及其他社会主义国家事业的崛起,都向世界证明了社会主义的合理存在,也证明了历史并不会终结。近几年社会主义国家也有很多翻译为本国语言的中国特色社会主义理论相关读本,如越共为了让其广大党员干部更多地、更好地了解中国的改革开放、学习中国改革的先进经验,越共中央先后出版了越文版的《邓小平文选》、《邓小平论建设有中国特色的社会主义理论提纲》和《有中国特色的社会主义》等书作为干部的学习资料。[①]

社会主义道路在中国的成功,给予了其他社会主义国家以示范意义,使其他社会主义国家更加坚定了社会主义信念。中国特色社会主义探索了一条充满活力和生机的社会主义发展新道路,使社会主义的旗帜在中华大地飘扬,成功的实践无疑为朝鲜、越南等社会主义国家的发展带来许多深刻的启示与影响,使人们看到了世界社会主义运动新的曙光和希望。"中国特色社会主义建设所取得的成就是世界社会主义陷入低潮但又在不断发展的有说服力的证明,社会主义是一项世界性事业,世界上一个或几个国家先走上社会主义道路只能说明社会主义这一世界性事业才刚刚开始。同样,世界上一个或几个社会主义国家变质、倒退,就断言社会主义终结了,永远失败了,那也是毫无依据的。"[②] 这必然有助于世界上的共产党人和社会主义国家的人民坚定社会主义信念,鼓舞人们继续探求适合本国国情的社会主义理论和社会主义道路,从而推进世界社会主义

[①] 周新城:《越南、古巴社会主义的现状与前景》,安徽人民出版社2000年版,第39页。

[②] 张爱武:《论中国特色社会主义理论体系的世界意义》,《马克思主义与现实》2009年第3期。

事业的复兴。

（二）中国特色社会主义对社会主义国家的经济意义

中国成功经受住了全球金融危机的严峻考验，并且经济持续发展的态势引起了世界上其他社会主义国家的密切关注。改革开放30多年来，随着经济全球化步伐的不断加快，我国经济取得了巨大的成效。中国经济已成为世界经济舞台上不可忽视的重要力量，据有关资料显示，2016年中国经济人均GDP上升到约1万美元，经济总量约14.5万亿美元，仅次于美国，并且将随着时间的推移逐年上升。中国经济成功地经受住了亚洲金融危机的考验并实现持续健康、又好又快地发展，引起了越来越多国家的广泛关注，特别是引起了社会主义国家对中国经济的高度关注，其他社会主义国家纷纷学习和借鉴中国经济发展的成功经验。[①] 正如邓小平同志在1985年指出的："我们的改革不仅在中国，而且在国际范围内也是一种试验，我们相信会成功。如果成功了，可以对世界上的社会主义事业和不发达国家的发展提供某些经验"[②]，向当今世界上其他社会主义国家提供在和平与发展成为时代主题、经济全球化和科学技术迅猛发展的时代背景下，以及在经济文化落后的国情基础上进行社会主义建设的经验和教训，展示社会主义解放生产力、发展生产力、消灭剥削、消除两极分化、最终实现共同富裕的本质，以促进这些国家的社会主义经济建设比较顺利地进行。

中国特色社会主义道路在消除贫困方面的成就，特别受到其他社会主义国家的推崇。30多年来，中国特色社会主义道路使中国的现代化建设取得了举世瞩目的伟大成就：从1978年到2008年，我国的国内生产总值从3624.1亿元发展到超过30万亿元，在世界各国国内生产总值中所占比重由1.8%上升到7.2%以上；我国的进出口总额由206亿美元发展为2.56万亿美元；绝对贫困人口由2.5亿减少到1479万，30年来我国的减贫人数占全球减贫人数的比重超

---

① 张振平：《中国和平崛起对社会主义国家的影响力》，《科学发展》2009年第3期。

② 《邓小平文选》第3卷，人民出版社1993年版，第135页。

过了70%，第一个提前实现了联合国千年发展目标中贫困人口比例减半的目标。① 尼日利亚著名学者费米·阿科莫莱夫在《没有人再嘲笑亚洲人》一文中说："无论从哪个方面来说，中国的经济表现都是一个奇迹。它展示出一个拥有自信、决心和远见的民族可以取得什么样的成就。"改革开放30多年取得的成就，已从发展的趋势和速度上为社会主义是必由之路、社会主义优于资本主义提供了有力的证明。

在社会主义建设进程中，中国与其他社会主义国家经济交往日益频繁，经贸合作迅速发展。中国与古巴两国间建立了部长级经济贸易混合委员会，定期举行会议。中国向古巴提供各类商业贷款，在古巴投资项目共13个，共批准古巴在华投资项目7个。2014年国家主席习近平对古巴进行国事访问，为两国扩大互利合作创造了新的条件，两国在涉及生物科技、可再生能源、农业、交通以及基础设施建设等领域签署多项务实合作的协议，将有力促进古巴在相关领域的发展。② 老挝老中合作委员会副主席维吉·辛拉翁在接受采访时曾说过："老中两国山水相连，都是社会主义国家，发展道路相似。"在新时期，中国与老挝双边贸易额增长，中方于2004年和2005年分两批对老挝总共330个产品实行单方面零关税待遇。老中铁路在老挝国庆40周年庆典之际开工，是老中建立全面战略合作伙伴关系的标志，老中命运共同体也将进一步深化。自1991年中越关系正常化以来，中越经贸合作领域不断深化，双边贸易额连创新高。中国已连续两年成为越南第一大贸易伙伴，中国提出的"一带一路"倡议和越南"两廊一圈"规划通过多种形式对接和实践，有利于促进中越之间的合作。

中国特色社会主义对朝鲜经济发展影响较深，朝鲜通过改革开放促进经济发展。首先，中国成功实现社会主义制度与市场经济体制有机结合的改革模式为朝鲜提供了参考和借鉴。朝鲜设立经济特

---

① 徐崇温：《中国特色社会主义道路的世界意义》，《中国特色社会主义研究》2009年第4期。
② 《注入新动力开创新局面——国际社会高度评价习近平主席访问古巴》，《人民日报》2014年7月25日。

区和实施农村家庭联产承包责任制就是学习和借鉴中国在经济方面的成功经验。其次,中朝经济合作不仅对朝鲜授之以"鱼",而且更注重授之以"渔"。目前,中国仍向朝鲜提供一定的无偿经济援助,但金额已经大大减少;为提高朝鲜自身的生产能力,中国无偿帮助朝鲜修建大安友谊玻璃厂,以合资的方式建立平津自行车合营公司,鼓励中国企业积极对朝投资,为朝鲜培养经济管理和工程技术人才。再次,中国作为朝鲜最大的能源、原材料和生产资料供应国,最大的投资来源国,对朝鲜恢复产业生产、提高产业技术和扩大就业发挥着重要作用。企业开工率提高是经济增长的重要因素,并可以带动就业的增加。

(三) 中国特色社会主义对社会主义国家的文化意义

中国的文化影响力日渐增强,中国政府努力推广中华文化。随着中国经济的持续强劲发展,让中国走向世界,让世界认识中国使得中国特色社会主义文化开始从"引进来"向"走出去"发展。中国与其他社会主义国家之间的文化交流也开始变得日趋频繁。为了促进中国特色社会主义文化在古巴的传播和发展,中国经常在古巴举行各种文化活动并成功举办了多届中国文化节。2002年,哈瓦那大学成立汉语教学中心,第一个汉语班开课。目前,中国文化在古巴传播的规模更大。在古巴首都哈瓦那每年一度的狂欢节上,中国各种各样的装饰品,花色繁多的灯笼、五彩缤纷的服饰、舞龙表演,处处洋溢着中华文化的韵味。中古双方在艺术团访演、展览、新闻出版、广播电视和文化交流等领域的互动交流变得日益频繁。

中国和朝鲜的文化交流无论是从历史上看还是从现实来看都是非常频繁的。由于地缘、政治和历史的原因,朝鲜留学生多被派往中国,"中朝两国政府就加强科技和教育领域的交流与合作,交换最新科学技术信息和科学技术资料,进行专家培训、共同研究和技术合作,互派留学生、实习生和研究生进行了广泛的合作"[①]。中国

---

① 《中朝两国首届大学校长论坛举行 促两国教育合作》,2009年12月23日,中国新闻网。

政府在文化艺术、科学、教育、卫生、体育、出版、广播、电影、电视等方面为朝鲜培训了大量人才。

中国与越南的文化交流源远流长，在各个侧面均可以看到受中国文化影响的印迹。随着中国改革开放事业的发展，随着中越两国友好合作关系的发展，中越文化的相互研究与交流也日益频繁。中国与越南的文化交流活动呈现出多层次、宽领域、多形式等特点，既有官方交流，也有民间往来。官方的交流主要表现在：互派政府文化代表团到对方国家进行访问、共同举办文化周、共同组织文艺演出、开展学术交流、相互培养艺术人才等；民间的交流主要表现在：中越国际龙舟赛、中越国际足球赛等，这些文化交流活动增进了两国人民的友谊，深受两国人民的喜爱。双方在文化的各个领域进行了广泛的合作，两国互派留学生，两国多次举行形式多样的文化交流活动。总之，在中国化马克思主义指导下的中国特色社会主义文化正在对其他社会主义国家产生着越来越重要的影响。

（四）中国特色社会主义对世界社会主义运动的指导意义

中国刚刚走上社会主义道路时，邓小平就预言中国特色社会主义道路将对世界社会主义运动具有指导意义。社会主义运动成功的历史，证明了邓小平这一预言的正确性，证明了社会主义制度较资本主义制度有更大的优越性。中国共产党人从东欧社会主义运动所遭受的挫折中深刻地认识到："各国必须根据自己的条件建设社会主义。固定的模式是没有的，也不可能有。"[①] 中国特色社会主义则使世界社会主义运动从第二次低潮中走了出来，不但成了世界社会主义运动复兴的新起点，而且在一定意义上可以说，它把世界社会主义运动重新推向高潮。在中国的影响下，越南、古巴、老挝以及朝鲜现有的社会主义国家明确地提出了要走具有本国特色的社会主义道路，都在不同程度上打开了国门，在坚持面向世界中大胆吸收各种文明成果，从而开拓了从挫折中奋进的社会主义新局面。

中国特色社会主义对共产党执政的社会主义国家是一个巨大的

---

① 《邓小平文选》第3卷，人民出版社1993年版，第154页。

鼓舞和支持。苏联解体、东欧剧变使世界社会主义遭受重大挫折，15个社会主义国家仅仅剩下5个，当时邓小平以坚定语言向世人宣告："中国的社会主义是变不了的。中国肯定要沿着自己选择的社会主义道路走到底。谁也压不垮我们，只要中国不垮，世界上就有五分之一的人口在坚持社会主义。我们对社会主义的前途充满信心。"① 他还说："社会主义经历一个长过程发展后必然代替资本主义。这是社会历史发展不可逆转的总趋势，但道路是曲折的。从一定意义上说，某些暂时复辟也是难以完全避免的规律性现象。一些国家出现严重曲折，社会主义好像被削弱了，但人民经受锻炼，从中吸取教训，将促使社会主义向着更加健康的方向发展。"中国在这场社会主义危机中起了顶梁柱的作用，稳住了自己的阵脚，同时也就影响了其他四个社会主义国家。在此后的20多年里，中国特色社会主义不但没有停滞反而有了很快速的发展，成为世界社会主义的榜样，给共产党执政的社会主义国家带来了希望和力量。目前，共产党执政的社会主义国家都已经认识到社会主义革命与建设的关键，在于探索符合客观规律和本国国情的社会主义道路。

纵观世界社会主义运动史，不难看出，中国特色社会主义具有理论和实践的创新性，不但为中国人民认识和解决什么是社会主义、怎样巩固和发展社会主义这一重大而复杂的问题提供了可靠保障，而且"为世界社会主义的发展和社会主义各国的建设与改革提供了有益的借鉴，为世界社会主义的振兴做出了积极贡献。中国特色社会主义道路的形成及其在实践中所取得的巨大成就，说明社会主义前途无限光明，标志着世界社会主义开始复兴"②。

三 中国特色社会主义对世界格局的影响意义

西方发达资本主义国家曾在历史上发生过多次经济危机，其冲

---

① 《邓小平文选》第3卷，人民出版社1993年版，第320页。
② 李景治：《中国特色社会主义道路在世界社会主义发展中的历史地位》，《科学社会主义》2013年第2期。

击力巨大，波及面广泛，美国的民主模式、自由模式也显露了它的弊端所在。西方国家如何看待"中国崛起"，乔纳森·安德森指出，在过去几十年里，全世界在所谓的华盛顿共识的旗帜下取得了相当大的经济整合成就。如今，中国正在全世界激起一场激烈的讨论：中国是否代表着另外一种发展模式的胜利，从而将改变游戏规则，并且标志着新的保护主义和国家经济计划模式的回潮。① 这体现了中国特色社会主义道路引起了西方国家对中国特色社会主义的关注。此外，中国特色社会主义也不同程度地积极地影响着世界上其他发展中国家、第三世界国家的发展，同时提供了一些可供借鉴的成功经验。雷默在接受《国际先驱导报》记者采访时这样指出："当我们说中国模式可以被其他国家所效仿时，我们必须分外谨慎。我说的可以为别国效仿，并非指中国的经济或政治模式可以被别国复制，我的意思是，中国的创新及按照自身特点和想法寻求发展的模式，值得其他国家仿效。这一点对于任何国家都至关重要，而且也唯有如此别无他途。"② 事实证明，中国共产党不但已经使中国踏上了中华民族伟大复兴的伟大征程，而且对世界的和平与发展产生了极为重要的影响，中国特色社会主义推动着人类历史的进步。

（一）世界历史时代的中国崛起

人类从蒙昧走向文明，已经经历了原始社会、奴隶社会、封建社会、资本主义社会几个阶段。在欧美国家通过掠夺世界资源积累起原始财富后，依靠产业和技术发展了资本主义。而资本主义在其比较混沌的"自由世界"思维指导下，形成了私利主义的核心理念，在个体来讲就是成为金钱的巨大拥有者，在国家来说就是成为世界财富的控制者。在此核心理念驱使下，在个体方面产生了众多的金融寡头，在国家层面则产生了野心勃勃的帝国主义。各帝国主义为了争霸世界资源，爆发了两次世界大战，而战争中最大的获利

---

① ［美］乔纳森·安德森：《走出神话：中国不会改变世界的七个理由》，余江等译，中信出版社2006年版，第237页。
② ［美］乔舒亚·雷默：《在"北京共识"下"共同进化"》，《国际先驱导报》2010年4月26日。

者美国从此崛起，成了国际政治、经济、技术、文化中心，老牌的资本主义强国如英、法、荷、意等渐次衰落。

以列宁为核心的社会主义倡导者和实践者登上国际政治舞台，社会主义和资本主义的理论交锋首次成为社会发展道路选择的最前沿的政治对立。任何政治势力都不甘心于灭亡，思想体系也是如此。强大的苏联崛起后，经济实力、科技水平、军事力量空前膨胀，共产主义思想广泛深入人心。在东欧各国，马克思的社会主义理论在政治高层得以传播，苏联的经济和社会发展获得启示性效应，社会主义思想阵地进一步扩大，亚洲、东欧、拉美等地区的国家选择了走社会主义道路，特别是世界上人口最多的中国的加入为国际政治舞台增添了新的力量。

社会主义制度和资本主义制度，是当今世界存在的一球两制的客观现实。中国的崛起，引起了以美国为首的资本主义世界的惴惴不安，社会主义与资本主义再度交锋，是社会主义还是资本主义能够代表国际社会发展的方向，是社会主义还是资本主义能够促进国际社会平衡发展，是社会主义还是资本主义能够为世界人民带来福祉，① 这些现实而长远的问题明显地摆在了世界经济、国际政治社会的面前。中国坚忍不拔的领导力度、高屋建瓴的理论高度、举世瞩目的发展速度、九天揽月的科技精度、下海捉鳖的开放深度、面向世界的经济跨度、厚积薄发的文化厚度、造福民众的关怀温度、坚如磐石的国防硬度、胸襟坦荡的外交风度，无一不展示在世人面前。此时，美债危机、欧债危机与中国第二大经济体的确立形成了鲜明的对比，西亚、非洲国家的政局动荡与中国和谐稳定的政治局面形成了鲜明的对照。中国社会主义力量的崛起正如当年苏联建立第一个社会主义国家一样，造成了资本主义世界的思想恐惧、理论空虚。但是，美元加大棒在饱经磨难且已经成熟起来的中国共产党人面前已经不可能再起作用，军事威胁与和平演变都会成为浮云。中国特色社会主义已树立了榜样，各具特色的社会主义运动必将在世界各地蓬勃开展，这是世界历史发展的必然趋势，是谁也阻挡不住的。

---

① 赵汇：《论中国特色社会主义的世界性意义》，《教学与研究》2005 年第 5 期。

（二）中国特色社会主义对资本主义国家的影响意义

国际主流媒体对中国发展道路和未来命运给予了充分的关注。2004年5月11日，英国著名思想库伦敦外交政策中心发表美国《时代》周刊高级编辑乔舒亚·雷默的一篇题为《北京共识：提供新模式》的文章，对中国多年来的经济改革成就做出了全面和理性的思考分析，指出中国通过艰苦努力、主动创新和大胆实践，摸索出一个适合本国国情的发展模式。作者把这一模式称之为"北京共识"。认为中国经济发展模式不仅适合中国，也适合于追求经济增长和改善人民生活的发展中国家效仿，"中国的经济增长不仅让发展中国家获益巨大，中国特殊的发展模式和道路也被一些国家视为可效仿的榜样，更重要的是将来，中国倡导的政治价值观、社会发展模式和对外政策做法，会进一步在世界公众中产生共鸣和影响力"[1]。

哈佛大学教授傅高义指出："新中国60年发展道路：虽然独特，难称'模式'。""日本、韩国和台湾地区虽然没有共产党，但是它们也是政府领导经济发展，刚开始也是权力比较集中，自由并不多。所以我觉得中国大陆与它们相同的地方还是很多，都属于亚洲后期快速发展的一种模式。"[2] 也有学者把"定型"、"固化"看作是模式的基本属性，而中国目前还处于一个转型期，还没有最终定型，还在不断出现新的变化，因此还不能说已经形成了一种发展模式。德国著名的中国问题研究专家托马斯·海贝勒认为："中国正处于从计划经济向市场经济的转型期，因此我认为所谓的'中国模式'并不存在。中国的这一转型期将伴随着急剧的社会变革和政治改革，这一过程是渐进的、增量的，在这样的条件下，我们谈论'中国模式'还为时过早。"[3]

---

[1] 《威胁还是机遇　五位国内外著名学者谈中国发展》，《人民日报》2005年8月19日。
[2] 孙中欣：《哈佛"中国通"谈中国研究与中国模式——专访傅高义教授》，《国际社会科学杂志》2009年第1期。
[3] ［德］托马斯·海贝勒：《关于中国模式若干问题的研究》，《当代世界与社会主义》2005年第5期。

近年来,"中国模式"成为国际上备受关注且颇具争议的一个话题。作为一个概念从被提出之日起,便不断受到西方学者的质疑。在国外学者关于中国模式的性质研究问题上,朱可辛认为,国外学者很少从社会主义性质的角度出发去看待中国模式,不是把它看作中国特色的资本主义,就是把它看作实用主义的发展模式。"一般说来,大多是忽视或刻意回避其'社会主义'性质。"① 而且,2008年的全球金融危机让"中国模式"的优越性得到了淋漓尽致的展示,"中国模式"也逐渐得到国际社会的认可和民众的接受。在西方人怀疑甚至否定"中国模式"的同时,一些发展中国家则希望从中国获得社会转型的经验。

(三) 中国特色社会主义对发展中国家的影响意义

第三世界的崛起,不仅从根本上改变了以欧美资本主义为中心的国际政治格局,而且极大地促进了国际政治格局从两极向多极化方向发展。战后发展中国家共同面临着维护民族独立,发展民族经济的任务,为了巩固独立,发展经济,必须谋求一个和平的国际环境。广大发展中国家普遍实行不结盟政策,不参加大国的军事集团,促进了世界和平力量的发展和壮大,是反对霸权主义、强权政治和维护世界和平的重要力量,世界解决全球性问题也离不开发展中国家的参与。但是,发展中国家也面临着很多问题,例如霸权主义国家对发展中国家的威胁、南北差距、国家之间经济不平衡等问题,这使得发展中国家不得不吸取和借鉴中国特色社会主义的成功经验,其意义如下:

第一,政治合作。由于需要(即利益)是导致人们行为的起点并贯穿始终的主线,因而,共同利益成为政治生活中的一条基本准则和政治发展的重要追求。中国和广大第三世界国家一样,在西方资本争夺世界资源市场的历史进程中,遭到了同样的欺凌和屈辱,这种类似的遭遇使中国在世界范围内,同发展中国家的关系是一种相互支持、平等互利、共同发展的新型国际关系。这种关系促进和

---

① 朱可辛:《国外学者对"中国模式"的研究》,《科学社会主义》2009年第4期。

增强了发展中国家的团结与合作，例如，中国与中亚国家政治互信不断加深，中国与拉美国家的关系也在互信基础上稳步向前发展，进入求合作、谋发展，加强信任、深化友谊，共建和谐世界的新时代。

第二，经济援助。美国学者乔纳森·安德森也认为："中国的增长模式与亚洲的增长模式别无二致。亚洲经济增长的主要动力、真正的奇迹——来自于其创造高资本积累率的独特能力，以及把这些资本用在生产性的用途上。中国同样如此。"[1] 作为一个发展中大国，中国曾给予了发展中国家几乎是超出其能力的援助，如著名的坦赞铁路建设，向亚非国家提供各种形式的援建，派出医疗队和工程人员等。发展中国家整体上在现行国际体系中仍然处于弱势地位，虽有部分国家抓住了经济全球化机遇，经济发展取得一定成就，但大部分发展中国家的状况仍不容乐观。中国在发展中国家遭遇危难的时候，都会大方地伸出援手，这些援助体现了中国与发展中国家同心同德的意义，为中国与发展中国家的关系打下了长远发展的深厚基础。

第三，文化交流。中国作为发展中国家的大国，毫无疑问，成为许多发展中国家仰慕和学习的对象。中国也积极加强与发展中国家的文化交流，如"中非文化年"，中国与拉美国家的文化交流，孔子学院在许多发展中国家相继建立，传播和弘扬中国的传统文化。

总之，中国特色社会主义为发展中国家发展经济、摆脱贫困指出了奋斗方向，为发展中国家实现现代化提供了新的道路选择，为广大发展中国家提供了稳定发展的借鉴。正如有人所讲："中国的经济改革和开放，为社会主义初级阶段的经济发展，打开了一条生路，也为全世界经济停滞、生产落后的国家做出了光辉的榜样。实行经济改革开放，在今天的地球上已形成一股风气，开创了第三世界国家摆脱贫困落后的新途径。"[2]

---

[1] [美]乔纳森·安德森：《走出神话：中国不会改变世界的七个理由》，余江、黄志强译，中信出版社2005年版，第162页。

[2] 刘洪朝：《外国名人看中国》，中共中央党校出版社1993年版，第134页。

四 全球化与中国特色社会主义研究热潮

中国特色社会主义在当代世界发展中发挥着越来越重要的作用，在全球化背景下的发展，引起了国外学者对社会主义理论的高度关注。他们开始着手对中国特色社会主义理论进行研究，代表性的国家有美国、俄罗斯、日本、德国、英国、法国、澳大利亚、新加坡、印度、越南等国家。在这一研究过程中形成了一些代表性的观点，如中国化的马克思主义、后社会主义、民族共产主义、一种新版的马克思主义、北京共识、中国模式、中国道路等。有学者认为，总体来看，国外学者研究中国特色社会主义道路问题时所持的基本态度不外乎以下几种：敬佩中国道路的成功；质疑当代资本主义私有制经济体系未能提供如此鲜活而又富有生命力的发展成果；反思中国特色的发展道路对西方经济和民主模式的冲击；敌视甚至害怕中国在中华民族伟大复兴的道路上持续快速发展。[①]

（一）国外中国特色社会主义研究概况

国外学者对中国特色社会主义内涵研究主要包括中国特色社会主义的特征、性质、命运等问题研究，主要理论有北京共识说、后社会主义说、市场社会主义说等。2004年美国《时代》周刊前高级主编乔舒亚·雷默在《北京共识》的文章中提出了中国道路的若干基本原则或者原理，把中国特色社会主义称之为"北京共识"。美国杜克大学阿里夫·德里克教授认为，人们对资本主义和社会主义的传统观念很难再套用到今天的现实社会了，人们争论的根源在于意识形态上的僵化，提出了"后社会主义"这一概念。持类似观点的还有日本学者天儿慧，他也认为对资本主义与社会主义的认识已无法以原有的概念来区分。美国旧金山州立大学政治学系教授郭

[①] 梁怡：《国外中国特色社会主义研究情况评析》，《毛泽东邓小平理论研究》2014年第6期。

苏建认为,中国在改革开放后取得了巨大的成就,但并不能就此说明中国走向了资本主义,中国发展所走的道路是市场社会主义模式。持这类观点的还有法国学者罗兰·列夫。

当今俄罗斯马克思主义者因其思想解放程度和观察问题视角不同,大致有三个学派,即以科索拉波夫为代表的传统派,以奥伊泽曼为代表的反思派和以布兹加林为代表的创新派。尽管他们之间具体观点有别,但是都比西方学者对中国特色社会主义做出更高的评价,都一致肯定中国特色社会主义是在苏联模式社会主义失败之后,依据中国国情重新探索社会主义的新模式,并且充分肯定中国特色社会主义在实践中取得的新成就。他们之中甚至有人称中国特色社会主义为"21世纪的新社会主义",并对中国特色社会主义的发展寄予厚望。①

我国有学者认为,国外学者在研究中国特色社会主义时所坚持的立场可分为三类:一是悲观主义,对当代中国持批判态度,其认知和判断比较消极;二是乐观主义,积极看待中国的现状和未来,对中国发展比较有信心;三是相对中立,态度相对模糊,研究比较注重客观实际,对中国不做或褒或贬的断定,倾向于认为中国发展方向充满各种复杂的未知因素和不确定性。② 一般来看,大多数国外学者围绕如何理解中国特色社会主义的内涵、如何定位中国特色社会主义的性质,以及如何把握中国特色社会主义的特征等方面,从历史和现实等不同的角度和理论视野对中国特色社会主义进行了较为客观的认知,既提出和形成了许多启发性的观点和意见,也带有一些否定和质疑,需要我们认真理性地分析与思考。③ 由此看来,国外学者对中国特色社会主义内涵的理解还带有一定的局限性和片面性。

(二) 国外学者研究中国特色社会主义的局限

国外学者研究中国特色社会主义有值得肯定与借鉴的地方,例

---

① 高放:《且看国外怎样评论中国特色社会主义》,《观察与思考》2016年第1期。
② 郑云天:《论国外中国特色社会主义研究的话语结构》,《当代世界与社会主义》2015年第1期。
③ 徐玉明:《国外中国特色社会主义研究述评》,《社会主义研究》2014年第4期。

如一些国外学者从经济、政治和文化的关系角度出发，认识到虽然令世界震撼的是中国经济奇迹，但这其中政治与文化的作用不容小觑，于是以张维为、郑永年、马丁·雅克等为代表的一批国外学者意识到了中国传统文化在中国特色社会主义形成、发展和完善中的地位和作用，试图从中探寻中国成功的根源。在他们看来，"为了分析中国崛起的真正含义，我们不但要了解它的经济发展过程，还要学会从其他方面入手解读中国特色社会主义，例如它的历史、政治、文化和传统等。否则，我们就会陷入盲人摸象的境地，根本无法理解中国崛起的真正含义，只会感到惊慌失措"①。但是大部分人还是对中国特色社会主义道路抱有偏见。

第一，受评价标准、理论范式的限制。国外学者在研究中国特色社会主义时，由于他们的立场和理论背景不同，是以西方的一贯标准来衡量中国特色社会主义，用西方的学术规范、概念来看待中国现实问题。以市场这个概念为例，就总体而言，当代左翼人士大多对于市场怀有十分负面的看法，市场和商品关系与社会主义根本不兼容，社会主义改革一旦接受了市场，终将由缓而急，直至最后跌入资本主义的深渊。甚至那些相对同情市场改革的人，往往也只是把市场视为必要之恶，认为只有严加管制才得以容忍。至少在他们认为，无论从历史还是结构的角度，市场与商品关系都只能是资本主义生产方式的基础，社会主义和市场之间存在着无法跨越的鸿沟。如果他们的研究始终在这种理论范式之内，那么对于中国特色社会主义的认识就会存在局限性。

第二，受价值观念、意识形态的制约。国外学者能够比较客观地承认中国的成就，但对取得成就的原因却讳莫如深。因为中国的成就并非按西方的价值标准取得，而是根据中国特殊国情进行不断探索，在付出了巨大代价后取得的。如果他们肯定中国的成就而又肯定其方法与价值，那就等于否定了西方本身的价值，而这恰恰是他们不愿看到的。部分国外学者力图淡化社会主义色彩，他们不愿

---

① [英]马丁·雅克：《当中国统治世界》，张莉等译，中信出版社2010年版，第159页。

意或很少使用中国特色社会主义这个概念，因为如果使用这个概念，把中国取得的成绩归因为中国坚持走社会主义道路，则等于承认他们过去关于社会主义失败的许多论断是错误的。[①] 中国特色社会主义示范效应的产生不是国家意志的体现，更不是出于中国政府输出"模式"的主观故意。

第三，对马克思主义基本原理的背离。中国特色社会主义发展的成功之处就是把马克思主义理论与具体国情相结合，在坚持科学社会主义原则的基础上走出具有中国特色的社会主义道路。[②] 国外学者以马克思的具体的正统理论为标准研究中国特色社会主义，却没有认识到马克思主义的科学性在其方法而不是具体理论，所谓的正统马克思主义是背离了马克思主义基本原理的。部分国外学者割裂中国特色社会主义与科学社会主义的关系，他们称中国特色社会主义为中国模式，认为是对苏联模式的突破，甚至企图把中国改革开放与民主社会主义和资本主义扯在一起。

第四，对中国国情不十分了解。西方学者开始意识到他们的理论范式尚不能解释中国成功的原因，不能客观分析中国发展存在的问题，也不能为中国发展中存在的问题找到出路。诸如雷默认为，以前在西方用于讨论中国的语言已不再适用，而要研究中国，必须了解中国，必须具有中国眼光。的确，国外研究的历史维度、视域广度、探索深度和思考密度值得我们借鉴，同时对国外研究的"片面"和"平庸"要进行甄别和批判，国外研究把中国特色社会主义性质界定为中国特色资本主义或中国特色后社会主义或中国特色实用主义等，是西方固有的自大心理和负面的思维定式以及对中国现实缺乏了解的表现。[③]

中国特色社会主义道路是在"和"文化的滋润下生根、发芽、成长的，科学发展观、和谐社会、和谐世界理念的提出，形成对中

---

① 汤光鸿：《中国特色社会主义道路的世界意义——兼论中国发展模式的所谓"意识形态威胁"》，《扬州大学学报》（人文社会科学版）2008年第1期。
② 赵汇：《论中国特色社会主义的世界性意义》，《教学与研究》2005年第5期。
③ 高放：《且看国外怎样评论中国特色社会主义》，《观察与思考》2016年第1期。

国道路的文化规范。① 中国特色社会主义既坚持本国制度特色，又不断吸收资本主义世界的先进成果，是矗立于西方先进制度基础之上的新型制度文明。社会主义本质上是优于资本主义的，因为某一阶段的发展出现问题就将社会主义全盘否定的思想是错误的。而资本主义的颜色革命，资本主义表面上的繁荣，也是社会主义发展道路上难以避免的考验。因为中国不断取得令世界瞩目的发展成就，"中国经验"、"中国密码"、"中国奇迹"、"中国现象"、"中国精神"、"中国贡献"、"中国机会"、"中国模式"等概念正在国际社会流行开来。事实上，中国成功的所有秘诀在于中国特色社会主义。②

---

① 汤光鸿：《中国特色社会主义道路的世界意义——兼论中国发展模式的所谓"意识形态威胁"》，《扬州大学学报》（人文社会科学版）2008年第1期。
② 王瑜：《论中国特色社会主义制度的世界意义》，《贵州社会科学》2013年第12期。

第九章

当代世界社会主义与资本主义的关系

中国特色社会主义对当代世界发展的一个重大意义，在于它重新塑造了社会主义与资本主义的关系。如何认识当代资本主义的新变化和世界社会主义面临的挑战与发展前景，是科学社会主义在21世纪遇到的最大的理论难题。不论认识资本主义还是认识社会主义，都应当从两者的结合和联系上、从运动变化中去观察和研究，正确地把握共存竞争的资本主义和社会主义的发展规律。

一 资本主义的新变化与走向

自二战结束以来，当代世界"在新科技革命、全球化浪潮和社会主义运动的影响下，资本主义在生产力和生产关系、经济基础和上层建筑各方面都发生了一系列新变化"[①]。这些变化不仅对东西方政治力量的对比产生了深远影响，而且在世界格局的走向以及社会主义的发展进程方面也产生了深刻影响。在这种背景下，"用马克思主义的世界观、方法论来研究资本主义的新情况、新变化，分析当代资本主义重大变化的实质，正确认识资本主义的发展阶段，科学预测资本主义的发展趋势，正确处理社会主义与资本主义的关系，检验马克思主义关于社会主义和资本主义的基本理论，推动理论的发展和创新，为建设中国特色社会主义事业服务，是思想理论

---

① 罗文东：《论当代资本主义的发展对社会主义的影响》，《教学与研究》2003年第9期。

战线的重要任务"①。

(一) 资本主义世界体系变迁的新特点

当前，资本主义出现了二战结束以来从未出现过的发达国家整体经济地位的下降。"一超多强"的力量对比朝着均衡化方向发展，形成了金融资本主义，其主要标志就是金融资本脱离了实体经济，使经济的发展陷入结构性的矛盾之中，在南北矛盾继续存在的同时，发达资本主义国家内部的矛盾突出出来。这些新变化对于世界格局的演变、资本主义发展的前景和当前世界经济的恢复都有着重要影响。

1. 发达资本主义国家整体经济地位下降，深刻影响世界格局的演变

首先，进入 21 世纪以来，"虽然发达资本主义国家在世界经济发展进程中仍然占有主导地位，却出现了第二次世界大战结束以来从未出现过的整体经济地位的下降"②。第二次世界大战结束至 20 世纪末，发达资本主义国家内部经济实力的对比经历了此消彼长的变化：70 年代之前，美国经济一家独大；进入 70 年代，美国、西欧、日本三足鼎立；90 年代，日本和欧洲经济增长放缓，美国经济则经历了长达 10 年的繁荣。

21 世纪以来，资本主义经济发展出现了新变化：一是在日本和欧盟经济增长继续放缓的同时，美国先后发生次贷、金融和美债危机，经济下滑；二是发达资本主义国家与发展中国家经济实力的对比此消彼长。由发达资本主义国家组成的七国团占世界 GDP 比重从 1989 年的 68% 下降到现在的 56%，20 年下降 12 个百分点。③ 与此形成鲜明对比的是发展中国家尤其是金砖国家的快速发展。

其次，发达资本主义国家整体经济地位的下降，促使国际力量

---

① 梅荣政：《资本主义与社会主义的关系问题研究述评》，《教学与研究》2011 年第 2 期。

② 李淑珍：《当代资本主义的新变化及其影响》，《思想理论教育导刊》2012 年第 5 期。

③ 王梦奎：《后危机时期的世界和中国经济》，《新华文摘》2010 年第 7 期。

的对比朝着更加均衡化的方向发展。进入 21 世纪，冷战结束后形成的"一超多强"的发展态势出现了新的特点，"一超多强"的内部结构发生了明显变化，力量对比朝着均衡化方向发展。一是"一超"的力量在削弱，二是在"一超多强"中，西方国家的力量在下降，发展中国家的力量在上升。起步于 1975 年的西方七国首脑会议（G7），曾经在调节世界经济发展中起到过重要作用，但是 2008 年金融危机后，由发展中国家参与的 G20 领袖峰会的作用凸显出来。随着发展中国家经济的快速增长，发展中国家特别是金砖国家越来越多地参与到国际事务中来，在全球治理和建立更为公正的世界政治经济新秩序中发挥着重要作用。

2. 当代资本主义由工业资本主义转变为金融资本主义，经济发展陷入结构性矛盾之中

工业资本主义（或被称为实体经济）转变为金融资本主义的主要标志是金融资本脱离了实体经济。金融资本原本是为实体经济服务的，主要目的是给实体经济融资，而当今的金融资本同实体经济的关系已经发生了实质性的变化：实体经济越来越依赖于金融资本，但金融资本却可以脱离和独立于实体经济而运作，它不再是为实体经济融资，而是更多地为自身"融资"，用钱来套取更多的钱。正如有学者指出的：目前，"从宏观上看，一国乃至全球范围内，金融部门相对于实体经济急剧膨胀，金融业利润在利润总量中的比重上升甚至超过产业资本利润"①。另有数据显示，目前"实体经济每年创造的世界财富大约为 45 万亿欧元，而在金融领域，资本运作市场的市值就达 2450 万亿欧元"②。进入 21 世纪，美国互联网络泡沫破灭，又没有新一轮的高科技产业出现，很快新自由主义就在金融业找到了最有利于施展自身力量的场所。没有任何有效规制的资本因此得到了充分的自由，推动美国完成了由工业资本主义到金融资本主义的转变；金融资本越来越表现出相对独立性，这种独立

---

① 张宇：《科学认识当代资本主义的有力武器——重读帝国主义是资本主义的最高阶段》，《光明日报》2011 年 11 月 11 日。
② 海梅·巴克罗：《资本主义体制需要创建替代模式》，《红旗文稿》2012 年第 10 期。

性使其脱离实体经济而快速扩张,泡沫成分不断加重,资产价格普遍大幅度偏离或完全脱离由实体经济因素决定的资产价格。20世纪90年代之后,欧洲也开始发展自己的金融机构,但缺乏审慎监管,出现了所谓的金融创新,贷款标准下降,导致金融资本严重脱离实体经济的发展而急剧膨胀。

"当今存在的不仅是金融资本的垄断,更是脱离了实体经济的金融资本主义的统治。"[①] 主要表现在:一是拥有金融"实力"的美国处于和其他国家不同的特殊地位。20世纪70年代初开始,在失去黄金价值支撑的信用美元体系下,美国实际上获得了"铸币"的特权。当美国经济出现危机时,美国就大量印制美元,致使美元贬值,由此从持有美元债券的国家转移财富。二是金融资本主义主导了发达资本主义国家超前消费的生活方式。美国和欧洲国家的超前消费建立在这样的借贷链条上,世界各国向美、欧大量出口,换得美元和欧元后又通过投资或购买美、欧债券借给美、欧,美国人和欧洲人通过借贷,得以换取更大的住宅、更新的汽车、更多的娱乐。这种建立在非自有实体经济增长基础上的消费扩张,必然导致严重的消费和储蓄比例失衡,一旦借贷链条中的某个环节停顿必然引发危机。三是金融资本主义"绑架"了政府甚至整个经济,掌握了国家的政治权力。金融危机后,金融资本因"过大而不能倒",获得政府的大量注资。金融资本实际上也早已经开始操控政府决策。四是金融资本主义颠覆了资本主义的传统价值观念,在过去的工业资本主义那里,人们通过勤劳工作、创造发明而致富,而现在这些品德在金融资本主义面前变得一文不值。五是金融资本主义阻碍技术创新,既然金融资本可以用钱很快地生出钱来,那它必然就会减少对技术创新和实体经济的投入,甚至为了维护金融资本的利益,它可以通过买断新技术而将其扼杀。

3. 当代资本主义社会矛盾发生了变化

金融危机之后,发达资本主义国家内部的矛盾突出表现为中产

---

① 李淑珍:《当代资本主义的新变化及其影响》,《思想理论教育导刊》2012年第5期。

阶级失业问题严重。第二次世界大战结束后至20世纪末,由于发达资本主义国家建立了社会保障体系以及科技革命推动了经济发展,使"中产阶级"壮大。长期以来,"中产阶级"一直被看作发达资本主义国家贫富差别缩小、社会稳定的一个重要标志。因此,当时人们讨论的是资本主义中心地带和边缘地带、富国与穷国、北方与南方的矛盾,而不是发达资本主义国家内部的阶级矛盾。进入21世纪特别是金融危机之后,情况发生了变化,在南北矛盾继续存在的同时,发达资本主义国家内部的矛盾突出出来,即"中产阶级失业、贫困人口增加和社会两极分化的问题严重"①。

造成上述问题的原因:一是"金融资本家贪婪、腐败,凭借手里的金融衍生工具大肆地捞取钱财,整体所交税率却远低于中下阶层"②。美国"占领华尔街"示威活动发起网站宣称:"我们共同的特点是占总人口99%的普罗大众,对于仅占总数1%的人贪婪和腐败,我们再也无法忍受。"二是政府对少数金融机构的救助,本质上是用纳税人的钱为投机商的巨额坏账埋单,导致绝大多数人的经济困境,而同时金融大鳄们却拿着高薪,领着高额奖金和巨额分红。三是随着实体经济迅速向新兴国家转移,以及金融业并不产生就业,造成了发达资本主义国家中产阶级失业和贫困人数大增。

(二) 国外左翼学者对当代资本主义新发展的研究

自20世纪80年代以来,资本主义的发展进入了一个新阶段。各个国家的学者对当代资本主义新变化的考察,都有着不同看法,其中,西方左翼学者的观点具有重要的地位。这主要在于,一方面他们从整体上对当代资本主义的新变化和新特征进行了全面的分析,另一方面这些全方位的分析和思考,为我们进一步认识资本主义的本质提供了全面的视角和十分重要的依据。

20世纪80年代末,随着原苏联、东欧国家社会主义政权的收

---

① [阿] 加布里埃尔·克斯勒:《城市新贫困:近20年来全球性、区域性以及阿根廷的动因》,《拉丁美洲研究》2009年第2期。
② 孙秋鹏:《财富与收入分配的理论与政策——"中国经济社会发展智库第7届高层论坛"综述》,《当代经济研究》2014年第4期。

场，世界范围内的共产主义运动也相继处于低潮。世界阶级力量对比朝着不利于无产阶级的方向发展，世界历史出现了前所未有的严重曲折，即原先凯歌行进的国际社会主义运动跌入低潮，而原先矛盾重重的西方资本主义出现了生机。"面对这一历史的倒转，不要说西方政要和右翼思想家一改昔日的悲观，以为旧有的历史已经终结，资本主义一统天下的日子即将来临，即使社会主义阵营内部的一些人也动摇了资本主义必然灭亡、社会主义必然胜利的信念"[①]，产生了这样那样的迷惘和彷徨。人们对此产生了种种质疑：当代资本主义究竟发生了什么新变化，为什么发达资本主义国家不仅没有被社会主义所替代，反而在生产力、科学技术等方面还有很大的发展。二战结束以来的几十年中，西方学术界围绕当代资本主义的新变化和新特点展开了激烈的争论。

20世纪下半叶，涌现了一大批研究资本主义现状和发展趋势的著作。仅以资本主义为书名的、影响广泛的著作就有：莱思特·梭罗的《未来资本主义》、阿里夫·德里克的《全球资本主义的危机》、苏珊·斯特兰奇的《赌场资本主义》、保罗·霍肯等的《自然资本主义》、海尔布隆纳的《21世纪的资本主义》、丹·希勒的《数字资本主义》、瑞坎特伯雷的《华尔街资本主义》、阿兰·科塔的《形形色色的资本主义》、约翰·邓宁的《全球资本主义正走向末路》、阿尔特法特的《资本主义的未来》等。[②] 在这里一些学者单纯地从科学技术发展的层面，把当代资本主义社会的最新发展概括成"后工业社会"、"新工业国"、"信息社会"、"知识社会"、"第三次浪潮"、"科学社会"。另一些学者利用当代资本主义某些新变化为资本主义制度的合理性、永恒性做辩护，先后提出过"有组织的资本主义"、"人民资本主义论"、"股东资本主义"、"技术资本主义"、"新资本主义论"、"社会资本主义论"、"趋同论"等。这些理论敏锐地观察到当代资本主义由于新科技革命而引发的重大

---

① 陈学明：《批判与超越——"西马"学者及西方左翼思想家关于当代资本主义研究的启示》，《上海大学学报》（社会科学版）2008年第2期。

② 俞可平：《全球化时代的资本主义——西方左翼学者关于当代资本主义新变化若干理论的评析》，《马克思主义与现实》2003年第1期。

变化，并进行理论分析，却回避了资本主义生产关系和资本主义私有制剥削的问题，有意掩盖了当代资本主义新变化的实质。

资本主义从其诞生之日起就表现出其差异性和多样性。随着资本主义的不断发展，这种差异性和多样性日益增多。全球资本主义是当代西方左翼学者中影响最大的一种理论，它的基本观点是：随着苏联、东欧国家社会主义政权的崩溃和中国实行市场经济，资本主义最终已经超越其欧洲的起源和西方的范围，成为一种全球的普遍现象。全球化的实质，就是资本主义生产方式和自由市场经济的全球化。所以，全球资本主义又经常被称为"全球自由主义"、"全球市场经济"、"世界资本主义"和"资本主义的全球化"等。

伊曼纽尔·沃勒斯坦作为当代著名的左翼学者，在 20 世纪 70、80 年代就提出了世界体系理论。进入 21 世纪以来特别是 2008 年金融危机后，他不断发表文章进一步阐释和拓展自己的思想，并不断探索替代资本主义全球化的道路，他虽然很少使用全球化概念，但他的世界体系理论实际上就是全球化思想的一种表达。在他看来，19 世纪之前的资本主义扩张并没有把全球所有的地区都纳入它的结构，直到 19 世纪下半叶最终扩展到整个世界，成为目前地球上唯一的历史体系，成为一种新的全球形势。

徐焕在《沃勒斯坦的反体系运动理论述评》一文中写道：沃勒斯坦认为"资本主义世界体系运作过程中有两种基本矛盾：一是资本主义世界体系作为一个基于资本的无限积累之上的体系，必然无法摆脱最大限度获取利润和有效需求不足的矛盾；二是资本主义世界体系导致人与人、国家与国家两极分化，阶级斗争和不同国家冲突，所以它也无法消除。正是这两种基本矛盾决定了资本主义世界体系是一个动态的不断产生危机的体系"[①]。作为一个整体的资本主义世界体系终将会因其自身矛盾的积累而崩溃。当前这一体系正处于结构性危机中，而结构性危机是一种体系的根本性危机，最主要特征是失序，这种危机往往意味着这一体系终将结束，"1997 年亚

[①] 徐焕：《沃勒斯坦的反体系运动理论述评》，《江南大学学报》（人文社会科学版）2007 年第 5 期。

洲债务危机和2008年美国次贷危机，实际上是现代世界体系自20世纪70年代以来一系列延续的债务危机所导致的持续且远未终结的经济泡沫"①。这一体系在未来20年或30年后将会消失，并且被另一种世界体系完全取代。

法国著名学者《金融全球化》一书的作者弗朗索瓦·沙奈在介绍二战后，特别是20世纪80、90年代资本主义发生的一些主要变化时指出：资本主义国家科学技术的发展，并没有给工人阶级带来多少好处，特别是煤炭、钢铁等夕阳产业工人的劳动和生活条件恶劣，社会地位下降。资本主义从20世纪30年代的大危机和世界大战中摆脱出来后，对工人阶级做了一些让步，某些工人阶级政党和工会领导人误以为资本主义可以通过自我调节克服危机永存下去了。然而从20世纪70年代以来，资本主义发生了深刻的危机，资产阶级对工人阶级进行反扑，大肆推行新自由主义（包括私有化、市场化、放松管制等），造成了一系列恶果，使工人阶级遭受比20世纪30年代更加严重的剥削。资产阶级通过自由化和市场化，使资本主义的活动空间扩大了，他们通过金融市场在世界范围内进行资本积累。西方国家虽然积累的形式变化了，剩余价值的实现形式变化了，但资本主义制度的实质没有变。当今资本主义遇到的主要问题跟20世纪30年代的大危机没有本质的区别，同样是"生产过剩"。资本主义国家企图采取私有化、放松管制和国际调节等办法克服经济危机，同时通过世界贸易组织为跨国公司服务，但资本主义的经济危机并未消除，突出表现在金融市场、股市大幅动荡，金融危机越来越频繁，影响面广，涉及面大。

美国学者约翰·贝拉米·福斯特提出一种资本主义"失败的制度论"。他认为，"失败的资本主义制度"是指全球经济和社会秩序在现实和理论之间呈现越来越多的致命性矛盾，资本主义发展过程中出现的三个关键矛盾构成了当代世界性危机：第一，起源于美国的金融危机使世界正面临着通货紧缩和萧条的危险；第二，资本主

---

① 王金宝：《当代西方左翼学者对资本主义全球化替代方案的探寻》，《国外社会科学》2014年第6期。

义的消费生产模式使地球生态濒临崩溃,生态问题已经直接威胁到全人类的生存和文明的可持续发展;第三,美国试图通过所谓恐怖主义战争从军事上恢复其单极全球霸权和对石油战略资源的争夺,正在把帝国主义带入人类历史上最危险的时期。①

关于西方左翼学者对资本主义的新发展方面的探讨,我们应该总结出尽管当代资本主义采取了种种自我调节和改良,却终究不能扭转资本主义走向腐朽和没落的历史大趋势。"资本主义的新变化没有给世界带来福音,而是更进一步的掠夺和穷奢极欲。一方面财富增加、资本积累,而另一方面贫穷和失业也在发展,两极分化是资本主义世界普遍存在的现象。繁荣的外表下,掩盖着深刻的精神文化危机。眼下资本主义生产关系既没有完全适应也不是完全不适应社会生产力的发展,而是处于相互对抗但尚未崩溃的地步,无法从根本上克服资本主义的基本矛盾。"② 有学者判断:"2008年的金融危机预示着以往不平等、不公正、不科学的国际经济秩序到了非改革不可的地步,也预示着经济全球化背景下国际政治经济秩序一场重大变革的开端。"③

二 当代世界社会主义发展新态势

21世纪,世界发生着深刻变化,新的世界范围内的社会主义运动开始复苏,并且在相对区域发展迅猛,当代世界社会主义呈现出新的多样性和多元化发展态势。"当代世界社会主义的发展是一种全方位、复杂化的状态,体现出一系列趋势和特点。认识、顺应和代表世界的潮流和世界社会主义的发展趋势,是坚持和发展中国特

---

① [美]约翰·贝拉米·福斯特:《失败的制度:资本主义全球化的世界危机及其对中国的影响》,《马克思主义与现实》2009年第3期。

② 梅荣政:《资本主义与社会主义的关系问题研究述评》,《教学与研究》2011年第2期。

③ 毛德儒:《当前资本主义危机的马克思理论解读与现实启示》,《科学社会主义》2009年第5期。

色社会主义的题中应有之义。"① 因此,在全球化发展的今天,科学认识世界社会主义发展趋势,具有重要的理论价值和实践意义。

(一) 世界社会主义思潮新动向

冷战结束后,世界社会主义将何去何从,西方媒体、政客和许多学者都曾提出"历史终结论",宣布社会主义分崩离析、共产主义走向灭亡,甚至预言"冷战之后将是资本主义的天下,21世纪将没有社会主义的一席之地"②。目前,关于当代世界社会主义的发展态势,我国学术界主要有三种观点。"一种观点认为,当代世界社会主义运动正处于历史性的低潮。另一种观点认为,苏联解体、东欧剧变表明,苏联式的传统社会主义模式已经失败。应该重新研究马克思主义,重新探索建设社会主义的道路,还马克思主义、科学社会主义的本来面目。第三种观点认为苏联解体、东欧剧变宣告了苏联式传统社会主义模式的失败,但并不是社会主义的失败。社会主义是一个世界性的历史进程,有着丰富的世界历史内涵,有着广阔的发展空间和前景。"③ 当今世界主要的社会主义思潮在关注人类共同面临的全球性问题上,虽然各有侧重,各自的出发点和立足点也不尽相同,但在诸如民主、市场经济、生态环境、民生、安全等许多重大问题上却形成了相对共识,这些共识就构成了当今世界主要社会主义思潮的基本动向。

第一,关于民主社会主义思潮。进入21世纪后,民主化成为当今世界发展的一大潮流,民主问题也是任何一种思潮都回避不了的问题。在多元民主中,凸显基层民主科学技术的发展,推动了全球化的进程,教育普及推动了普通民众民主意识的觉醒,信息化则打破了传统社会中精英阶层对话语权的垄断,迎来了世俗化的"草根民主"时代。民主社会主义倡导的民主,就是以实现社会、经济基

---

① 胡振良:《当代世界社会主义发展的若干趋势》,《当代世界与社会主义》2013年第3期。
② 胡振良:《新世纪世界社会主义的新发展》,《人民论坛》2012年第17期。
③ 王怀超:《当代世界社会主义的发展态势》,《当代世界与社会主义》2014年第5期。

本权利为基础的民主。2007年通过的《德国社会民主党基本纲领》（《汉堡纲领》），其主要内容不仅涉及社会及经济领域，而且在应对全球化、生态以及市场经济等问题上都有较为明确的规定。当然，民主社会主义主张的政治民主的首要地位依然没有改变。《德国社会民主党基本纲领》中就指出，21世纪的伟大任务是通过民主的政治去塑造全球化。

第二，关注市场社会主义。市场社会主义兴起于20世纪二三十年代。随着南斯拉夫自治社会主义的实践，特别是苏联解体、东欧剧变后，国际学术界开始关注这一思潮，国内对它的研究也在20世纪90年代中后期逐渐进入大发展时期。这些关注者主张市场与社会主义相结合，实行以私有制为基础的混合所有制是各社会主义思潮的民主思想在经济领域的反映。科技革命打破了信息的垄断态势，引起了社会阶层结构的分化，尤其是中产阶级的崛起，使基层员工参与管理和决策的意识普遍高涨。这一思潮主要集中于两种观点：一种观点认为市场社会主义是社会主义市场经济的理论渊源；另一种认为"社会主义市场经济是对市场社会主义的发展和创新"①。市场社会主义强调社会主义应与市场机制合理结合，但这种外部结合论有很大的局限性。邓小平理论从已有的思想材料出发，成功地"创设了社会主义基本制度与市场经济体制和运行机制内在、有机结合的范例"②，从而解决了长期困扰世界社会主义运动的一个重大课题。

第三，关注生态问题，追求人与自然的和谐发展。传统的"生态化"主要是指苏联解体、东欧剧变后，伴随着冷战的结束扩大了绿色生态运动的政治空间，形成了更广泛的社会基础，欧洲绿党开始正式步入政治舞台，许多共产党员都加入了绿色组织，西方一些主要政党也纷纷通过"绿化"或与绿党联合以增加执政砝码，经济增长、社会公正、环境保护本是世界可持续发展的核心，是生态社会主义核心中的核心，也逐渐成为其他各种社会主义的理论、价值

---

① 曾艳：《社会主义市场经济和文化研究综述》，《人民论坛》2013年第17期。
② 张兆刚：《略论中国特色社会主义道路的基本特征》，《黑龙江社会科学》2009年第1期。

和主张的重要内容。

生态社会主义以生态马克思主义为基础,提出了"可持续发展"、"代际平等"、人与自然的和谐等理念,展开了对资本主义生态危机的批判和对社会主义本质的新阐述。基本观点是,"人类只有一个地球,必须破除那种以民族利益和国家安全为唯一目标的政治思维,转变为以人类利益和全球安全为目标的新思维,坚决维护生态环境"①。它丰富了人们对社会主义的认识,是对社会主义的价值、理论和实践的丰富发展。国内主要集中翻译了国外学者的研究成果,如萨拉·萨卡的《生态社会主义还是生态资本主义》、穆勒·罗密尔的《欧洲执政绿党》、戴维·佩珀的《生态社会主义:从深生态学到社会正义》和克里斯托弗·卢茨的《西方环境运动:地方、国家和全球向度》等。与此同时,基于我国生态化发展的现状,国内学者基于对我国生态问题的现实解读,进而论述生态社会主义的实践及其对中国生态文明建设的启示。如时青昊的《20世纪90年代以后的生态社会主义》、刘东国的《绿党政治》、王雨辰的《生态批判与绿色乌托邦:生态学马克思主义理论研究》等。

第四,关注新社会主义。社会主义是一个多元的逻辑发展和多样化的现实存在,进入21世纪,世界社会主义思潮中出现了形形色色的"新社会主义"。由于这种思潮是源于不同地域、政党和团体的各种理论主张的大杂烩,其所谓的"新"的内涵指涉各异,"从概念提出到理论建构、从政治信仰的转变到执政纲领的推行、从零星倡议到运动式推进,经历了多维度发展。目前,不仅包括拉美学者提出的所谓'21世纪社会主义'思想和理论,也包括委内瑞拉前总统查韦斯、厄瓜多尔总统科雷亚、玻利维亚总统莫拉莱斯等拉美国家领导人的社会主义信仰和思想,还包括委内瑞拉、厄瓜多尔等国建设'21世纪社会主义'的实践活动;它们之间虽有一定联系,但更有本质区别,不可混为一谈"②。

这里的"新社会主义"以地区划分主要包括三个大类:其一,

---

① 王怀超:《当代世界社会主义的发展态势》,《当代世界与社会主义》2014年第5期。

② 徐世澄:《拉丁美洲现代思潮》,当代世界出版社2010年版,第10页。

拉美地区的"新社会主义"。这一派观点最突出的为委内瑞拉查韦斯"21世纪社会主义"理论,主张以"玻利瓦尔和平民主革命"替代"新自由主义改革",以"新社会主义"替代"资本主义",以"美洲玻利瓦尔替代计划"替代"美洲自由贸易区计划"。其二,原苏东地区的"新社会主义",苏联解体之后保存下来的或者新出现的社会主义思潮及政党,大多不再信仰传统意义上的社会主义,有的甚至直接以"新社会主义"自称,这一类学者虽然表达五花八门,各具特点,但主要还是主张将资本主义和社会主义的积极因素与各国发展的实际相结合,探索"第三条道路"。主要研究成果有张月明、姜琦的《政坛10年风云——俄罗斯与东欧国家政党研究》、刘淑春等的《当代俄罗斯政党》、孔寒冰的《原苏东地区社会主义运动现状研究》等。其三,西方独立左翼人士倡导的"新社会主义",关于西方左翼研究的"新马",国内学者的研究主要集中于对社会主义核心问题的理论思索,如孟宪平的《当代西方独立左翼的新社会主义观及评价》、姜辉的《国外独立左翼人士的"新社会主义"观》和秦秋的《简析西方社会的"新社会主义"观》等论文。这类观点主要是认为左翼学者们反对传统社会主义,又反对新自由主义资本主义,其实质是试图用温和或激进的方式改造资本主义。

(二) 21世纪社会党国际的政策调整

社会党国际作为全球最大的跨国政党组织,在今天全球政治舞台上依旧发挥着作用。加强对跨国政党合作与交流的研究,有利于加深我们应对全球化问题的认识。

社会党国际在冷战后的困局中不断寻求着理论上的突破。面对苏联解体、东欧剧变所引发的世界社会主义运动低潮,"革新"成为了社会党国际在20世纪90年代的主要理论关注点。无论是以"社会民主主义"取代"民主社会主义",还是提出"超越左与右"的"第三条道路"。进入21世纪,为了适应不断加速的经济全球化和纷繁复杂的世界局势,社会党国际相继召开了三次代表大会,并针对世界性和地区性热点问题进行了判断与回应,其中就包括价值观在内的理论和政策上的调整和革新。

1. 基本价值观的新解释

进入 21 世纪后，社会党国际仍然强调要坚守自由、公正和团结的主要价值观。社会党国际成立之初，以自由、公正和团结为主要价值观，并在此基础上确定了行动纲领。进入 21 世纪后，社会党国际仍然强调要坚守这些价值观，但更强调实现这些价值观的手段与方式。在二十二大上，社会党国际在坚持原有的基本价值观基础外，将"平等"与"和平"也纳入其中，并且对这些价值观进行了新的解释。比如，社会党国际认为，"传统的公正观往往把公正理解为'分配和结果的平等'"①，新的公正观应该加强机遇公正和起步条件的公正，不断地体现机遇平等并保障个人与自我发展的条件。在和平问题上，《圣保罗宣言》则给予新的定义，认为"和平不仅仅意味着没有战争，而是在公平、正义和维护共同利益基础上正确处理和协调国际关系的结果"。社会党国际还吸收可持续发展理念，将基本价值从过去只关注人与人之间的关系，扩充到了人与自然、当代人与后代人的层面，并试图阐明经济增长、社会公正与可持续发展之间的关系，还将可持续发展提升为社会民主主义的新三原则之一。

2. 推行全球进步的新战略

社会党国际对全球化的关注由来已久。在 1996 年召开的二十大、1999 年召开的二十一大上，大会讨论的主题均有对于"全球化和制定应对全球化的纲领"性话题。2003 年，社会党国际召开的二十二大的主题为"政治的回归：为了公正负责的全球治理——实现人民对全球化的治理"，通过了《全球社会的治理——社会民主主义的道路》和《圣保罗宣言》两个全球治理的纲领性文件。2008 年，社会党国际二十三大以"全球团结，勇于变革"的主题，强调要继续以推进全球治理为工作主线。通过这几次代表大会，社会党国际制定并完善了应对全球化挑战的全球治理纲领，系统表达了全球治理的理念。社会党国际认为，进行全球治理必须坚持三个原

---

① 孙君健：《冷战后社会党国际基本价值观演变述评》，《北京工业大学学报》（社会科学版）2005 年第 2 期。

则：一是可持续发展。当前世界的发展是不均衡的发展，包括南北发展的不均衡、经济发展和环境保护之间的不均衡等问题。二是尊重人权。这意味着在注重个人安全和保护文化特性的同时要加强社会整合。三是发扬民主。民主治理不仅是建立更加平等的全球社会的关键，而且是建立一个和平与安全的世界的关键。社会党国际全球治理理念依然具有鲜明的政治优先性，它主张建立一个有效的和民主的全球政治结构，"还呼吁政府、社会运动和个人要为建立一个正义与和平的世界秩序而努力"[1]。

3. 持续关注世界和平

社会党国际致力于维护世界和平与安全，建立公平合理的国际新秩序。社会党国际称，"和平是指导我们政治行动的一项基本价值"，"社会民主党人主张和平解决冲突，主张宽容，尊重人权和民主"。21世纪以来，国际社会遭到了恐怖主义的威胁，局部地区战争冲突不断。社会党国际适时调整纲领与政策，强调恐怖主义是世界和平的最大威胁，并制定了反对恐怖主义的一系列政策。"面对美国咄咄逼人的单边行为，社会党国际予以坚决抵制。"[2] 在处理地区冲突问题的态度上，社会党国际坚持以多边主义的方式，主张通过对话与谈判解决冲突问题。

4. 强调福利国家制度革新

社会党国际在总结世界各国发展情况的基础上，提出了社会经济发展的"第三条道路"。冷战后，社会党国际的意识形态有一定程度的"右转"，有学者认为这是与新自由主义的"趋同"甚至是被新自由主义所"同化"。但是，社会党国际二十二大提出了新的目标，旗帜鲜明地反对新自由主义、新保守主义和单边主义，表明了对新自由主义的立场态度。社会党国际强调，"要反对新自由主义市场意识形态和单边主义，反对以美国模式为主导的全球经济体系，主张应以集社会、生态和民主价值于一体且具有活力的全球市

---

[1] 舒新：《不放弃的乌托邦：社会党国际的全球治理思想》，《党政干部论坛》2009年第10期。

[2] 龚加成：《社会党国际纲领和政策的新变化——社会党国际二十二大述评》，《国内外理论动态》2004年第1期。

场取而代之"。社会党国际为了应付新自由主义的进攻，着手推行福利国家制度的革新。社会党国际认为，应该将民主政策持续地贯彻于全球层面的福利国家，而不是坐视全球化不均等收益情形的蔓延。社会党国际认为，社会整合是国家所负有的责任，强调社会责任的优先性。国家的经济政策都应当遵循福利国家赖以建立的原则，即一方面是市场经济，另一方面必须提供规制、再分配和公共物品。福利国家的困境，社会党国际提出应该从两方面进行革新：首先，强调个人权利。面对与责任的对等性，"不承担责任就没有权利"。其次，要求国家注重"社会投资"，建设一个"明智的福利国家"。面对欧洲主权债务危机的肆虐，社会党国际反对以一味削减福利支出，紧缩财政的方式解决危机，为了渡过难关各个国家应该加强团结、共同行动、扩大投资、刺激增长，为未来经济的全面发展做好准备。

5. 推动全球金融体系改革

自 2008 年全球金融危机爆发以来，社会党国际对金融体系改革这一国际性问题给予了高度关注，并建立了常设机构"全球金融问题委员会"，不定期地对全球金融危机进行分析和探讨。2012 年 8 月，社会党国际在南非开普敦召开了二十四大，大会通过了《推动经济增长、扩大就业、加强社会保障：社会民主党对金融危机的反应》的决议。社会党国际认为，金融危机的原因是自由放任的新自由经济政策使然，政府对金融市场缺乏监管，金融投机行为横行，缺乏透明并且行之有效的金融规则，实体经济增长乏力，金融泡沫自我膨胀。为此，社会党国际提出了应对金融危机、改革世界金融体系的政策建议。社会党国际认为，要改变这种不加干预的新自由主义政策，呼吁政府调整与市场之间的关系，主张通过全球金融体系信息互通和行动互动，保证全球金融的有序和安全运行。社会党国际一以贯之地强调政治手段的重要性，坚持政府应制定合理的收入分配体制、缓解贫富两极分化，政府应推行积极的财政政策、抛弃紧缩财政式的政策模式，扩大投资、刺激经济增长，各国政府之间要加强团结，建立更为透明的金融体制，政府要强化对银行等金融部门的管制，遏制日益猖獗的金融投机行为，并且要加大对信用评级机构监管力度。

综上所述，社会党国际理论与政策上的调整是应对全球化挑战、新自由主义威胁和实现社会民主主义基本价值的选择。当今世界，社会党同保守政党相比总体上仍处于明显弱势状态。社会党国际内部的一些战略家曾期望在2008年左右实现全面振兴的期望已经落空，在选举中佳绩甚少、亮点不多，其谋求大面积振兴的目标受挫。多数社会党都面临不少结构性的难题与重大现实挑战，要解决恐非短期能够实现。[1]

(三) 发达国家共产党的新走向

"发达国家共产党的生存现状和未来前景，是人们思考世界社会主义前途和命运的过程中必不可少的一个重要问题。"[2] 特别是2008年金融危机的爆发及其在全球范围内造成的影响，给冷战后一直寻求摆脱发展困境的发达国家共产党带来了难得的机遇，同时也使其面临诸多严峻的现实挑战。2008年的金融危机重创了人们对资本主义的信仰和信心，激化了劳资对抗性矛盾并引起社会动荡，同时也为发达国家共产党提供了十分难得的契机，正如埃及学者萨米尔·阿明所言，国际金融危机是"一场灾难，也是一次机会，是一次沿着马克思主义和国际主义的路线，走向世界范围内的社会解放的机会"[3]。而能否抓住历史机遇，有效处理好自身发展中几个至关重要的问题，就成为影响其未来走向的关键所在。

首先，我们应该看到随着21世纪的到来，社会生产力的进步以及资本主义的新发展，一些对于西方发达国家共产党发展壮大的有利条件在不断增加。资本主义最大的问题仍然在私有制问题上，结构性失业成为资本主义国家经济发展不可避免的重大问题，这

---

[1] 唐海军：《世界社会党的现状与发展趋势探析》，《当代世界与社会主义》2009年第2期。
[2] 李申：《全球化背景下发达国家共产党的新探索》，《当代世界与社会主义》2006年第6期。
[3] Samir Amin, "Seize the Crisis", *Monthly Review*, Vol. 61, Issue 7, Dec 2009.

样的问题滋生着新的社会矛盾和危机。"西方发达国家的共产党如果能利用这些矛盾，更加密切地关注劳动阶层的利益，准确地把握时机，就能发展壮大自身的力量"①，并将世界社会主义运动推向高潮。

其次，从主观上看，经过苏联解体、东欧剧变的涤荡和对社会主义的反思之后，西方发达国家共产党无论在理论上、认识上还是实践上，都比以前更加成熟。在对未来发展道路的思考和斗争策略上，它们都表现出更多的清醒、理智和更少的盲动、激进。苏联解体、东欧剧变和苏联模式的瓦解从另一个意义上为这些党提供了更广阔的思维和探索空间，使它们在今后得以突破固定模式的桎梏，独立探索具有本国特色的社会主义。因此，从本国国情出发，结合本国实际，理性地思考和探索各具特色的社会主义发展道路，将是下世纪西方发达国家共产党发展的一大趋势。

最后，在当今的西方发达国家，短期内共产党是无法超越资本主义的优势地位的。随着资本主义政治经济地位的增强和相对稳定，资本主义统治地位也愈加巩固。因此，在短期内，共产党是无法获得优势地位的。在这种形势下，如何适应现代社会的发展，如何重新认识资本主义的新变化、新发展，更新传统的陈旧的理论和观念，调整战略、策略和政策，将是当今乃至未来西方发达国家共产党需要解决的重大课题和难题。

所以说，展望 21 世纪，西方发达国家共产党将如何在机遇与挑战的交织中走向未来，这既决定着它们自身的前途，也决定着社会主义的命运。不得不承认的是，"缺乏执政经验和解决经济问题所需要的建设性政策是发达国家共产党所面临的共性硬伤，对于发达国家共产党而言，还应着力处理好两个方面的关系：一是理想与现实的关系。在西方国家议会政党政治框架和政治生态环境中，发达国家共产党要学会从理想走向现实，同时在走向现实的过程中又能保持本色、不丧失理想。二是不同政治力量之间的关系。发达国家共产党通过联合各种社会运动组建广泛的统一战线，这对于后危机

---

① 熊泽成：《关于坚定社会主义信念的几点思考》，《科学社会主义》2002 年第 2 期。

时代共产党自身组织力量的壮大发展是明智选择。但在这一过程中，由于各国共产党社会基础变得日趋多元化，还需要妥善处理好、平衡好不同力量派别之间的关系，更要避免因党内矛盾而引发新的政党分裂和政党碎片化趋势"①。

（四）拉美"21世纪社会主义"运动

世界社会主义运动自苏联解体、东欧剧变以来一直处于发展的低谷，但是，2008年美国爆发的全球性的资本主义金融危机却给全球左翼的发展转型和力量整合带来了机遇，也给"整个世界社会主义运动的发展提供了契机"②。

当代拉美社会主义运动不仅是国外新社会主义运动的典范，是拉美多元政治格局中的重要政治力量和推进拉美现代化、民主化的主力军，而且是世界社会主义运动的重要组成部分。20世纪末的苏联解体、东欧剧变给拉美各国共产党造成了巨大冲击，共产党派地位下滑成为拉美共产党的普遍现象，但以古巴共产党和巴西共产党为代表的拉美共产党却顶住了压力，经过二十多年的奋斗和探索，不仅将党的队伍保存了下来，而且根据国际格局的新变化和本地区出现的新情况对党的理论、纲领和政策及时调整。古巴社会主义的顽强挺立，不仅"对拉美社会主义运动是个鼓舞，而且对低潮中的世界社会主义运动也是个巨大支持"③。此外，巴西共产党和其他拉美共产党的政治影响力也有所增强，例如，委内瑞拉共产党、厄瓜多尔马列主义共产党、秘鲁共产党（红色祖国）和秘鲁共产党（团结）共同创建了"新左翼运动"。

"21世纪社会主义"运动曾为世界社会主义的胜利进军添砖加瓦，做出了巨大的贡献。"在今天的21世纪拉美社会主义运动再现

---

① 周明：《后危机时代发达国家共产党的理论变革与实践转型探析》，《学术论坛》2015年第6期。

② 贺龙栋：《论科技革命与社会主义的历史命运》，《社会主义研究》2001年第6期。

③ 崔桂田：《拉丁美洲社会主义运动现状和走势研究》，《当代世界社会主义问题》2012年第3期。

亮点和生机，成为世界社会主义低潮中一道靓丽的风景线，推动了世界社会主义运动的恢复和振兴。"① 委内瑞拉、巴西、玻利维亚、厄瓜多尔等国的"新左翼"是拉美社会主义运动的后起之秀，它们建设"新社会主义"的实践也赢得多数民众的认可。"新社会主义"开始从口号向构建理论体系推进，党结合执政实践对"新社会主义"的内涵和理论进行了不断发展。委内瑞拉总统查韦斯为了实现"21世纪社会主义"，在2008年组建了委内瑞拉统一社会主义党，发布了《委内瑞拉统一社会主义党原则和计划草案》，对"21世纪社会主义"的基本内容进行了较完整的表达和说明。社会政策惠及1100余万户家庭，受惠民众达2900万；中产阶级的比例从2004年的42%升至52%，赤贫人口比重从28%降至15.5%；基尼系数从2002年的0.586降至2009年的0.538。② 在查韦斯执政的十年间，委内瑞拉已经连续20个季度实现经济增长，国际储备从1999年年初的143.34亿美元增加到2009年1月的418.02亿美元，失业率从50%下降到6.1%，极端贫困人口从42%减少到9.5%。③

除此之外，"圣保罗论坛"和"世界社会论坛"成为展示拉美左翼力量的大舞台。由巴西劳工党发起，在古巴共产党等推动下，于1990年6月创办的"圣保罗论坛"是拉美最具代表性和影响力的左翼政党和组织的协调机构。而2001年的"世界社会论坛"，是在巴西劳工党和以圣保罗论坛为主的拉美左翼进步力量倡议下发起成立的世界性公民运动和非政府组织的论坛，其宗旨是反对新自由主义、批判资本主义、反对战争和霸权主义。该论坛具有一定的社会主义色彩，成立十多年来，参与人数持续增加。通过上述两个国际性论坛，拉美社会主义运动及左翼政党和组织充分展现了自身的影响力。

总之，拉美"21世纪社会主义"的发展，为经济全球化时代的

---

① 崔桂田：《拉丁美洲社会主义运动现状和走势研究》，《当代世界社会主义问题》2012年第3期。
② 周志伟：《巴西缓解贫富悬殊之路》，《南风窗》2012年第9期。
③ 冯骊、陈雅琢：《查韦斯21世纪社会主义的合理内核》，《求索》2010年第12期。

发展中国家提供了抵御新殖民主义、争取团结自主发展、超越资本主义桎梏、探寻21世纪社会主义进路的经验与启示。① 但是，拉美"21世纪社会主义"的前路远非坦途，不宜过于乐观，更不宜妄加解读，仅从社会运动、议会道路、民族主义、多元价值观、个人威权、资源红利和地区合作等"标签"远无法理解"21世纪社会主义"的历史与远景。巴西著名学者特奥托尼奥·多斯桑多斯教授认为，"21世纪社会主义"理论应具有全球性、多样性，是多元文明的对话，要充分发挥人民的创造力，实现制度创新。这些都是世界历史的新萌芽，当代世界并不像一些学者断言的那样，将是"历史的终结"，而是处于新的国际环境和过渡阶段。②

三 命运共同体中的社会主义与资本主义

如何正确认识和把握社会主义与资本主义的关系，是科学社会主义面临的一个重大理论和实践课题，"从总体上看，二者既相互对立、相互排斥，又相互联系、相互补充，呈现出一种对立统一、竞争共处的态势"③。整个人类社会发展史充满着继承与否定的辩证关系，社会主义与资本主义的辩证关系，要求我们有一种全局意识与思维，在人类命运共同体的视角下，不断推进社会主义健康发展，进而充分发挥社会主义制度的优越性，实现人类社会的进步与文明。

（一）人类命运共同体意识

党的十八大以来，习近平主席着眼世界和平发展大局，顺应各

---

① 贺钦：《试析拉美"21世纪社会主义"的历史源流及其本质》，《当代世界与社会主义》2015年第3期。
② 孙洪波：《国际金融危机与21世纪社会主义前景》，《高校理论战线》2009年第4期。
③ 宋士昌：《从邓小平到江泽民：建设有中国特色社会主义理论跟踪研究》，山东人民出版社2002年版，第192页。

国相互依存大势，致力中外良性互动，展现中国"大国担当"，以天下为己任，与时俱进提出并不断充实"人类命运共同体"这一先进理念，占据了世界秩序重塑的制高点。

"当代国际社会具有丰富的多元性、多样性，但是又具有共生性，是一个多元共生的国际社会。"① 早在 160 多年前，马克思和恩格斯在《共产党宣言》中就已经揭示大工业时代"首次开创了世界历史，因为它使每个文明国家以及这些国家中的每一个人的需要的满足都依赖于整个世界，因为它消灭了各国以往自然形成的闭关自守的状态"②。随着"大航海时代"到来，不仅是一个具有全球化发展趋向的社会，而且是一个社会生活的各个方面互相往来和互相依赖日益拓展、增强的社会。2015 年，习近平主席在博鳌论坛发表讲话指出："人类只有一个地球，各国共处一个世界。世界好，亚洲才能好；亚洲好，世界才能好。面对风云变幻的国际和地区形势，我们要把握世界大势，跟上时代潮流，共同营造对亚洲、对世界都更为有利的地区秩序，通过迈向亚洲命运共同体，推动建设人类命运共同体。"③ 创建形成"你中有我、我中有你"的"命运共同体"，寻求人类共同利益和共同价值的新内涵，牢固树立"命运共同体"意识，秉持亲、诚、惠、容的交往理念。尊重差异，志同道合，是伙伴；求同存异，也可以是伙伴。命运共同体意识的培养能够引领世界各国在坚持和平共处的基础上，充分发挥各自优势，以合作消除障碍，共同发展。

（二）社会主义与资本主义关系的新变化

社会主义与资本主义两制关系是一个世纪以来国际社会主要的一对关系，涉及两种主义、两种制度、两种制度国家之间相互区别又相互交织的关系。回顾 20 世纪两制关系的历史可以看出，两制

---

① 金应忠：《试论人类命运共同体意识——兼论国际社会共生性》，《国际观察》2014 年第 1 期。
② 《马克思恩格斯文集》第 1 卷，人民出版社 2009 年版，第 566 页。
③ 习近平：《迈向命运共同体　开创亚洲新未来——在博鳌亚洲论坛 2015 年年会上的主旨演讲》，《人民日报》2015 年 3 月 29 日。

关系本质上是对立统一的矛盾关系,"其对立性表现为斗争和替代关系,是绝对的、永恒的;其统一性表现为历史继承、相互借鉴和共处合作关系,是相对的、暂时的"①。在创建人类命运共同体的今天正确认识和把握两制关系,仍然是事关世界社会主义事业兴衰成败的重大理论问题和现实问题。

进入21世纪以来,随着中国的快速崛起并成为第二大经济体和世界经济增长的第一发动机,两制国家间的共处、合作与竞争关系进一步凸显出来。但是,我们必须清楚地认识到,两种制度间的对立和斗争并没有消除,只是变得更加隐蔽而复杂。

1. 两种制度关系斗争性的新变化

双方合作领域日益广泛,但矛盾范围日益扩大,摩擦日益增多。马克思说"资本来到世间,从头到脚,每个毛孔都滴着血和肮脏的东西"②。目前,资本主义国家仍在利用各种手段进行意识形态的宣传和渗透甚至施压,从这个意义上说,冷战并未结束,只是斗争形式发生了较大变化。从以前的政治领域和军事领域的对抗转变为以经济科技领域为主的竞争,斗争形式由简单、直接转变为复杂、隐蔽。这场没有硝烟的世界大战的主要特点是运用非战争或非军事的间接手段进行经济、政治、思想、文化、宗教等方面的影响和渗透,以达到对社会主义国家干扰、破坏、瓦解的目的,由此带来的摩擦也日益增多。

资本主义国家凭借自己的强势地位,向社会主义国家施压,干涉社会主义国家内政。利用媒体对社会主义国家的人权、民主问题进行歪曲事实的报道,如对发生在2008年中国西藏的"3·14"、2009年新疆的"7·5"严重打砸抢烧暴力事件,一些别有用心的西方媒体的报道严重违背了新闻最基本的真实、客观和公正的原则,故意挑拨民族矛盾,以达到分裂中国的目的。③

---

① 李明斌:《论正确认识和处理社会主义与资本主义的关系》,《社会主义研究》2003年第3期。
② 《马克思恩格斯文集》第5卷,人民出版社2009年版,第871页。
③ 黄红发:《全球化背景下西方意识形态渗透的主要手段和特征》,《学术论坛》2011年第4期。

2. 两种关系合作性的新变化

两种制度间的竞争主要表现为综合国力的竞争。社会主义国家和资本主义国家之间的关系首先是一种国家关系，具有国与国之间关系的一般性质和特点。冷战结束后，"当今各国，特别是大国之间的关系，集中表现为包括经济实力、科技实力、国防实力、民族凝聚力在内的综合国力的较量与竞争"①。综合国力成为决定国家地位的基本依据，也成为一国能否很好地维护本国利益的重要保证。同时，两制之间的竞争更多地表现为经济实力与人民生活水平的较量，"以经济和科技为主要标志的综合国力的竞争代替了政治对抗和军事威胁而上升到最重要地位，两制之间的交往实质上就是实力与实力的交往"②。全球政治和经济发展的这一特点，在21世纪将持续很长一段时间。

随着经济全球化的深入发展，两制国家相互依赖关系更加明显。和平共处的暂时性和不确定性转变为长期性和相对稳定性，两制国家出现多领域、多层次的非根本制度性的相互交织与融合，使两制国家间形成双赢利益新格局。随着经济全球化的深入发展，两制国家间的依存度进一步增强，你中有我，我中有你，各种利益互相交错、紧密交织，往往是一荣俱荣、一损俱损。由于共同利益和相关利益不断增多，要求不同制度国家在追求各自利益的同时，必须顾及与其合作的他国利益，只有这样，才能更好地求得自身的生存和发展。与此同时，世界多极化趋势下人类所面临的人口、环境、资源、难民、疾病、跨国犯罪、恐怖主义、核扩散等事关全球生存和发展整体利益的问题，需要所有国家进行更广泛的对话与合作，共同携手解决。

（三）新时期处理两种制度关系的战略策略

新时期社会主义与资本主义两种制度对立关系出现了新的变化，斗争形式表现出新的特点。这些变化和特点需要我们正确认识

---

① 江泽民：《论"三个代表"》，中央文献出版社2001年版，第28页。
② 李明斌：《从社会主义与资本主义关系的新发展看世情变化》，《江西社会科学》2013年第5期。

和辩证分析,在此基础上制定正确的战略策略,只有这样,才能在与资本主义的共处和竞争中立于不败之地。

第一,要从资本主义新变化中把握资本主义的发展方向。二战以来,发达资本主义国家在调整自己的生产关系时出现了新变化,资产阶级吸收借鉴了社会主义国家的先进经验,实行国家干预政策,调整劳资关系,实行福利政策,让工人参与企业管理,等等,发达资本主义社会内部出现了合作经济的发展"资本社会化趋势的加强"、"社会经济计划性的增加"、"社会福利范围的扩大"三大差别的缩小等许多新的社会主义因素。这些社会主义因素尽管不具备成熟社会制度和社会形态的性质,但可以看作社会主义的萌芽,它们已经作为资本主义的否定因素而具备了未来社会的某些特征。

第二,要在"人类社会发展的总趋势中把握社会主义与资本主义的对立关系"[①]。马克思主义的基本原理告诉我们,社会主义代替资本主义是人类发展的总趋势。从现阶段来看,资本主义仍占有绝对优势,而且在较长时间内还看不出这种绝对优势会有多大的变化。但是,社会主义代替资本主义的大趋势不会改变,资本主义发展的300多年历史和科学社会主义诞生以来160多年的历史雄辩地证明,"社会主义是指引世界上处于剥削制度压迫之下的无产阶级和劳动人民改变自己命运、获得社会解放、建设幸福生活的正确道路,社会主义是人类社会历史发展的必由之路"[②]。这一趋势在2008年金融危机以来得到强化。资本主义始终不能解决生产的社会化和生产资料私人占有之间的矛盾,资本主义矛盾的每一次激化都迫使资本主义不断利用自己的机制调整生产关系,而资本主义生产关系的调整恰恰是朝着与资产阶级主观愿望相反的方向发展的,迫使资本主义向新的阶段发展。

第三,要从社会主义与资本主义的对立统一中把握两制关系。从社会主义与资本主义并存竞争的总态势来看,由于"资"强

---

① 李明斌:《从社会主义与资本主义关系的新发展看世情变化》,《江西社会科学》2013年第5期。
② 严书翰:《正确认识当代资本主义的新变化》,《中共中央党校学报》2001年第3期。

"社"弱,社会主义与资本主义将长期共处。因为,中国和越南、古巴、老挝、朝鲜等国家的经济社会发展整体水平还比较低,而美欧等发达资本主义国家的经济实力和科学技术水平远远高于社会主义国家,而且社会主义国家起点普遍较低,都属于发展中国家,社会主义在与资本主义的竞争中,其优越性很难充分表现出来。从社会主义取代资本主义的长期过程来看,在当前阶段,社会主义要通过改革展现自身的优越性。更要认识到,经济全球化和世界多样性产生的依存性和互补性,要求只有对话、交流、合作才能共赢,但也必须提高驾驭市场经济和抵御金融风险的能力。要提高自己的竞争能力,努力用好发展机遇掌握发展全局,从国际国内资源的优势互补中创造发展条件,以国际视野对国内制度进行统一安排,增强社会主义的制度吸引力,在改革发展中赢得与资本主义的比较优势。

四 "一带一路"背景下互利共赢的务实合作

"一带一路"建设是在我国经济社会发展进入新的历史阶段,面对错综复杂的国际国内形势,党中央统揽全局、审时度势、多方权衡之后提出的一项极为重要的发展构想和合作倡议。要把这件意义重大、影响深远的事情做好,真正做出实效,最重要的是要坚持互利共赢的原则,找准相关方面的利益契合点,务实推进各项相关建设。

(一)"一带一路"倡议的国际背景

"一带一路"指"丝绸之路经济带"和"21世纪海上丝绸之路",是中国为推动经济全球化深入发展而提出的国际区域经济合作新模式。"其核心目标是促进经济要素有序自由流动、资源高效配置和市场深度融合,推动开展更大范围、更高水平、更深层次的区域合作,共同打造开放、包容、均衡、普惠的区域经济合作架构。"① 因

---

① 刘卫东:《"一带一路"战略的科学内涵与科学问题》,《地理科学进展》2015年第5期。

此，不难看出，"一带一路"建设是一个能较好地将多重目标相结合，实现多赢的战略举措。

在全球发展和经济力量格局不断变化的情况下，国际经济贸易关系和环境也在发生变化。一方面，随着我国发展水平的不断提升，我国与发达国家竞争的领域越来越多，一些国家和地区为了自身利益，不仅贸易保护主义不断抬头，以各种理由和借口限制我国产品的出口，而且出现种种或明或暗，以排挤或限制我国参与为目的的贸易制度安排，同时，随着我国经济发展水平的不断提升，我国与广大发展中国家，其他新兴经济体的关系也在发生一些变化。过去我国与这些国家更多的是竞争关系，随着我国的发展，虽然竞争的方面不少，但合作互补的方面也越来越多。广大发展中国家经济上对我国有所倚重，看重中国的市场、资金、技术、经验等，希望能搭上中国发展的快车发展自己，而这些国家的市场潜力也不小，也值得我国大力开发。政治上，这些国家总体对我国友好，通过加强双边经济贸易投资合作，把双方的利益紧紧捆在一起，形成利益共同体，不仅可以增进了解，也能为双边关系的稳定提供压舱石。可见，"一带一路"发展构想就是在这样的背景下做出的一种趋利避害、开拓进取的战略选择。

共建"一带一路"是"致力于维护全球自由贸易体系和开放型世界经济"[①]。也就是说，"一带一路"战略是在世界格局大调整和经济全球化大背景下产生的，是推动经济全球化深入发展的一个重要框架。但是，"它也不是简单地延续以往的经济全球化，而是全球化的一种新的表现形式，其最突出的特征是融入了丝绸之路的文化内涵"[②]。简单地讲，"一带一路"是包容性全球化的表现，没有脱离经济全球化的基本机制，即投资和贸易自由化。中国的目的是希望改革现行体系，以便更好地反映并适应世界经济新的格局。通过"一带一路"落实经济外交新战略必须明确一条基本原则，即"一元多极"，在现有的国际经济秩序框架下，坚持经济全球化的方

[①] 国家发展改革委等：《愿景与行动》，2015。
[②] 刘卫东：《"一带一路"战略的科学内涵与科学问题》，《地理科学进展》2015年第5期。

向，鼓励更多的利益相关者参与并推动国际经济体制改革。①

（二）"一带一路"建设中的全方位务实合作

"一带一路"发展构想和合作倡议提出之后，不仅得到国内各省区的热烈响应，也受到国际社会特别是"一带一路"相关国家和地区的高度重视。从人类历史的发展全局来看，"一带一路"建设，既是经济发展的过程，也是东西文明对话的过程，更是建构未来人类命运共同体的过程。在这个意义上，"一带一路"建设既是宏大的经济工程，也是艰巨的文化工程。"人类命运共同体"的宏伟事业之中，"一带一路"是实现陆海乃至整个人类协调发展的大理念，是实现各个民族，各个文明共生共荣的大智慧。

1. 深入分析，找准利益契合点

"一带一路"战略倡议提出后，各地政府、相关企业、相关机构等积极响应，纷纷制定规划，出台政策，研究对策，以求抓住机遇、加快发展。对于相关地方、机构和企业，应认真研究利益契合点与合作潜力。首先，认真研究国家战略，真正弄清国家的意图和方向，顺势而为。其次，认真研究分析沿线国家的发展基础、资源和需求、政治社会环境、机遇和风险。再次，认真研究分析与国内国际其他地方、其他企业相比，自身究竟优势何在、机遇何在、挑战何在。最后，在此基础上提出推进战略，包括总体思路和具体举措，以及在这个基础上研究提出需要上级政府包括中央政府给予的一些政策支持。只有建立在这样的研究分析基础上制定的推进战略和方案，才能真正取得实效。

2. 处理好政府与市场的关系

"一带一路"的合作是国际合作，离开政府的作用很难顺利开展，但政府必须正确地发挥作用。丝绸之路历史上就是民间商贸往来的产物，政府主要应发挥推动和保驾护航的作用。从现代观点看，主要包括创造和维护和平友好的政治环境，搭建便利、公平的

---

① 黄益平：《中国经济外交新战略下的"一带一路"》，《国际经济评论》2015年第1期。

贸易和投资平台，开展相关调查研究、信息咨询及培训等活动，以及对相关的贸易投资活动提供组织、推动、支持等。除此之外，应主要发挥民间及企业的市场作用，企业应主要算互利共赢的账，对此政府不应过多干涉。现在有不少合作，都是国企冲在前，有些是只算政治账，不算经济账，结果往往事与愿违，效果不佳。因此，即使国企走出去，也要尽力与民企联合，形成混合所有制企业，一起走出去。任何国家之间的事情，只有建立在民间交往、互利共赢的基础上，才是最有生命力的。

3. 全方位开展务实合作

一是国际领域的全方位开放合作。对外合作的重点是"一带一路"国家，但又不限于这些国家，是一个开放的框架。因此，要高举和平发展的旗帜，摒弃冷战和对抗思维，不搞小圈子，紧紧围绕促进互联互通、深度合作、互利共赢的理念，凡是认同这个理念，有意愿参与这个倡议的都欢迎。①

二是国内区域的全方位开放合作。《愿景与行动》一方面对国内相关重点区域在共建"一带一路"中的地位、作用做了界定。如，打造新疆、福建两个核心区，形成面向中西亚、东南亚和向北开放三条主通道，以及推动形成五大内陆开放新高地。发挥沿海地区排头兵和主力军作用，等等。②另一方面，《愿景与行动》还从西北、东北、西南、沿海、内陆五个板块分别论述了整个区域及内部省区市在"一带一路"建设中对外开放与合作的重点任务和功能定位，可以看出涵盖全部中国。可见，不论是从政策意图及技术条件看，"一带一路"都是一个全国性整体性的构想。

因此，要充分发挥国内各地区的积极性和比较优势，将"一带一路"与国内区域开发开放有机结合起来，以古丝绸之路相关地区为重点，实行更加积极主动的开放战略，加强东中西部互动合作，全面提升开放型经济水平，打造全方位对外开放合作新格局。

---

① 张军扩：《坚持互利共赢，务实推进"一带一路"建设》，《经济纵横》2015年第10期。

② 张建平：《以东方智慧丰富发展理念、求解发展难题——"一带一路"愿景与行动解读》，《中国发展观察》2015年第4期。

(三) 以互利共赢构建"命运共同体"

中国的发展离不开世界,这既符合近代以来世界经济发展的基本规律,也是中国改革开放以来经济社会发展的成功经验。从改革开放初期的"三来一补"到"三资企业"的结构性转变,中国成功抓住了国际产业结构调整和转移的难得机遇,实现了"世界工厂"的蜕变,世界经济的繁荣同样离不开中国。

产能合作是中国经济与世界经济互动的必然结果,也是推进"一带一路"战略的核心内容。经济全球化的迅猛发展重塑了世界经济分工,形成了三极分工格局,即发达国家占据研发与设计、营销与服务产业链的"微笑曲线"的两端即高利润环节,俄罗斯、中东、非洲和拉美等国家和地区成为能源供应地,中国、东盟等新兴市场国家和地区集中发展制造业。推进"一带一路"战略,机遇与挑战并存,当然不能因为存在风险与挑战,就裹足不前而丧失机遇。"一带一路"秉持的是和平合作、开放包容、互学互鉴、互利共赢的丝路精神,并以丝路精神化解风险,托起构建区域合作机制的希望。习近平指出:"'一带一路'建设秉持的是共商、共建、共享原则,不是封闭的,而是开放包容的;不是中国一家的独奏,而是沿线国家的合唱。"① 中国从战略高度推进"一带一路",倡导的是合作共赢,不会单纯计较短期的得失。

2014 年 8 月 22 日,习近平主席在蒙古国家大呼拉尔发表演讲时指出:"中国愿意为包括蒙古国在内的周边国家提供共同发展的机遇和空间,欢迎大家搭乘中国发展的列车,搭快车也好,搭便车也好,我们都欢迎,正所谓'独行快,众行远'。"② "一带一路"战略体现的是中国方案和中国智慧,已经成为引领中国改革开放的总战略,为中国经济新常态下深化改革提供经济发展新动力和增长点,将助推亚欧大陆经济一体化,构建亚欧大陆的命运共同体、利

---

① 习近平:《迈向命运共同体 开创亚洲新未来——在博鳌亚洲论坛 2015 年年会上的主旨演讲》,《人民日报》2015 年 3 月 29 日。
② 习近平:《守望相助,共创中蒙关系发展新时代——在蒙古国国家大呼拉尔的演讲》,《光明日报》2014 年 8 月 23 日。

益共同体和责任共同体，推动中华民族伟大复兴。

五 当代中国同世界关系的历史性变化

进入 21 世纪以来，世界上发生了一系列带有战略性和全局性影响的事件，对国际政治经济和文化格局产生了重大而深远的影响。在这样一个具有历史性变化意义的时代，处理好中国与世界的关系，对中国国家建设以及国际政治经济新秩序的筹划将具有愈来愈迫切的意义。①

（一）中国同世界关系的新阶段

国际社会一个公认的事实是，当代中国外交是全球最有成效的大国外交之一。从新中国外交 60 年的历程可以清楚地看出，中国与世界的关系呈现出不断发展的历史性变化，这一现实使我国和平外交处于一个重要战略机遇期。同时也应清醒地看到，随着国家间、国家与国际社会的相互依存度的增强，国际矛盾和国际关系更加复杂，中国同世界的关系也面临着一些新问题和新动向。

其一，中国国际地位提高和国际影响扩大，面临某些既得利益国家对我国遏制的压力。进入 21 世纪，中国开始全面建成小康社会，实现中华民族的伟大复兴。今日的中国不仅是一个政治大国、文化大国，而且正在成长为新兴经济大国、科技大国，成为世界舞台上的重要角色，中国同世界的关系进入了一个全新的阶段。"一个多世纪以来，还没有哪一个后进的大国能够跻身于发达国家行列。中国如果能够突破历史惯性的束缚实现现代化，必然成为当代世界的一个伟大创举。"② 美国是当今世界唯一的超级大国，遏制任何一个潜在竞争对手或霸权挑战者，是美国的长期战略。此外，一些发展中国家对中国实力地位的提高也心存疑虑，担忧中国"变

---

① 汤光鸿：《从"闭关自守"到"命运相连"——中国与世界关系的历史性变革》，《南京政治学院学报》2009 年第 2 期。
② 唐晋：《大国崛起》，人民出版社 2007 年版，第 4 页。

脸"，搞霸权主义。"树立和平发展的国家形象，消除国际社会的疑虑，积极推进国家间、国家与国际组织间的战略互动"[①]，是一项艰巨复杂的工作。

其二，在现行国际体系内推动国际秩序朝着更加公正合理的方向发展。国际秩序是国际体系中处理国际关系行为主体之间关系的基本行为规则和相应保障机制。国际秩序包括国际规则和国际惯例。现行国际规则和国际惯例主要是西方发达国家主导制定的，而规则总是有利于规则的制定者。中国加入 WTO 后，对西方发达国家主导制定的现行国际经贸规则的不公正不合理性有了更加深刻的体会，有些规则成为制约包括中国在内的发展中国家经贸发展的桎梏，中国理所当然要行使合法权利，推动国际经贸规则向着更符合自己期望的公平正义的方向发展。显然，中国要在国际社会中维护现行国际规则的有效性，修改不利于我国及发展中国家的规则，并争得参与制定国际规则的"话语权"，不仅要靠实力为后盾，而且要和广大发展中国家共同努力。

其三，中国是负责任的国家，必然要承担相应的国际责任和义务，但又需防范落入"陷阱"。在国际社会中，中国认同做有责任的国家，这是对世界的承诺。但中国还是一个发展中国家，这绝不是在国际定位上刻意保持低姿态，我国的实际国力和战略能力与国际上的认识以及对我们的期望值之间是有差距的。我国正面临着承担更多责任和义务的压力，这种压力不仅来自发达国家，也来自发展中国家，"承担国际责任是中国应该做的事情，我们也正在承担更多的责任，但如果国外对我们抱有过高的期望值，就会超出我们实际能做到的事情"[②]。然而，世界上某些国家故意"误读"中国的身份，抬高中国承担国际义务的要求日益增多且苛刻，甚至要中国承担解决世界经济失衡的责任。

[①] 朱凯兵：《论当代中国同世界关系的历史性变化》，《南京政治学院学报》2008 年第 1 期。

[②] 秦亚青：《中国可以定位为在世界上有一定影响的地区大国》，《世界知识》2007 年第 1 期。

（二）当代中国的国际战略新理念

针对当代中国同世界关系发生历史性变化的现实，为维护有利的外部环境，进一步推进我国改革开放和现代化建设，审时度势，运筹帷幄，提出了具有首创性的国际战略新理念，并由此制定了正确的对外战略方针和政策。

第一，强调坚持中国特色社会主义方向，不断发展壮大，才能在世界舞台上占据重要地位，发挥更大作用。改革开放以来我们党带领人民开辟了中国特色社会主义道路，这条道路之所以正确、之所以能够引领中国发展进步，关键在于我们既坚持了科学社会主义的基本原则，又根据我国实际赋予其鲜明的中国特色。当今世界，我们仍然面临发达国家在经济、科技、军事等方面占优势的压力。如果我们不旗帜鲜明地坚持中国特色社会主义，就会动摇立国之本，在国际上只能沦为西方国家的附庸，根本不可能赢得大国的国际地位。因此，党的十七大突出强调高举中国特色社会主义伟大旗帜的重大战略意义，在前进的道路上，无论遇到什么复杂局面，无论遇到什么风险考验，我们都必须毫不动摇地坚持和发展中国特色社会主义。

第二，强调矢志不渝地走和平发展道路，坚持把中国人民的利益同各国人民的共同利益结合起来，永不称霸。综观世界发展史，所有西方大国崛起的过程无一例外地都是在世界范围扩张、掠夺和争夺的过程。一些别有用心的人竭力把中国的发展道路歪曲为西方大国的崛起道路，蛊惑所谓的"中国威胁论"，丑化中国的形象。党的十七大报告进一步阐明：中国将矢志不渝走和平发展道路，这是中国政府和人民根据时代发展潮流和自身根本利益做出的战略抉择。[①] 中国始终坚持走和平发展道路，并向世界表明，中国的发展绝不会重蹈西方大国崛起引发冲突和战争的覆辙，中国的发展不会伴随扩张、掠夺和争夺，而是走和平合作发展的新路；中国的发展强大，既不会对外输出意识形态，也不会对外输出发展模式和发展道路；中国的发展绝不会损人利己。我们致力于通过和平方式处理国际

---

① 《中国的和平发展道路白皮书》，《人民日报》2005年12月23日。

经济、贸易、能源、环境等问题,通过和平方式解决历史遗留问题。

第三,强调高举和平、发展、合作旗帜,推动建设持久和平、共同繁荣的和谐世界。21 世纪人类面临着众多具有整体利益的问题和生死相依的共同命运,"这就迫切需要形成全人类的价值认同和凝聚力量,逐步确立全球意识,构建全人类利益优先的意识"①。中国要成为有影响的大国,必须增强软实力,向世界贡献完善国际体系的新价值观,与世界建立具有认同性的价值关系。党的十七大报告指出,"不管国际风云如何变幻,中国政府和人民都将高举和平、发展、合作旗帜",并重申"各国人民携手努力,推进建设持久和平、共同繁荣的和谐世界"主张。②

第四,强调坚持奉行互利共赢的开放战略,以自己的发展促进地区和世界共同发展。中国目前参与国际体系互动还很不够,如在不少领域,中国尚未参与,更谈不上主导。因此,中国需要更多地参与多边事务,在国际合作中扮演更重要的角色。同时,对现行国际秩序偏向发达国家、不公正不合理的一面,中国应努力通过扩大各方利益的汇合点,使之朝着更加公正合理的方向转变,寻求共同发展的新途径。

第五,强调以社会主义大国的气度和战略眼光,广交朋友,全面发展对外关系。"中国坚持在和平共处五项原则的基础上同所有国家发展友好合作"③,加强同世界各国和平共处、互利合作,有利于我国积极营造和平稳定的国际环境、睦邻友好的周边环境、平等互利的合作环境、互信协作的安全环境、客观友善的舆论环境。要把中国人民的根本利益与各国人民的共同利益结合起来,把我国的对外政策主张与各国人民的进步意愿结合起来,为实现人类和谐世界的美好理想而不懈努力。④

---

① 唐晋:《大国崛起》,人民出版社 2007 年版,第 259 页。
② 胡锦涛:《中国共产党第十七次全国代表大会文件汇编》,人民出版社 2007 年版,第 45 页。
③ 同上书,第 47 页。
④ 王逸舟:《融入:中国与世界关系的历史性变化》,《中国社会科学报》2009 年 7 月 1 日。

第十章

科学社会主义的学科建设

从1978年改革开放确立解放思想、实事求是的思想路线以来，我国科学社会主义学科建设秉持这一指导思想，走过了30多年的发展历史，逐渐成为一门相对独立的学科。在这30多年的发展中，成绩显著，当然也有突出的问题，比如，国际环境复杂、学科基本概念不确定、学科建设逻辑起点模糊、研究方法单一等，科学社会主义学科建设研究旨在解决这一系列问题。科学社会主义是中国特色社会主义的理论基础，科学社会主义学科建设的现状直接影响到中国特色社会主义的根基与未来前景，必须高度重视。

一 科学社会主义学科建设的基本问题

如何认识和看待社会主义国家遭受的困难、挫折，也就是如何理解并解决科学社会主义在发展过程中所面临的挑战。科学社会主义的学科建设是前无古人的崭新事业，具有很大的探索性、试验性和开拓性。从苏联东欧剧变的历史教训、社会主义与资本主义的关系、建设中国特色社会主义理论与科学社会主义理论的关系等这一系列问题看，都是我们在科学社会主义学科建设中需要认识清楚的基本问题。

（一）必须坚持科学社会主义的基本原则

为什么说"必须坚持科学社会主义的基本原则"是科学社会主

义学科建设中面临的问题之一呢？周新城教授曾经提出过："近期，笔者在一个单位进行调研，他们提出一个新的概念：'泛社会主义'。开始的时候，笔者还不大明白什么意思，经过解释，方才懂得，他们认为，各种社会主义，不管是民主社会主义、生态社会主义、小资产阶级社会主义（他们没敢提封建社会主义），都是社会主义大家庭的一员，对他们，都需要团结，不要排斥。尽管主张不一样，但都要搞社会主义，这是一致的。不要搞得清一色，只有一家科学社会主义，其他都否定了，那样就变成孤家寡人了。这几年来，我们主要是批判了民主社会主义。所以，提出所谓'泛社会主义'，实际上是说，不应该批判民主社会主义，应该把民主社会主义看作是社会主义大家庭的一员，对民主社会主义应该宽容，应该团结它。"[①] 这就涉及一系列理论问题，究竟什么叫社会主义，是不是所有打着"社会主义"旗号的派别就都是"一家人"，就都要讲宽容、讲团结，我们要不要批判民主社会主义，要不要划清科学社会主义与民主社会主义的界限。

首先，我们应该明确科学社会主义是社会主义的基本原则。"社会主义"这个概念是伴随着资本主义产生的。随着资本主义的产生和发展，日益暴露出资本主义固有的矛盾和弊病，不同阶级从本阶级的立场出发，揭露资本主义的弊病，提出自己对未来社会的设想，例如，赵曜等主编的《科学社会主义新论》把社会主义代替资本主义的历史必然性看作科学社会主义的核心，整个科学社会主义理论体系围绕这个核心构建，该书第一章即为历史趋势论。[②] 凡是说资本主义有弊病的人，都打出"社会主义"的旗号，所以历史上"社会主义"是五花八门的。今天，我们讨论社会主义问题，首先要看是不是坚持科学社会主义基本原则，离开这个标准，将无从谈起。绝不能把自称为"社会主义"的一切思潮、流派（不管是不是坚持科学社会主义基本原则）都当作是社会主义大家庭的一员。这是讨论社会主义问题的一条最基本的原则，不能离开这一标准，

---

① 周新城：《必须坚持科学社会主义的基本原则——警惕所谓"泛社会主义"》，《毛泽东邓小平理论研究》2015年第1期。

② 赵曜等编：《科学社会主义新论》，中共中央党校出版社1996年版。

谈"泛社会主义",把反对科学社会主义的思潮也当作社会主义,这会模糊根本的阶级界限。

其次,必须正确理解社会主义模式。有人提出过,既然我们承认社会主义有不同的模式,那么就应该承认民主社会主义是社会主义的一种模式,而不能把民主社会主义排除在社会主义大家庭之外。这是一个需要探讨的问题。我们必须正确理解社会主义模式,探讨这个问题,应该结合方法论原则,把社会主义基本原则同它的具体实现形式区分开来。我们把十月革命的胜利、苏联社会主义模式的形成、改革开放前我国的社会主义实践和中国特色社会主义看作是社会主义的不同模式,就是因为它们都坚持了科学社会主义基本原则,走的都是社会主义路线。如果否定了科学社会主义基本原则,就不是社会主义,当然谈不上是社会主义的不同模式。但是,科学社会主义的基本原则怎么具体付诸实现,在不同国家、不同时期是不一样的,需要每个国家的共产党根据不同的条件进行探索,因此社会主义基本原则的实现形式可以而且应该是不一样的。

党的十七大、十八大都明确指出,中国特色社会主义既坚持了科学社会主义基本原则,又根据中国的具体国情和时代的特点具有鲜明的中国特色,这就明确界定了科学社会主义学科定位的性质问题。

(二)科学社会主义与中国特色社会主义的关系

中国特色社会主义作为国际共产主义运动的组成部分,是当前世界社会主义走向复兴的引领者,所以,应把科学社会主义与中国特色社会主义的关系作为科学社会主义基本问题进行研究,如何认识和把握二者的关系是当前科学社会主义学科的主要问题之一。

第一,如何认识二者的关系。首先,二者关系是个性与共性、特殊与一般的关系。中国特色社会主义是国际共产主义运动的组成部分,是社会主义走向复兴的引领者,与当代社会主义的发展和人类进步密切相连。所以,我们应用中国特色社会主义来推动科学社会主义的发展,而不能用中国特色社会主义来替代科学社会主义。其次,二者是坚持和发展的关系。中国特色社会主义坚持和发展了科学社会主义，这主要表现在三方面：一是把坚持社会主义与坚持解放思想结合起来；二是把坚持社会主义与把握中国国情结合起来；三是把建设社会主义与时代特征结合起来。再次，二者是传承与超越的关系。"中国特色社会主义是对经典社会主义或传统社会主义的传承，更是一种超越。"① 用"一般与特殊、'坚持与发展'这两个维度解释科学社会主义与中国特色社会主义的关系，有其合理性但也存在不足。而'传承与超越'可能更具合理性"②。因为中国特色社会主义理论在坚持科学社会主义的基本立场、根本观点和科学方法的基础上较为系统地回答了一系列现实社会主义发展遇到的问题；中国特色社会主义道路探索了发展中国家如何走向现代化的实践；中国特色社会主义制度已成为一种独立稳定的社会形态的标志。"中国特色社会主义在理论、实践和制度方面突破了把社会主义社会视为从属于共产主义社会的过渡阶段的认识，表现出了'超越'传统社会主义的态势。"③

第二，如何把握二者的关系。一是把中国特色社会主义放在科学社会主义发展历程中加以考察。在世界社会主义史上，社会主义出现过两次具有历史意义的转变：第一次是社会主义从空想社会主义到科学社会主义的转变，第二次是社会主义从理论到社会制度的转变。20世纪后期，世界社会主义又经历了一次较大的转变，即从以苏联为代表的传统社会主义到以中国特色社会主义为代表的现代社会主义的转变。中国特色社会主义带来了世界社会主义走向复兴的希望，中国所代表的现代社会主义与美国所代表的现代资本主义之间的发展与竞争是未来较长时间内世界的基本政治格局。二是通过具体比较中国特色社会主义与科学社会主义的关系来研究。"从二者不同的形成轨迹、学科视角、历史方位与任务、行动战略与动力机制、组织建设与依靠力量、目标定位与发展道路等方面进行比

---

① 袁秉达：《当前科学社会主义学科建设的困境与出路》，《科学社会主义》2013年第1期。
② 孟鑫：《科学社会主义学科建设基本问题再认识》，《中国特色社会主义研究》2013年第3期。
③ 同上。

较研究。"①

正确认识和把握科学社会主义与中国特色社会主义之间的关系问题,对于科学社会主义学科的建设和发展具有重要理论和实践意义。准确定位并明确回答科学社会主义与中国特色社会主义之间的关系问题,不仅对中国特色社会主义理论和实践,而且对于世界其他社会主义国家的理论和实践探索均具有重要的现实意义。②

(三) 科学社会主义的发展要放眼世界

社会主义代替资本主义是一个漫长的世界历史过程,考察社会主义的过去、现在和未来,离不开对资本主义的认识,离不开正确处理社会主义同资本主义的关系,这是科学社会主义学科建设的研究方法。社会主义实践的一个最重要的特征,是社会主义制度首先诞生在经济文化不够发达甚至是很落后的国家。而作为资本主义世界的心腹地带的西欧、北美等发达资本主义国家,一直未能实现社会主义突破,这就形成了"一球两制"的全球金融危机,对世界社会主义的影响形成当代世界历史的大格局。这种格局使率先建立社会主义制度的国家面临着一系列严峻的历史问题,必须创造性地予以解决。当前,西方资本主义国家生产力与生产关系、经济基础与上层建筑之间的矛盾运动和资本主义世界体系,已呈现出若干显然与过去大不相同的新情况,这就要求我们要有一种新的眼光和视角,大胆吸收和借鉴这些国家的一切先进文明成果和有益经验,用来建设和发展中国特色社会主义。

作为资本主义继承物、对立物、取代物、创新物的社会主义,随着资本主义在西欧的发展而出现,又随着资本主义在全球的发展而传遍世界。中国共产党以科学社会主义为指导,结合中国实际创造性地发展了科学社会主义,领导中国人民经过新民主主义革命在社会主义道路上取得了重大成就。20世纪的历史实践证

---

① 孟鑫:《夯实基础,关注前沿,加强科学社会主义学科建设——全国党校系统第十五次科学社会主义教学科研座谈会综述》,《学术园地》2012年第2期。

② 孟鑫:《科学社会主义学科建设基本问题再认识》,《中国特色社会主义研究》2013年第3期。

明：没有世界社会主义，也就不会有中国社会主义；中国社会主义的发展不能不受世界社会主义的影响。① 改革开放以来，民主社会主义思潮在我国的影响重新出现。20世纪80年代，中国共产党与社会党国际以及许多国家的社会民主党建立了党际关系，并保持友好往来；在这一氛围的影响下，民主社会主义思潮在我国逐渐受到热捧，最有代表性的是出现了对瑞典模式的介绍和宣传，即所谓的"瑞典热"②。苏联解体、东欧剧变前后，中国共产党与社会民主党的关系出现了短暂曲折。因此，从80年代末到90年代中期，对民主社会主义的批判成为中国学术界的主流，从90年代中期开始，中国共产党与社会民主党的关系逐步恢复，进入21世纪，两党关系继续保持良好发展态势，受此影响，民主社会主义思潮在中国的影响不断加深。十七大前，对民主社会主义的不同认识引发了关于中国发展道路的讨论。要立足中国，了解外国，借鉴世界；还要争取社会主义的中国能够在多方面为推进世界社会主义的发展做出自己的贡献，千万不能孤立地去研究科学社会主义在世界的实现与发展。

（四）关注和促进人的自由全面发展

科学社会主义可以指一种理论学说，又可以指一种社会制度，还可以指为实现这种美好的社会制度而进行的伟大实践运动。社会主义——无论是空想还是科学、理论还是实践——从一开始就是有理想目标的，那就是人的自由全面发展。就科学社会主义学科建设的逻辑起点而言，也应该是人的自由全面发展。③ 逻辑起点反映的是一门科学最一般的本质和关系，"必须具备以下四个要素：其一，有一个最基本、最简单的本质规定；其二，此逻辑起点是构成该理论的研究对象之基本单位；其三，其内涵贯穿于理论发展全过程；

---

① 王怀超：《改革开放以来科学社会主义学科研究方法的新进展》，《社会主义研究》2013年第2期。

② 刘书林：《关于民主社会主义思潮起源的考察与论辩》，《马克思主义与现实》2003年第4期。

③ 门晓红：《论科学社会主义学科的逻辑起点》，《理论界》2009年第1期。

其四,其范畴有助于形成完整的科学理论体系"①。新时期我国学术界见诸文献的科学社会主义"逻辑起点论",主要包括:"社会化大生产"、"资本主义基本矛盾"、"空想社会主义"、"人的彻底解放"、"社会"、"阶级"②、"人的自由而全面发展"③ 这些关于科学社会主义学科的逻辑起点的研究观点,都从不同角度丰富和拓展了科学社会主义学科逻辑起点的认识。

把"人的自由全面发展"作为科学社会主义学科的逻辑起点有其科学性和说服力。从科学社会主义意义上理解的"人的全面而自由发展"的价值指向的鲜明特色,是人支配物而不是物支配人。用《共产党宣言》中的话来说,是"现在支配过去",而不是"过去支配现在"。在科学社会主义学科建设过程中,应当考察科学社会主义的核心价值,还有科学社会主义核心价值与人的自由而全面的发展是什么关系。怎样认识社会主义基本价值与核心价值,前者是迄今为止人类追求的共同价值的集合体,是各种社会主义原则的泛化抽象;后者是社会主义基本价值中具有统领作用的价值因素,体现着科学社会主义的本质规定。

在科学社会主义的意义上,社会主义核心价值在于实现人的全面而自由的发展,它包括以下基本要素:个人与类的发展的统一,人的发展与生产发展、生产关系、社会关系发展的有机统一,人的发展与自然、社会关系发展的统一。科学社会主义的人的全面自由发展的思想,集中体现了马克思主义科学世界观及运用这一科学世界观对人类历史发展规律的认识;它也揭示了社会主义、共产主义社会的本质,展示了人类从未有过的一个自觉创造性实践的更高的社会理想目标,从而把自己同以往形形色色的追求理想社会的理论和思潮区别开来。对于科学社会主义学科建设来说,社会主义基本价值的本质要求,首先是以"人"为中心的平等和公平:这个

---

① 吴鸿雅:《朱载堉新法密率的科学抽象和逻辑证明研究》,《自然辩证法研究》2004 年第 10 期。

② 牛先锋:《对科学社会主义学科逻辑起点的回顾与思考》,《社会主义研究》2006 年第 5 期。

③ 门晓红:《论科学社会主义学科的逻辑起点》,《理论界》2009 年第 1 期。

"人",不是抽象的人,而是生活在一定的经济关系和社会制度中的"人",是社会大多数而不是少数更不是极少数的人;这个"公平",不是维持基础条件上就极不公平的社会的某种"公平"的感觉,而是去推进和创造使绝大多数人在物质和精神发展上享有同样平等的条件、机会,乃至最基本的结果。

可以说,人的全面发展,作为一个价值规定与历史现实规定相统一的价值目标,对科学社会主义学科建设具有根本指导和价值导向作用,是科学社会主义学科建设的根本价值追求,也是中国共产党提出构建社会主义和谐社会深层次的理论根据。在当代中国,随着改革开放的不断推进,中国共产党对人的自由全面发展这个问题的认识越来越深刻。胡锦涛在庆祝中国共产党成立90周年大会上的讲话中更是强调"制度带有根本性、全局性、稳定性、长期性的问题,要努力在经济、政治、文化、社会等各个领域建设成一整套相互衔接、相互联系的制度体系"①,以利于协调好社会主义现代化建设与保障人民群众利益之间的关系。我们建设社会主义的前提是保障人民群众的利益,"以人为本"的科学发展观的提出,是中国将制度社会主义与价值社会主义完美结合的最好例证。它鲜明地回答了"为什么要发展"、"应该如何发展"以及"发展为了谁"的问题。科学发展的基本内涵要求我们党在建设中国特色社会主义事业的过程中,学会用科学发展观分析问题、解决问题,学会运用"以人为本"的眼光,用全面协调、可持续发展的态度和原则处理一切问题,坚持做到发展为了人民、发展依靠人民、发展成果由人民共享。

二 科学社会主义学科建设的紧迫性和重要性

科学社会主义究竟是不是一个学科,学界仍然存在不同看法。

---

① 胡锦涛:《在庆祝中国共产党成立90周年大会上的讲话》,《人民日报》2011年7月2日。

有少部分学者认为"科学社会主义本身并不构成一个学科，或者说它并不是一个独立的学科"①；当然多数学者大体上认同我国目前社会科学划分中关于科学社会主义作为一个学科的大致定位。笔者尊重前者的独立见解和学术思考，但并不认同其观点看法，在此问题上，本书的基本观点属于后者，也就是无论科学社会主义的具体学科归属如何，科学社会主义在党校、普通高校等教学和科研实践中都是作为一个学科而存在的。

科学社会主义学科的建设，是社会科学教学和科研工作的一个极其重要的内容。在我国，科学社会主义学科的建设和发展中都存在种种问题，我们应该探究清楚存在哪些问题，构成这些问题的成因，进而总结出我国目前科学社会主义学科建设发展的现状，从了解到的现状看，我国的科学社会主义学科建设进一步完善迫在眉睫。

（一）科学社会主义学科建设和发展现状

科学社会主义学科建设涵盖面广，内容丰富，涉及问题较多，归纳起来，主要包括以下几方面：

第一，教研基地建设。科学社会主义专业是全国最早建立的学科之一，几十年的发展，已经积累了丰富的经验。建立了一批教学和研究机构，扩大了学科发展平台。1977年科学社会主义学科开始从中央党校向地方党校和高校扩展并逐渐发展，一些高校成立了社会科学部或马克思主义学院，开设了科学社会主义学科的本科、硕士和博士课程，②对学科发展起到了促进作用，科学社会主义学科建设在30多年里取得较大的进展。

从1984年第一批学位审核至今，科学社会主义与国际共产主义运动专业共有18个博士学位点，其中二级学科博士点5个，政治学一级学科之下学科博士点13个。相比而言，马克思主义哲学学位点29个，政治经济学学位点35个。总体上看，虽然一直在建设，但是科学社会主义却是马克思主义三个组成部分中相对比

---

① 李道中：《科学社会主义的研究对象、学科性质、逻辑起点和理论体系》，《科学社会主义》2014年第4期。

② 秦宣：《科学社会主义：机遇、挑战与对策》，《教学与研究》2010年第2期。

较薄弱的一个学科。当前应根据国务院学位办的相关规定，鼓励有条件的学校增设科学社会主义与国际共产主义运动专业的硕士点和博士点。

第二，教材建设。"多年来，科学社会主义理论研究者和研究机构共编写了近200本教材。20世纪80年代出版的教材引领作用较大，教材内容也较为丰富，其中高原主编的《科学社会主义》分为21章，赵明义教授主编的《科学社会主义》分为22章，但到了90年代，高放主编的《科学社会主义的理论与实践》只有5章。究其原因主要是因为从20世纪80年代开始，国内哲学社会科学学科建设逐步走上正轨，学科逐步细化分化，建立了许多新的学科。科学社会主义学科的许多研究内容被其他学科划走，或成为其他学科建设的构成部分。"①

但是，自20世纪90年代以来，随着中国特色社会主义的蓬勃发展，科学社会主义的研究重点逐步转向中国特色社会主义的研究，但现在在马克思主义理论一级学科中，又增设了马克思主义中国化研究这个二级学科，专门研究中国化的马克思主义。科学社会主义研究内容受到了相当程度的挤压。中央党校王怀超教授和秦刚教授主编的《科学社会主义基本理论》力求比较全面、客观、系统地阐述科学社会主义的基本问题，同时也尽可能地对一些理论前沿问题做一些比较深入的探讨，受到国内理论界的肯定。

第三，理论研究。多年来，科学社会主义学科一直坚持对科学社会主义基本问题和前沿问题进行研究，坚持对科学社会主义领域的重点、难点、热点问题的攻关研究。20世纪80年代初关于社会主义生产目的讨论；80年代中期关于社会主义发展阶段的研究；90年代初关于社会主义本质和社会主义市场经济的大讨论；21世纪伊始对人的自由全面发展和科学发展观的研究，以及现阶段对中国特色社会主义道路、理论、制度和社会主义核心价值观的深入研究等，可以说，科学社会主义学科研究重点的演变清晰地反映了我国

---

① 王怀超：《当前我国科学社会主义学科的研究现状及理论前沿问题》，《科学社会主义》2015年第3期。

改革开放和社会主义现代化建设的发展历程。

中国特色社会主义伟大实践既丰富了科学社会主义理论的内容，也对科学社会主义理论不断提出新的挑战。科学社会主义理论研究必须接受挑战，并对实践中提出的新问题做出新的回答。这其中包括："如何正确总结苏联东欧社会主义遭受挫折的教训；怎样评价民主社会主义；不发达国家走上社会主义道路后的经验教训；社会主义与资本主义的相互关系；中国特色社会主义道路、理论、制度的基本内涵及其历史地位研究；中国改革开放历史经验的总结；实现全面建设小康社会目标的制约因素及其解决对策研究等。"[①] 这些问题是当今社会主义实践对科学社会主义提出的挑战，也是无法回避的重大理论和实际问题。我国科学社会主义理论研究者必须勇于直面这些问题，不断做出新的理论概括，推出新的研究成果。

"十二五"期间，随着中国特色社会主义事业在世界的影响不断加大，世界社会主义运动在逐步恢复和发展，科学社会主义理论研究走向活跃。在科学社会主义理论指导下的"中国道路"所具有的魅力不仅在国内社会主义现代化建设实践中，而且在世界范围内产生了巨大影响，中国特色社会主义道路、理论、制度的世界意义凸显"中国道路"走向世界成为科学社会主义在当代延伸的新亮点。国内许多科学社会主义理论研究者和学科基地建设都把中国特色社会主义研究作为学科建设的重点。

（二）科学社会主义学科建设研究中的主要问题

学者在科学社会主义学科建设方面做了种种努力，试图在科学社会主义的研究对象、学科定位等方面有所改观。但是科学社会主义学科建设中仍然存在种种问题。

首先，一个称谓，两种定位，学科定位在游离。2005 年 12 月 23 日国务院学位委员会和教育部联合下发的《关于调整增设马克思

---

① 王怀超：《当前我国科学社会主义学科的研究现状及理论前沿问题》，《科学社会主义》2015 年第 3 期。

主义理论一级学科及所属二级学科的通知》，确定设立马克思主义理论一级学科和所属五个二级学科：马克思主义基本原理、马克思主义发展史、马克思主义中国化研究、国外马克思主义研究、思想政治教育。① 2005 年 12 月 26 日，经党中央批准组建的中国社会科学院马克思主义研究院正式成立。2006 年 1 月中旬，国务院学位办对一级、二级硕士学科点，一级、二级博士学科点进行了评审，评出了一级博士学科点 21 个，二级学科点 103 个。② 从此，马克思主义理论学科的建设进入了一个新的历史阶段。

有些学者对设立马克思主义理论一级学科的疑问并未完全消除，认为"既然早已经有了马克思主义哲学、政治经济学、科学社会主义三个主要组成部分的独立二级学科，是否还有必要设立马克思主义理论一级学科？按照现有的学科、专业目录，马克思主义理论一级学科并不包括马克思主义哲学、政治经济学、科学社会主义，这能否称之为马克思主义理论一级学科等等"③。但是，也有学者认为，马克思主义的哲学、政治经济学、科学社会主义，不能以原型的独立形态纳入马克思主义理论学科，因为它们在学科目录中已有自己的位置。更重要的是，马克思主义基本原理作为完整的科学体系和学科体系，有其自身的内在逻辑结构，应该是整体化的、内部各方面有机联系的、揭示事物本质的体系，这是通常所说的几个主要组成部分所做不到的。这里涉及的是马克思主义理论一级学科设立的客观依据以及现实基础等问题。

其次，一个概念，多种含义，具体指向不确定。通常有几方面的含义：首先是指社会制度，即社会主义和共产主义的社会制度；其次是指社会运动，即为实现社会主义和共产主义制度而进行的实践；再次是指思想，即指导这个实践、为建立和发展新的社会制度做论证的思想理论。这种惯性思维，直接影响到对中国特色社会主

---

① 袁秉达：《当前科学社会主义学科建设的困境与出路》，《科学社会主义》2013 年第 1 期。
② 同上。
③ 梅荣政：《关于马克思主义理论一级学科建设的三个问题》，《思想理论教育》2006 年第 10 期。

义基本概念的多义阐述：是旗帜、是道路、是事业、是理论、是实践、是制度、是理想等，而且前面大多数都冠以"伟大"。概念多义，易生歧义。

科学社会主义作为"主义"，主要就是指思想理论体系，"科学社会主义"的产生，也仅仅是相对于"空想社会主义"而言的。恩格斯说过："为了使社会主义变为科学，就必须首先把它置于现实的基础之上"①，"社会主义自从成为科学以来，就要求人们把它当做科学来对待，就是说，要求人们去研究它"②。科学社会主义主要是一门"学科"，它的概念可以有内涵与外延，但是不要过于泛化，不要因为运动、制度、事业等各方面的演绎冲淡和掩盖科学社会主义本源性的研究对象和理论体系。

最后，科学社会主义包含中国特色社会主义，是共性与个性的关系。新时期，改革开放30多年来，中国特色社会主义越来越成为一门独立的学科，有其相对独立的研究对象、学科定位、基本范畴和理论体系。中国特色社会主义理论体系是马克思主义基本原理同中国实际和时代特征相结合的产物，是科学社会主义基本原则在中国的具体体现、创造性发展和理论上的升华。有种观点认为"中国特色社会主义理论体系是扎根于当代中国的科学社会主义"③。就其精神实质和理论本质而言，无可厚非。但是，两者毕竟有大概念与小概念之分，有总论与分论之别。我们认为，科学社会主义和中国特色社会主义是普遍性与特殊性的关系，它们之间既有联系又有区别。科学社会主义包括中国特色社会主义，但不能以中国特色社会主义代替科学社会主义。科学社会主义与中国特色社会主义，在学科建设方面是相辅相成、并行不悖的。

科学社会主义学科建设和发展刻不容缓，迫在眉睫。为了推进科学社会主义学科建设，2010年10月，中央党校科学社会主义教研部创办了首届"社会主义理论前沿问题高层论坛"。首届高层论

---

① 《马克思恩格斯文集》第3卷，人民出版社2009年版，第537页。
② 《马克思恩格斯文集》第2卷，人民出版社2009年版，第219页。
③ 中共中央宣传部理论局：《中国特色社会主义理论体系学习读本》，学习出版社2009年版，第14页。

坛的主题是:"科学社会主义学科建设与社会主义理论前沿问题"。意在放出一个信号,中央党校科社部将着力进行学科建设,学科是一所大学从事教研活动的基石,没有一流的学科,便没有一流的大学,也不会有一流的人才,而学科建设是一门学科最基本的建设,不抓学科建设,学科生存就会成为问题,本学科的高层论坛,就是学科建设的一个平台。①

随着时代的发展,大学在国家经济建设和社会发展中扮演着越来越重要的角色。一方面它提供各种高层次的人才以满足国家发展的需要,另一方面它是科学研究的重要场所,走在科学发展的前沿,而现代大学要实现以上两点,一般是通过学科来组织实现的,因为大学是由一个个的学科单元组织构成的。再从高等教育本身来看,大学之间的竞争也是越来越激烈,而在竞争中胜出的大学往往就是因为有几个好的学科而出彩。因此研究大学的发展,就必须从研究学科的发展开始,学科发展是大学发展的基础。

三 科学社会主义学科建设的新思路

关于科学社会主义学科建设新思路产生的标准,在首届"社会主义理论前沿问题高层论坛·2010"中有过明确的表述:第一,科学社会主义是马克思主义的核心部分,其重要性毋庸置疑。第二,科学社会主义是中国特色社会主义理论体系的理论基础,其研究水平影响甚至决定中国特色社会主义理论体系的研究进展。第三,科学社会主义界是有人才、有成果的,是对中国特色社会主义理论体系的研究做出了重大贡献的。第四,当前,科学社会主义既面临学科发展的重大机遇,也面临学科发展的严重挑战和问题。

(一) 科学社会主义学科研究对象的重新界定

学科的研究对象是这门学科建立和发展的基础,科学社会主义

---

① 王怀超:《下大力气推进科学社会主义学科建设——在"社会主义理论前沿问题高层论坛·2012"的致辞》,《科学社会主义》2012年第6期。

研究对象的经典概括已落后于时代的发展，需要重新界定。随着时代的变化，社会的发展，恩格斯最初给出的科学社会主义的定义必须与时俱进。近年来，学术界对科学社会主义研究对象进行了再度思考、重新认识。"科学社会主义创始人将其研究对象界定为，无产阶级解放的性质、条件和一般目的，与会者普遍承认这一界定的科学性。但大多数学者强调，科学社会主义的研究对象应与时俱进。"①

第一，"社会主义形态"观点。赵曜教授指出，任何一门科学的研究对象，都是一定客体的发展规律的体现。②恩格斯对科学社会主义研究对象的界定是与当时历史条件相联系的。当时的社会主要实行资本主义制度，社会主义尚不存在，在这样现实背景下，恩格斯的有关论述是正确的。但是，后来世界上既有资本主义，又出现了社会主义。在这个条件下，科学社会主义的研究对象就应该与时俱进，从社会形态方面来考虑这个问题可能是个较好的角度。科学社会主义是关于从资本主义到共产主义这个特定历史阶段发展一般规律的科学。

第二，"社会主义社会形态"观点。王怀超教授和秦刚教授在2003年出版的《科学社会主义基本理论》教材中，将科学社会主义的研究对象表述为："科学社会主义是研究社会主义社会的产生和发展规律的科学。这种表述既可以反映社会主义的发展历程，也可以包含社会主义的过去、现在和未来，更符合当代世界社会主义的实际。"③ 现在，王怀超教授依然坚持这一观点，但他认为，受赵曜老师观点的启发，在表述上可以加上"形态"二字，即科学社会主义是研究社会主义社会形态的产生和发展规律的科学。因为"革命论"是研究社会主义的产生，"建设论"是研究社会主义的发展规律，"社会主义社会形态"可以涵盖这两方面。俞思念教授也认

---

① 《科学社会主义学科建设基本问题研究——社会主义理论前沿问题高层论坛·2012研讨会综述》，《科学社会主义》2012年第6期。
② 同上。
③ 王怀超：《科学社会主义基本理论》，中共中央党校出版社2013年版。

为这种概括符合我们当前的认识。① 按照恩格斯对科学社会主义的定义，似乎"无产阶级"应该成为科学社会主义研究的中心概念。随着时代的发展，科学社会主义的研究对象应从"无产阶级"概念过渡和转移到"社会主义"这个研究目标上来，这是我们对科学社会主义的研究对象进行界定时应当注意的。

第三，"社会主义社会和资本主义社会"观点。宋萌荣教授认为"社会主义社会形态的产生和发展规律"的提法，就目前来看有些片面，应该把对资本主义的研究也涵盖进去，因为在当今世界资本主义与社会主义共存的现实中，只研究社会主义并不全面。② 科学社会主义的研究对象应是：从资本主义社会到社会主义社会、共产主义社会的发展规律。高放教授也认为，科学社会主义是研究改变资本主义世界、建设社会主义世界的一般规律的科学。

第四，"人的解放"观点。秦刚教授在梳理以上几种看法的基础上指出，我们讨论科学社会主义的研究对象可以换一种思路，即把实现人与社会的彻底解放或实现人的解放作为研究重点③。因为，人的解放是历史发展的永恒追求，人类社会发展的过程其实就是不断追求人的解放的过程。把人的解放作为研究对象的依据在于马克思主义理论的出发点。与此观点相近，袁秉达教授认为，科学社会主义的研究对象是全球化时代人的解放与人的自由全面发展及其规律。④

第五，"演变"观点。蓝蔚青研究员建议把科学社会主义的研究对象表述为：资本主义演变为更高社会形态的必然性、发展趋势和基本规律。他认为"演变"观点可以更好地突出马克思的自然历史过程思想；而用"更高社会形态"这种表述，可以囊括过渡时期

---

① 俞思念：《中国特色社会主义理论话语体系建设》，《长安大学学报》（社会科学版）2015年第3期。

② 《科学社会主义学科建设基本问题研究——社会主义理论前沿问题高层论坛·2012研讨会综述》，《科学社会主义》2012年第6期。

③ 秦刚：《中国社会主义道路的选择和开拓》，《思想理论教育导刊》2005年第9期。

④ 《科学社会主义学科建设基本问题研究——社会主义理论前沿问题高层论坛·2012研讨会综述》，《科学社会主义》2012年第6期。

社会主义的各个阶段乃至共产主义。同时，他认为科学社会主义的研究对象也可以概括为人的解放的规律。①

我们比较同意，科学社会主义的研究对象，是"研究人的解放和自由而全面发展的性质、条件及其发展规律的学说。人、群众、阶级、政党、革命、专政、改变资本主义、发展社会主义、实现共产主义、自由人的联合体，说到底都是以人为本，克服人的异化、实现人的解放，最终达到人的自由而全面发展的理想境界"②。在"人的解放"和"人的发展"的逻辑视野中研究资本主义的基本矛盾，从资本主义社会"人的异化"切入研究，分析历史的人、现实的人、人的本质与特性，论证资产阶级灭亡和无产阶级胜利的必然趋势；在全面建设中国特色社会主义和走向共产主义的发展进程中，最终实现"人的自由全面发展"目标。由此衍生出科学社会主义的基本范畴、基本原则、重要原理，并且建构符合历史与逻辑高度统一的学科体系。

（二）进一步搭建科学社会主义学科建设的学术平台

王怀超教授强调，科学社会主义学科建设需要充分利用全国科学社会主义学科的三个平台：一是社会主义理论前沿问题高层论坛，定期召集本学科的顶级专家对前沿问题进行切磋和探讨，以深化和提升对前沿问题的认识，这是学科建设的重要举措。二是中国社会发展问题高端论坛，定期召集学术界有关社会发展问题研究的一流学者深入研讨中国社会发展中出现的重大社会问题。理清问题、分析原因、找出对策，供中央和决策部门参考，充分发挥其思想库的作用。社会发展理论研究是科学社会主义研究的另一个重点，社会发展理论在国际上是一门显学，因此以社会发展为平台与国外学界交流很便捷，这是学科建设的必要条件。三是每两年一次召开全国党校系统社学科教学科研座谈会，定期集合全国党校系统

---

① 蓝蔚青：《中国梦：历史必由之路与社会主义价值理想的统一》，《观察与思考》2013年第8期。

② 袁秉达：《当前科学社会主义学科建设的困境与出路》，《科学社会主义》2013年第1期。

科学社会主义学科的专家学者，总结教学科研的经验和成果，集中大家的智慧，及时发现和研究学科发展中存在的问题，作为学科建设的重要举措。①

由此可见，我国正在努力搭建建设科学社会主义的学术研究平台，"举办社会主义理论高层论坛就是要集中本学科有代表性的专家学者的意见和建议，争取在这两个方面都有所深入、有所突破，推进科学社会主义学科建设，推进中国特色社会主义理论研究，把社会主义理论研究提高到一个新水平"②。这将是科学社会主义学科建设的盛会，每次论坛都采用具体问题具体分析，理论与现实结合的方法论，给我们科学社会主义学科建设提供了导向标。

大学是开展科学社会主义研究的重要场所。随着时代的发展，大学在国家经济建设和社会发展中扮演着越来越重要的角色，一是因为它提供各种高层次的人才以满足国家发展的需要，更重要的在于大学是科学研究的重要场所，走在科学发展的前沿。而现代大学要实现以上两点，一般是通过学科来组织实现的，因为大学是由一个个的学科单元组织构成的。再从高等教育本身来看，大学之间竞争中胜出的往往就是因为有几个好的学科而出彩，必须采取切实措施，花大力气，造就一批科学社会主义学科的学术带头人，这是学科建设的当务之急。"学科建设既要出成果也要出人才。出人才不仅仅是要培养出政治方向好，思想素质高，有中国特色社会主义共同理想，能够用马克思主义立场、观点、方法分析当代现实问题的人才，而且也是要培养出政治强、业务精、作风好的骨干教师和学术带头人。"③ 因此学科发展是大学发展的基础，加强学科专业领军人物的培养以及大学学术平台的建设刻不容缓，迫在眉睫。

---

① 王怀超：《当前我国科学社会主义学科的研究现状及理论前沿问题》，《科学社会主义》2015年第3期。

② 郭强：《立足前沿，推进科学社会主义学科建设——"社会主义理论前沿问题高层论坛·2010"述评》，《中国特色社会主义研究》2010年第6期。

③ 张雷声：《以研究会为学术平台加强马克思主义理论学科建设》，《思想理论教育导刊》2008年第10期。

(三) 关注和研究前沿重大问题

我们积极搭建科学社会主义学科建设的学术研究平台，总的来说，主旨是"为了推进科学社会主义学科建设，科学社会主义的学科建设该抓了，一方面科学社会主义学科基础还不牢固，一些涉及到学科基础的基本理论问题还不甚清楚；另一方面科学社会主义学科方向还不明晰，所面临的前沿问题尚待进一步厘清"①。这是中央党校科学社会主义教研部主任王怀超在"社会主义理论前沿问题高层论坛·2010"开幕词中的讲话，可见我国科学社会主义学科建设必须关注和研究面临的前沿重大问题。

第一，加强重大现实问题研究。对现实问题的综合性研究、整体性研究恰恰是建设科学社会主义学科应该迈出的第一步。我国不管是党校还是高校教学科研的最大特点就是培养学生的整体性思维和战略性思维。学生无论来自哪一个地区、哪一个领域、哪一个部门都是来自局部，我们在建设学科问题上应该能够培养学生观察问题分析问题的全面性、整体性和战略思维能力，能够关注现实生活中的理论问题，或者是干部群众关心的理论问题和现实问题。关注现实问题这个切入点很独特，也很有现实意义，只要努力在现实问题上进行理论思考，特别是研究党政干部关注的热点难点问题，提出自己的见解，定会引起学生之间的共鸣，也会提高学生对现实问题的思考能力。当前有很多重大现实问题和前沿问题，如中国共产党对社会主义理论的创新、中国共产党对社会主义发展阶段理论的创新、新中国成立以来特别是 1978 年以来中国学术界在社会主义理论研究中的进展、中国社会主义建设的历史经验、苏联解体、东欧剧变的历史经验和历史启示等课题都很有研究价值，尤其是"中国社会主义建设的历史经验"这一课题很有国际意义，对它的研究我们具有最权威的话语权。20 世纪影响世界发展进程的有两件大事：一是苏联的解体，二是中国的崛起，二者都应该成为科学社会

---

① 郭强：《立足前沿，推进科学社会主义学科建设——"社会主义理论前沿问题高层论坛·2010"述评》，《中国特色社会主义研究》2010 年第 6 期。

主义学科关注的重点问题。

第二，要加强当代世界社会主义发展态势和基本特征研究。苏联解体、东欧剧变使世界社会主义运动陷入低潮，二十几年后，当前世界社会主义发展状况成为人们关注的主要议题。尤其是了解世界其他国家社会主义理论和实践的发展状况，包括现实社会主义国家、原苏东地区共产党、发达资本主义国家共产党、拉美、非洲社会主义国家社会主义的发展状况和面临的现实任务以及未来的发展趋势，有助于增强和坚定党政干部走中国特色社会主义道路的信心和决心。关于这些问题的研究可以拓宽长期从事实践工作的党政干部的视野，培养其世界眼光，有助于提高党政干部的理论水平和分析能力。当前可重点关注苏联东欧社会主义的复兴，发达资本主义国家社会主义政党和运动的发展概况，特别是要关注和研究拉美社会主义的发展前景。

其实，如何加强科学社会主义这门学科的建设，有两种办法。"一是从建立这门学科的体系入手，一是从研究这一学科的具体问题入手。对于这门学科的研究对象是什么？应建立什么样的体系？这是重大的问题，应付出大的努力。"[①] 王怀超教授特别强调，对于前沿问题的研究，要有敏锐的政治意识。既不回避一些重大敏感问题，也要有新思路，同时要坚持主旋律。重大问题、敏感问题往往就是前沿问题、热点问题，是我们能够有所作为的问题。

四　科学社会主义学科建设的新进展

科学社会主义是中国特色社会主义的理论基础，"科社学科建设的现状直接影响到中国特色社会主义的根基与前景，必须高度重视"[②]。适应 21 世纪社会主义继续发展的新趋势，把科学社会主

[①] 季啸风：《对科学社会主义学科建设的几点意见》，《教学与研究》1982 年第 3 期。

[②] 王怀超：《当前我国科学社会主义学科的研究现状及理论前沿问题》，《科学社会主义》2015 年第 3 期。

学科建设再推向一个新水平,这是我国科学社会主义理论工作者的一个重要历史使命。

(一) 科学社会主义学科建设的价值拓展和延伸

科学社会主义学科的基本价值,主要集中于政治理论方面,有学者称之为"马克思主义政治学"。然而,科学社会主义学科的发展成效显示,其价值远不止于一个领域的教学和研究,其更为突出的比较优势还在于价值拓展和延伸,即展开对社会发展中各类综合性重大问题的系统研究。随着中国社会发展转型的推进和加速,各种矛盾问题交织发展,综合性的社会课题和重大任务越来越多,如社会稳定、和谐运行、科学发展等问题,迫切需要我们对近代以来缘自西方、过于细化和强调专业的学科分类开始突破和创新,逐步构建起一个又一个具有中国特色的跨学科、多角度、全方位考察和研究综合性问题的学科新体系,发展中的科学社会主义正是这样一个新的学科框架。其主要理由:

第一,从科学社会主义的形成发展看,科学社会主义学科本身就具有浓厚的哲学意蕴和一定的认识论功能。马克思主义创始人强调:"为了使社会主义变为科学,就必须首先把它置于现实的基础之上。"① 就此而言,科学社会主义本身就具有浓厚的哲学意蕴。所谓"科学",是相对于"空想"而言的,科学与空想之辩,本身就是认识论之辩。任何一个命题,一旦被纳入认识论范畴,都会变成具有一般世界观和方法论意义的哲学命题。因此,科学社会主义自诞生之日起,就具有一定的认识论功能,是深刻考察社会演化和发展基本规律、全方位研究重大社会问题的强大理论武器。

第二,从广义科学社会主义的研究对象看,科学社会主义学科就其考察对象及其所形成的内容体系而言,已经涵盖了经济、政治、文化和社会生活等各个方面。就此,科学社会主义"是以对社会的经济、政治、文化、家庭的演化的考察为基本内容的。在这些方面,重点又放在了对经济形态、政治形态、意识形态和家庭形态

---

① 《马克思恩格斯文集》第3卷,人民出版社2009年版,第537页。

演化的考察"①。由此可见，科学社会主义本身就蕴含着宽广的研究视野，具有高度的战略思维，是全方位考察和研究各种社会问题尤其是综合性问题的有效学科工具。

第三，从科学社会主义的主干学科看，科学社会主义及其主干学科之一就全方位涵盖了中国社会主义现代化的一系列基本问题。从我国目前的科学社会主义学科发展特别是党校及高校科学社会主义学科建设的实际布局来看，它的一个主干学科就是中国特色社会主义理论，基本要点主要是：社会主义发展阶段论；社会主义发展道路论；社会主义发展战略论；社会主义发展动力论；社会主义市场经济论；社会主义民主政治论；社会主义先进文化论；社会主义和谐社会论；社会主义生态文明论；社会主义国防建设论；社会主义国际战略论；社会主义和平统一论；社会主义依靠力量论；社会主义领导核心论。②显然，在内涵和外延上，科学社会主义发展到今天已经涵盖了中国特色社会主义事业实践发展的各个重要方面，至少囊括了最基本的"五大建设"，即经济建设、政治建设、文化建设、社会建设和生态文明建设。

（二）适应高校教育改革的新的增长点

学界一般认为科学社会主义学科建设面向的是党校和高校教育。我国高等教育改革的核心是提高人才培养质量，而高校人才培养质量提升的立足点是教学改革创新，这一教育教学改革背景是提升科学社会主义教学质量的契机，可以为科学社会主义学科的发展提供新的增长点。

科学社会主义学科教学要取得新进展，关键是树立新的教学理念。传统思想政治教育教学长期存在理性缺乏的现象，用价值来规范知识、人生或人的行为，价值为本，知识为末；价值为先，知识为后，价值是意志的体现与创造。可以说中国哲学是以肯定、实现

---

① 李道中：《科学社会主义的研究对象、学科性质、逻辑起点和理论体系》，《科学社会主义》2014年第4期。

② 秦刚：《中国特色社会主义理论体系》，中央党校出版社2008年版，第2—8页。

生命的意志为中心的，是充满人文关怀的。五四新文化运动引进了西方的科学思想，改变了人们关于自然的思想，但对传统文化却矫枉过正，转向了完全的科学主义。这其中过分强调确定的、作为结论的理性知识，忽视非确定性的、过程性的感性知识，因而在课程教材领域，以确定的结论呈现的理性知识长期成为强势话语，不可动摇。科学社会主义的学科建设要围绕提高三个意识来进行：第一个是问题意识，高校一定要围绕马克思主义重大理论和现实问题开展教学。第二个是人才意识，特别注重抓人才、抓管理。第三个就是团队意识，作为一名教师要注意处理好个人和团队的关系，在合作中促进个人的发展。

科学社会主义的课程建设更加精品化。科学社会主义教学从宏观线索勾勒到思想理论阐释，都需要扎实的理论功底、广博的文化知识、坚定的理想信念和独特的人格魅力做支撑。只有这样，科学社会主义的教学才能精彩饱满、引人入胜。一是坚定不移发展科学社会主义学科，必须围绕坚持和发展中国特色社会主义这条主线及时更新科学社会主义的课程。二是发挥学科优势，围绕高校教育教学改革的新要求，从人才培养的角度把学科优势彰显出来。三是要善于将学术研究的话语、宣传工作的话语与生动有力的教学话语有机结合起来。四是要不断创新讲题、加强交流学习，介绍教学经验。还要善于因地制宜、整合地方学术资源。[①]

（三）经济全球化背景下科学社会主义学科建设的战略选择

虽然马克思和恩格斯没有提过"全球化"一词，但是根据马克思世界历史理论与经济全球化的客观发展态势，可以看出，正是经济全球化进程的客观实在为科学社会主义学科的形成和发展提供了必要的前提条件和社会基础。经济全球化促进了世界经济的快速增长，加强了国家之间以及人与人之间的普遍交往，它既给科学社会主义学科建设带来了新活力和机遇，又使科学社会主义学科建设在

---

① 徐浩然：《探求科学社会主义学科新的增长点》，《科学社会主义》2014年第2期。

新时期面临着新的考验和挑战。所以，科学社会主义学科建设必须以马克思主义基本理论为基础，理性、客观地看待经济全球化，权衡利弊、趋利避害、扬长避短，做出正确的战略选择。

坚持和丰富以马克思主义为基础的科学社会主义理论。没有革命的理论，就不会有革命的运动。马克思主义基本理论以辩证唯物主义与历史唯物主义为依托，客观地分析了自然和社会的本质及其发展规律，深刻地揭示了人类社会发展的客观规律和总体趋势。它代表着世界无产阶级和广大劳动人民的最根本的利益，可以说是世界无产阶级进行社会主义革命和建设的思想指南。恩格斯曾指出，"'社会主义社会'不是一种一成不变的东西，而应当和任何其他社会制度一样，把它看成是经常变化和改革的社会"①。也就是说，马克思主义理论是随着人类社会的发展而与时俱进的。"如果科社学科的研究对象、基本原理和范畴还是停留在100多年前马克思恩格斯对其所作的界定，那就谈不上科学理论的发展。要实现科社学科体系的与时俱进必须处理好这四对关系。一是当代科社学科体系与马克思主义经典作家论述之间的关系。这是继承与发展的关系。二是当代科社学科体系与中国特色社会主义理论体系的关系。三是当代科社学科体系的基本原理与党的路线、纲领和方针的关系。四是当代科社学科体系与近半个世纪来国内外科社理论研究成果之间的关系。这是吸收和借鉴的关系。"②

在经济全球化的背景下，世界范围内的经济、政治和文化等方面都出现了重大的变化，许多关于马克思主义的传统概念和范畴都需要根据现实社会的现状重新进行解读和发展。这就要求我们必须理论联系实际，结合新的客观现实、解放思想，把马克思主义的基本理论同社会主义国家具体的时代特征紧密结合在一起。只有把已经不合时宜的旧观念和思想剔除，才能不断增强马克思主义理论的说服力和战斗力，从而更加准确地认识和科学地把握经济全球化历史进程和发展趋势，指导科学社会主义学科建设顺利进行，让科学

---

① 《马克思恩格斯文集》第10卷，人民出版社2009年版，第588页。
② 《抓住机遇乘势而上　进一步推进科学社会主义学科建设——访严书翰教授》，《科学社会主义》2004年第3期。

社会主义学科建设跟上时代的步伐。

(四) 科学社会主义的学科谱系规划

加强科学社会主义学科的定位、价值和功能等研究的意义,是毋庸置疑的,这也正是推进马克思主义理论建设工程的必然要求。另一方面,确有必要重新探讨一下科学社会主义学科与政治学的关系。狭义的科学社会主义与政治学关系,比较明晰,即科学社会主义属于政治学(一级学科)下的二级学科。问题在于,科学社会主义又有其广义内涵和学科布局,是一个具有特殊性的学科,它与政治学的联系既密切又复杂,值得学界深入探讨。首先,从广义上说,科学社会主义是指马克思主义,包括哲学、政治经济学、科学社会主义三个组成部分,学科分类把科学社会主义学科(广义)简单地归并于政治学是值得商榷的。因为,科学社会主义学科(广义)以资本主义社会诞生以来的整个社会发展为研究对象,而政治学仅仅研究"特定的社会关系即政治关系及其发展规律"[①]。因此,把科学社会主义直接地划归于政治学,实质上是对科学社会主义学科片面的认识,即忽视了科学社会主义学科的深刻内涵、发展态势和系统全貌。其次,从科学理性视角看,总体上科学社会主义(广义)与政治学不是包含和被包含的关系,而是一种交叉关系。其重合的部分,就是对资本主义社会诞生以来的人类社会政治发展规律的研究;非重合部分,则是对资本主义社会诞生以来人类社会中除政治领域之外其他方面发展规律的研究(属于科学社会主义的重要研究对象)和对前资本主义社会中人类社会政治发展规律的研究(属于政治学的重要研究对象)。再次,从资本主义社会诞生以来的人类历史,特别是当代中国社会发展来看,科学社会主义学科(广义)非但不能被政治学所囊括,反而比政治学的外延更大、更宽广、更具有包容性,甚至可以将政治学的研究领域基本上包容其中。事实上,研究资本主义社会诞生以来人类社会政治的演变和发展规律,正是科学社会主义学科的一个极为重要的内容。

---

① 王浦劬:《政治学基础》,北京大学出版社 2006 年版,第 18 页。

关于科学社会主义（广义）的学科谱系，既是学科建设的一个重要问题，又是一个仍在研究和探讨之中的问题。① 就目前涉及深入研究的科学社会主义基础理论问题至少有这么八个：关于"两个必然"和"两个决不会"共同构成了科学社会主义的核心；关于马克思的东方社会发展道路研究；关于资本主义向社会主义过渡的形式和手段；关于恩格斯晚年思想研究；关于列宁社会主义建设和改革思想研究；关于无产阶级的民主制；关于人的自由全面发展；关于对未来共产主义社会的认识，等等。② 科学社会主义基础理论研究大有可为，这也正是对科学社会主义学科特色一定程度的回归，是科学社会主义学科的学术比较优势和重要的专业学术依托。

关于科学社会主义（广义）学科体系和建设问题，目前学界仍然在研究之中。首先，在学科体系上，应做到布局合理、重点突出。通过学科规划和实施，逐步构建以科学社会主义原理、原著和社运史为基础，以中国特色社会主义理论体系为主体，以当代中国改革发展中的重大问题和一定领域的重大问题（主要突出政治建设问题）为重点的综合性学科新体系。每当实践发展到一定阶段总会提出重大的理论课题，虽然对这些课题一时还无法做出圆满的回答，但这往往孕育着重大的理论突破，这是被马克思主义发展史和社会主义思想史所证明的一条规律。其次，"科学社会主义不仅是一门综合性的学科，而且还是一门现实性很强的学科。它研究的是刚刚发生和正在进行的社会实践活动，还要依据对现实的研究，预测未来的发展趋势，因而具有很强的现实性。这就要求我们要密切关注活生生的现实，注意总结实践经验，在社会主义建设的实践中不断丰富和发展科学社会主义"③。此外，应做到需求导向，科学规范，必须处理好科学社会主义学科与其他各类专业学科，特别是相近学科的交叉关系。虽然，科学社会主义学科（广义）的研究触角已经涉及经济、政治、文化、社会和生态等各方面，但这绝不是说科学

---

① 王怀超：《科学社会主义的学科体系》，《科学社会主义》2014 年第 4 期。
② 《抓住机遇乘势而上 进一步推进科学社会主义学科建设——访严书翰教授》，《科学社会主义》2004 年第 3 期。
③ 王怀超：《关于科学社会主义的学科性质》，《科学社会主义》2012 年第 6 期。

社会主义学科在研究和解决问题上可以"包打天下",相反,所有的学科都有其边界,只是科学社会主义学科的边界比较模糊而已。因此,必须逐步明确科学社会主义学科的中心与边缘、优势与弱项,"有所为、有所不为",立足自身宏观性、概括性、政治性等优势,及时吸收其他相关学科的新成果,加强重大理论和现实问题的综合性研究,更多聚焦人类社会发展规律和社会主义建设规律等。

主要参考文献

［阿］加布里埃尔·克斯勒：《城市新贫困：近20年来全球性、区域性以及阿根廷的动因》，《拉丁美洲研究》2009年第2期。

艾四林、曲伟杰：《共产党宣言导读》，中国民主法制出版社2012年版。

安启念：《列宁对马克思的继承与发展：关于列宁主义的再认识》，《教学与研究》2013年第3期。

［澳］海因茨·阿恩特：《经济发展思想史》，唐宇华等译，商务印书馆1997年版。

白钢：《论坚持党的领导、人民当家作主和依法治国的有机统一》，《政治学研究》2010年第1期。

鲍先彪：《马克思主义信仰教育创新机制分析》，《东南大学学报》（哲学社会科学版）2014年第2期。

蔡娟：《社会主义核心价值观：全面深化改革的强大引擎》，《毛泽东邓小平理论研究》2014年第8期。

蔡宇宏：《构建新时期统一战线和谐阶级、阶层关系的路径研究》，《社会主义研究》2013年第4期。

蔡志强：《价值引导制度，社会和谐与党的执政能力建设》，江苏人民出版社2013年版。

曹根记：《论中国梦的人民主体性》，《湖南师范大学社会科学学报》2014年第2期。

陈家刚：《当代中国的协商民主：比较的视野》，《新疆师范大学学报》（哲学社会科学版）2014年第1期。

陈金清：《论生态文明建设与五位一体总体布局》，《学校党建与思想教育》2014年第6期。

陈兰芝：《列宁关于保持马克思主义政党理论纯洁性的思想》，《社会主义研究》2013年第4期。

陈明凡：《越南社会主义民主建设的理论与实践》，《科学社会主义》2007年第1期。

陈鹏、余斌：《中国特色社会主义的理论逻辑——从中国特色社会主义与科学社会主义的关系角度》，《扬州大学学报》（人文社会科学版）2015年5月第19卷第3期。

陈晓运：《群团组织、竞合式镶嵌与统合主义的运作》，《青年研究》2015年第6期。

陈学明：《批判与超越——"西马"学者及西方左翼思想家关于当代资本主义研究的启示》，《上海大学学报》（社会科学版）2008年第2期。

陈学明、王凤才：《西方马克思主义前沿问题二十讲》，复旦大学出版社2008年版。

陈学明：《永不消逝的"幽灵"——重读共产党宣言》，人民出版社2013年版。

陈晔：《公共理性与科学社会主义的基本原则》，《人民论坛·学术前沿》2016年第6期。

崔桂田：《当代社会主义发展模式比较研究》，山东人民出版社2005年版。

《德国社会民主党纲领汇编》，张世鹏译，北京大学出版社2005年版。

［德］塞曼·杜林：《全球化与后殖民主义》，王宁、薛晓源译，中央编译出版社1998年版。

邓世豹：《当代中国公民宪政意识及其发展实证分析》，中国政法大学出版社2013年版。

《邓小平文选》第3卷，人民出版社1993年版。

《邓小平文选》第2卷，人民出版社1994年版。

邱乘光：《中国特色社会主义内涵的新概括》，《前进》2013年第2期。

董卫华：《部分社会主义国家的意识形态塑造探析——对朝鲜、古巴执政党思想政治工作理念与实践的透视》，《科学社会主义》2013年第1期。

杜力夫：《人民代表大会制度视野下的公民监督权再探讨》，《福建师范大学学报》（哲学社会科学版）2010年第1期。

段忠桥：《当代国外社会思潮》，中国人民大学出版社2001年版。

范若愚、江流：《科学社会主义概论——中国社会主义基本问题》，中共中央党校出版社1985年版。

房世刚：《中国共产党以三民主义促成抗日民族统一战线的原因探析》，《东北师大学报》（哲学社会科学版）2014年第5期。

丰子义：《马克思社会发展理论研究》，北京师范大学出版社2012年版。

冯国芳：《科学社会主义理论与实践》，上海交通大学出版社2009年版。

高放等编：《科学社会主义的理论与实践》，中国人民大学出版社2014年版。

高放：《马克思主义人的解放科学第一次应运诞生》，《中国延安干部学院学报》2013年第3期。

龚培河：《马克思、恩格斯考察资本主义的逻辑起点与逻辑指向》，《学术论坛》2015年第10期。

顾海良：《科学社会主义的发展阶段及其主题转换》，《中国人民大学学报》2005年第3期。

顾玉兰：《全面认识列宁帝国主义理论及其当代价值》，《马克思主义研究》2013年第6期。

顾玉平：《社会主义基本矛盾理论奠定改革开放理论基石》，《湖南科技大学学报》（社会科学版）2014年第9期。

郭强：《立足前沿，推进科学社会主义学科建设——"社会主义理论前沿问题高层论坛·2010"述评》，《中国特色社会主义研究》2010年第6期。

韩庆祥：《"伟大斗争"的基本内涵及新形式、新特点》，《马克思主义研究》2014年第11期。

何玲玲：《马克思人的发展与社会发展关系理论研究》，人民出版社 2014 年版。

胡锦涛：《坚定不移沿着中国特色社会主义道路前进　为全面建成小康社会而奋斗》，人民出版社 2012 年版。

胡振良：《新世纪世界社会主义的新发展》，《人民论坛》2012 年第 17 期。

黄桂英：《论群众监督对构建和谐党群关系的作用》，《理论探讨》2013 年第 4 期。

黄明成：《对民主社会主义若干问题的再认识》，《广州社会主义学院学报》2005 年第 1 期。

黄益平：《中国经济外交新战略下的"一带一路"》，《国际经济评论》2015 年第 1 期。

黄宗良、孔寒冰：《社会主义与资本主义的关系：理论、历史和评价》，北京大学出版社 2002 年版。

贾建芳：《列宁开创社会主义建设道路的理论逻辑》，《中共中央党校学报》2016 年第 3 期。

贾中海等：《民主社会主义的价值体系：原旨、批判与选择》，《政治学研究》2011 年第 4 期。

姜安：《列宁"帝国主义论"：历史争论与当代评价》，《中国社会科学》2014 年第 4 期。

蒋建农：《关于抗日民族统一战线的若干问题研究》，《中共党史研究》2013 年第 12 期。

［捷］尤里·考斯塔：《社会主义经济体制比较》，黄伟灿译，重庆出版社 1988 年版。

金建萍：《人的发展和社会发展的一致性研究》，中国社会科学出版社 2013 年版。

金瑶梅：《当代社会主义思想的中西比较》，同济大学出版社 2015 年版。

靳辉明：《社会主义历史、理论与现实》，安徽人民出版社 2000 年版。

《科学社会主义概论》编写组：《科学社会主义概论》，人民出版社 2011 年版。

蒯正明：《党的建设"主线"中的先进性和纯洁性关系及其推进路径探析》，《内蒙古社会科学》2013 年第 4 期。

李安增：《中国特色社会主义理论体系的创新性探析》，《当代世界与社会主义》2013 年第 4 期。

李崇富：《论从科学社会主义视角把握马克思主义的"整体性"》，《马克思主义研究》2014 年第 5 期。

李道中：《科学社会主义的研究对象、学科性质、逻辑起点和理论体系》，《科学社会主义》2014 年第 4 期。

李捷：《中国特色社会主义是对科学社会主义的遵循和发展》，《教学与研究》2013 年第 12 期。

李景治：《积极推进人民代表大会制度理论和实践创新》，《学习与探索》2014 年第 3 期。

李君如：《中国特色社会主义道路的开辟、坚持和发展》，《党的文献》2012 年第 6 期。

李俊：《论新世纪新阶段统一战线阶级阶层关系的特点》，《马克思主义与现实》2013 年第 3 期。

李林：《全面推进依法治国的时代意义》，《法学研究》2014 年第 6 期。

李明斌：《论正确认识和处理社会主义与资本主义的关系》，《社会主义研究》2003 年第 3 期。

李培林等：《中国社会和谐稳定报告》，社会科学文献出版社 2008 年版。

李少斐：《人类文明成果与中国特色社会主义》，《长江论坛》2011 年第 3 期。

李淑珍：《当代资本主义的新变化及其影响》，《思想理论教育导刊》2012 年第 5 期。

李锡炎：《全面从严治党的新视野：依规治党与以德治党相结合》，《长白学刊》2016 年第 1 期。

李玉赋：《建设廉洁政治是我们党的重大任务》，《求是》2013 年第 4 期。

李忠杰:《永葆与时俱进的理论品质——中国特色社会主义理论体系的发展历程与历史启示》,《求是》2013年第6期。

《列宁全集》第31卷,人民出版社1985年第2版。

《列宁全集》第28卷,人民出版社1990年第2版。

《列宁专题文集·论马克思主义》,人民出版社2009年版。

《列宁专题文集·论无产阶级政党》,人民出版社2009年版。

林怀艺:《科学社会主义原则及其中国化》,《理论探讨》2010年第6期。

林尚立:《协商政治:对中国民主政治发展的一种思考》,《学术月刊》2003年第4期。

刘爱国:《论中国特色的依法治国体系建设》,《江汉论坛》2014年第1期。

刘海春:《共青团构建枢纽型社会组织的现实思考》,《中国青年政治学院学报》2013年第3期。

刘红凛:《论党的执政理论的历史传承与当代发展》,《马克思主义研究》2013年第1期。

刘世华:《中国民主政治模式研究》,人民出版社2014年版。

刘思仓:《论列宁的建党理论》,《前沿》2004年第1期。

刘卫东:《"一带一路"战略的科学内涵与科学问题》,《地理科学进展》2015年第5期。

刘晓凯:《信仰的一般本质与马克思主义信仰的树立》,《人文杂志》2000年第6期。

刘志强:《双重追赶战略下的均衡中国与经济变革:十八大后中国经济的战略取向》,《江海学刊》2013年第2期。

卢继元:《从〈社会主义从空想到科学的发展〉看科学社会主义发展的规律和特点》,《中共南京市委党校南京市行政学院学报》2005年第1期。

卢丽华:《论民主社会主义的实质》,《湖北社会科学》2004年第10期。

陆南泉:《对斯大林模式的再思考》,《当代世界社会主义问题》2007年第3期。

吕薇洲:《当代欧美三大社会主义流派辨析》,《毛泽东邓小平理论研究》2012年第3期。

罗伯中:《人类的自然史,还是人类的"似自然"史?》,《人文杂志》2011年第4期。

罗骞:《历史唯物主义的存在论阐释》,《马克思主义哲学论丛》2014年第4期。

马长山:《全面推进依法治国的战略支点》,《当代世界与社会主义》2014年第5期。

马红霞等编:《科学社会主义简明教程》,社会科学文献出版社2005年版。

马健、张兰菊:《世界简史》,中国文史出版社2014年版。

《马克思恩格斯全集》第3卷,人民出版社1960年版。

《马克思恩格斯文集》第1卷,人民出版社2009年版。

《马克思恩格斯文集》第2卷,人民出版社2009年版。

《马克思恩格斯文集》第5卷,人民出版社2009年版。

《马克思恩格斯文集》第7卷,人民出版社2009年版。

《马克思恩格斯文集》第8卷,人民出版社2009年版。

《马克思恩格斯文集》第9卷,人民出版社2009年版。

《马克思恩格斯选集》第3卷,人民出版社2012年版。

《马克思恩格斯选集》第4卷,人民出版社2012年版。

马明:《毛泽东思想邓小平理论与"三个代表"重要思想概论专题探讨》,吉林大学出版社2014年版。

马一德:《论协商民主在宪法体制与法治中国建设中的作用》,《中国社会科学》2014年第11期。

毛德儒:《当前资本主义危机的马克思理论解读与现实启示》,《科学社会主义》2009年第5期。

梅荣政:《加强对马克思主义整体性的研究》,载张雷声等编《思想理论教育研究》第1辑,高等教育出版社2004年版。

梅荣政:《资本主义与社会主义的关系问题研究述评》,《教学与研究》2011年第2期。

[美]迈克尔·P.托达罗:《发展的含义》,载《发展经济学经

典论著选》，中国经济出版社1998年版。

［美］威尔伯·施拉姆：《传播学概论》，何道宽译，中国人民大学出版社2010年版。

［美］约翰·福斯特：《生态危机与资本主义》，耿建新等译，上海译文出版社2006年版。

［美］詹姆斯·多尔蒂等：《争论中的国际关系理论》，阎学通等译，世界知识出版社2003年版。

孟宪平：《马列主义群众观论析》，《中国特色社会主义研究》2013年第5期。

孟鑫：《科学社会主义学科建设基本问题再认识》，《中国特色社会主义研究》2013年第3期。

莫纪宏：《"四个全面"习近平治国理政思想的精髓》，《新疆师范大学学报》（哲学社会科学版）2015年第5期。

莫岳云：《中国共产党协商民主思想的历史演进》，《马克思主义研究》2012年第7期。

牟成文：《马克思的群众观及其哲学变革》，《中国社会科学》2012年第2期。

牛先锋：《对科学社会主义学科逻辑起点的回顾与思考》，《社会主义研究》2006年第5期。

蒲国良：《如何认识科学社会主义的基本原则》，《毛泽东邓小平理论研究》2008年第8期。

秦刚：《中国特色社会主义理论体系》，中共中央党校出版社2013年版。

秦宣：《科学社会主义：机遇、挑战与对策》，《教学与研究》2010年第2期。

［瑞］卡尔松：《什么是社会民主主义？》，载宗岩主编《各国社会党手册》，人民出版社1992年版。

桑玉成：《政治发展中的政治生态问题》，《学术月刊》2012年第8期。

商志晓：《从党的建设总体布局看先进性和纯洁性问题》，《江西社会科学》2012年第9期。

石俊田等编:《科学社会主义理论与实践》,东北大学出版社 2002 年版。

石仲泉:《毛泽东与马克思主义政党建设》,《马克思主义与现实》2011 年第 3 期。

史天经:《学思研磨集》,山东大学出版社 2003 年版。

舒新:《不放弃的乌托邦:社会党国际的全球治理思想》,《党政干部论坛》2009 年第 10 期。

宋连胜:《执政党建设与参政党建设互相促进的实现路径》,《政治学研究》2011 年第 3 期。

宋士昌:《从邓小平到江泽民:建设有中国特色社会主义理论跟踪研究》,山东人民出版社 2002 年版。

宋晓平:《古巴关于社会主义理论和实践的探索》,《红旗文稿》2009 年第 9 期。

苏伟:《论科学社会主义理论逻辑和中国社会发展历史逻辑的内涵及其辩证统一》,《探索》2015 年第 5 期。

[苏] 西比列夫:《社会党国际》,姜汉章等译,中国社会科学出版社 1983 年版。

孙海涛:《社会思潮对大学生社会主义核心价值观培育的影响及对策》,《黑龙江高教研究》2014 年第 1 期。

孙君健:《冷战后社会党国际基本价值观演变述评》,《北京工业大学学报》(社会科学版) 2005 年第 2 期。

孙秋鹏:《财富与收入分配的理论与政策——"中国经济社会发展智库第 7 届高层论坛"综述》,《当代经济研究》2014 年第 4 期。

孙正聿:《历史唯物主义的真实意义》,《哲学研究》2007 年第 9 期。

孙中欣:《哈佛"中国通"谈中国研究与中国模式——专访傅高义教授》,《国际社会科学杂志》2009 年第 1 期。

谭希培等:《马克思主义中国化的 20 个命题》,中南大学出版社 2012 年版。

唐海军:《世界社会党的现状与发展趋势探析》,《当代世界与社会主义》2009 年第 2 期。

陶季邑：《列宁和平共处思想三题》，《马克思主义研究》2009年第8期。

田培炎：《围绕"四个正确对待"常修为政之德》，《求是》2012年第4期。

田心铭：《为什么"必须坚持人民主体地位"是首要的基本要求》，《红旗文稿》2012年第24期。

万丽华、龚培河：《唯物史观视域下中国特色社会主义历史逻辑》，《观察与思考》2013年第9期。

王朝科：《论经济力的系统结构及其辩证关系》，《海派经济学》2012年第10卷第2期。

王春光：《当前中国社会阶级阶层关系的变化与特点》，《河北学刊》2010年第7期。

王峰明：《〈资本论〉与历史唯物主义微观基础——以马克思的生产力理论为例》，《马克思主义研究》2011年第11期。

王国敏：《对中国特色社会主义"四大特色"的理论诠释》，《云南社会科学》2013年第1期。

王怀超：《当前我国科学社会主义学科的研究现状及理论前沿问题》，《科学社会主义》2015年第3期。

王怀超、牛先锋：《科学社会主义的逻辑起点和基本范畴——新时期以来科学社会主义研究与学科建设的新进展》，《教学与研究》2013年第2期。

王金宝：《当代西方左翼学者对资本主义全球化替代方案的探寻》，《国外社会科学》2014年第6期。

王璐瑶：《老挝人民革命党对社会主义的认识与实践》，《当代世界》2015年第8期。

王梦奎：《后危机时期的世界和中国经济》，《新华文摘》2010年第7期。

王浦劬：《政治学基础》，北京大学出版社2006年版。

王伟光：《毛泽东是中国特色社会主义的伟大奠基者、探索者和先行者》，《中国社会科学》2013年第12期。

王学东：《论民主社会主义与科学社会主义的区别》，《当代世界与社会主义》2007 年第 3 期。

王永恒：《民主革命时期党的建设伟大工程述论与启示》，《江西社会科学》2013 年第 6 期。

王玉容：《意识形态领导权面临网络文化革命挑战以及回应》，《前沿》2011 年第 22 期。

王月红：《社会主义核心价值观与中国软实力》，中国经济出版社 2014 年版。

魏礼群：《四个全面：新布局 新境界》，人民出版社 2015 年版。

文丰安：《多党合作制度下民主党派的民主监督职能研究》，《科学社会主义》2011 年第 1 期。

吴波：《社会发展的规律性与人的目的性》，《江苏大学学报》（社会科学版）2010 年第 9 期。

吴朝邦：《创新是实现中国梦的不竭动力源泉》，《湖北省社会主义学院学报》2015 年第 2 期。

吴鸿雅：《朱载堉新法密率的科学抽象和逻辑证明研究》，《自然辩证法研究》2004 年第 10 期。

吴清军：《关于社会主义国家阶级阶层关系的理论探析》，《当代世界与社会主义》2011 年第 5 期。

吴雄丞：《坚持科学社会主义基本原则，走中国特色社会主义的道路》，《科学社会主义》2008 年第 1 期。

肖贵清：《试论中国特色社会主义道路、理论、制度的有机统一》，《教学与研究》2013 年第 3 期。

谢晓娟：《马克思主义大众化要体现人民的主体性》，《毛泽东邓小平理论研究》2010 年第 11 期。

辛程：《必须把科学社会主义基本原则同其实现形式区分开来——准确理解中国特色社会主义的一个方法论问题》，《思想理论教育导刊》2013 年第 6 期。

辛向阳：《坚持党的领导、人民当家作主、依法治国有机统一》，《思想理论教育导刊》2014 年第 1 期。

徐崇温：《如何认识民主社会主义》，《毛泽东邓小平理论研究》2010 年第 4 期。

徐浩然：《坚持和发展中国特色社会主义必须全面推进依法治国》，《科学社会主义》2014年第5期。

徐焕：《沃勒斯坦的反体系运动理论述评》，《江南大学学报》（人文社会科学版）2007年第5期。

徐世澄：《拉丁美洲现代思潮》，当代世界出版社2010年版。

徐伟；《人民群众主体实践与人的全面发展》，《毛泽东邓小平理论研究》2014年第5期。

严书翰：《科学社会主义基本原则与鲜明的中国特色》，《科学社会主义》2007年第6期。

杨耕：《当前马克思主义研究中的五个重大问题》，《南京大学学报》2014年第4期。

杨立国：《解析朝鲜式社会主义的理论与实践》，《工会论坛》2007年11月第13卷第6期。

杨萍：《论列宁对无产阶级政党党内民主建设的理论贡献》，《东岳论丛》2010年第11期。

杨小军、陈建科：《法治中国的内涵与时代特征》，《社会主义研究》2014年第5期。

姚开建：《列宁关于资本主义的论述及其当代意义》，《马克思主义研究》2010年第11期。

叶娟丽：《协商民主在中国：从理论走向实践》，《武汉大学学报》（哲学社会科学版）2013年第3期。

易东：《科学发展观视阈下人的全面发展研究》，世界图书出版社2013年版。

殷叙彝：《"民主社会主义"和"社会民主主义"概念的渊源和演变》，《中国特色社会主义研究》2007年第5期。

于沛：《十月革命和科学社会主义的历史命运——纪念十月革命90周年》，《中国社会科学》2007年第5期。

余金成：《关于世界社会主义流派研究的若干思考》，《社会主义研究》2014年第1期。

余伟民：《十月革命与20世纪——关于俄国十月革命世界历史意义的再思考》，《探索与争鸣》2008年第1期。

余文烈:《社会主义的振兴与社会主义流派》,《马克思主义研究》1992年第2期。

俞可平:《全球化时代的"社会主义"》,中央编译出版社1998年版。

苑秀丽:《新形势下加强党的纪律建设的思考》,《中国特色社会主义研究》2016年第1期。

昝剑森:《中国社会主要矛盾新特点与全面深化改革新理念》,《当代世界与社会主义》2014年第4期。

曾长秋:《马克思主义需要理论视域下的思想政治教育价值探究》,《思想教育研究》2013年第5期。

张爱武:《论中国特色社会主义理论体系的世界意义》,《马克思主义与现实》2009年第3期。

张登文:《苏东剧变后的古巴经济改革:措施、主要成就与思考》,《教学与研究》2011年第4期。

张建华:《俄国史》,人民出版社2014年版。

张建平:《以东方智慧丰富发展理念、求解发展难题——"一带一路"愿景与行动解读》,《中国发展观察》2015年第4期。

张健:《在实践创新和理论创新中保持党的纯洁性》,《科学社会主义》2012年第5期。

张金霞:《卡斯特罗关于古巴民主政治的探索与实践》,《社会主义研究》2011年第4期。

张静如:《道路关乎党的命脉——学习中共十八大报告体会之一》,《党史研究与教学》2013年第4期。

张俊虎:《发挥群团组织优势,健全社会反馈机制》,《党建工作》2015年第11期。

张乐岭:《科学社会主义研究论稿》,人民出版社2012年版。

张雷声:《论中国特色社会主义道路、理论体系、制度的统一》,《高校理论战线》2013年第1期。

张明军:《中国特色社会主义政治发展的实践前提与创新逻辑》,《中国社会科学》2014年第5期。

张三南:《列宁关于民族主义论述的三个层次——基于列宁世

界革命思想演变的分析》,《民族研究》2012年第6期。

张树华、单超:《俄罗斯的私有化》,社会科学文献出版社2013年版。

张澍军:《马克思主义哲学若干重大问题讲解》,高等教育出版社2006年版。

张献生:《试论中国社会主义协商民主制度》,《政治学研究》2014年第1期。

张晓东:《人民主体论:从群众史观到群众路线》,《中共中央党校学报》2013年第5期。

张兴茂:《列宁关于社会主义的思想及其当代意义》,《马克思主义研究》2010年第12期。

张云飞:《试论列宁社会建设思想的理论特征——读〈列宁专题文集〉（论社会主义）札记》,《毛泽东邓小平理论研究》2011年第5期。

张兆刚:《略论中国特色社会主义道路的基本特征》,《黑龙江社会科学》2009年第1期。

张中云:《当代世界社会主义流派理论与实践评析》,《20—21世纪社会主义的回顾与展望》,中国社会科学出版社1995年版。

赵秉志:《习近平反腐倡廉思想研究》,《北京师范大学学报》（社会科学版）2015年第5期。

赵汇:《论中国特色社会主义的世界性意义》,《教学与研究》2005年第5期。

赵排风:《越南社会主义革新的实践与理论创新》,《河南大学学报》（社会科学版）2007年第47卷第4期。

赵曜等编:《科学社会主义新论》,中共中央党校出版社1996年版。

郑国玉:《生态社会主义构想研究》,中国社会科学出版社2015年版。

郑礼平:《论人民主体地位与群众路线的关系》,《马克思主义研究》2014年第5期。

郑志飚:《建设"三型政党"——马克思主义执政党建设规律

的新探索》,《理论导刊》2013年第4期。

周新城:《必须坚持科学社会主义的基本原则——警惕所谓"泛社会主义"》,《毛泽东邓小平理论研究》2015年第1期。

周一平:《关于撰写人民史的几点思考》,《南开学报》(哲学社会科学版)2014年第4期。

朱凯兵:《论当代中国同世界关系的历史性变化》,《南京政治学院学报》2008年第1期。

祝士明:《生态社会主义与科学社会主义的比较》,《广东社会科学》2008年第4期。

后 记

任何一门学科研究热点问题的系统整理都需要缜密广泛的考察，其本身也是一项艰巨的研究工作。《科学社会主义热点问题研究》付梓成书，离不开学术界各位前辈和专家的丰硕成果，他们富有洞见的思想和观点汇聚成了科学社会主义热点问题研究的全面阐释，在此特别表达真诚的感谢。

在本书写作的选题、撰稿到修改过程中，特别感谢王宗礼老师高屋建瓴的指导，感谢马俊峰教授对本书稿的重视和关心，谨以求索坚韧的科研热情回报老师和各位同人的厚爱。本书出版也得到了西北师范大学马克思主义学院重点学科和博士点学位建设经费的资助。

本书的完成是依托西北师范大学一级硕士点马克思主义理论学科开展的一项团队研究工作。感谢马克思主义理论硕士点的研究生马喜宁、汪瑞、徐珊、郝彩芳、王曦、庞润宇、王洁、李厚瑷、罗振坤、杨丽丽等在资料搜集、文献整理和体例校订等方面付出的劳动。相信这样的研究型学习过程一定是他们攻读硕士期间的重要收获，无论对于进一步的学习还是未来的就业工作都是大有裨益的。

衷心感谢中国社会科学出版社喻苗老师为本书出版所做的辛苦工作，正是她的认真负责和积极沟通，才促成了本书的出版。

金建萍

2016 年 8 月 20 日